法国行政合同

杨解君 编

内 容 提 要

本书是目前国内第一部全面、系统而细致地介绍法国行政合同的著作，由在法国国家行政学院短期专修"法国行政合同"的杨解君教授根据法国学者和实务专家提供的第一手材料汇编而成。

其内容由两部分构成：一是法国行政合同的制度，涉及法国行政合同的概念与发展、行政合同与私法合同的界分标准、法律渊源与法律规则、行政合同的主要种类及其具体应用、公共行政的合同化及其应用、行政合同案件及其争讼制度、行政合同的责任等内容；二是法国行政合同的实务，包括了三份法国行政合同文书。另外，还收录了中法学者有关法国行政合同研讨的会议记录以及与法国行政法纠纷中的调解相关的译文。

目　录

前言　/1

上编　法国行政合同的制度　/1

第一章　法国的行政合同及其法律适用规则　/3

一、引言：比较与发展视野下的法国行政合同　/3

二、行政机关的合同性活动　/5

三、行政合同的法律概念　/8

四、行政合同的法律适用规则　/11

问与答　/15

相关材料　/16

第二章　法国行政合同的法律标准　/23

一、引言：行政法的发展与行政合同的标准　/23

二、司法判例标准　/24

三、法律规定标准　/27

问与答　/28

第三章　法国行政合同的法律制度描述　/30

一、行政合同的法律渊源　/30

二、行政合同的履行规则　/33

问与答　/40

第四章　法国行政合同的主要种类　/42

第一节　公共合同　/42

一、引言：公共合同的作用与境况　/42

二、公共合同法与公共合同的界定　/44

三、公共（采购）合同的法律体制　/46

四、公共合同的基本原则及其实施　/52

五、公共采购的招标程序　/53

六、与公共合同执行相关的规则（财务规则）　/55

问与答　/55

相关材料　/55

第二节　公共服务委托管理合同　/57

一、公共服务与公共服务委托管理合同的适用　/57

二、公共服务委托管理合同的特点及其

识别 /60
　　三、公共服务委托管理合同的类型划分 /61
　　四、公共服务委托管理合同的缔结与
　　　履行 /62
　　五、公共服务委托管理合同中的责任 /64
　　问与答 /64
第三节　公务人员招聘合同 /66
　　一、公务员与合同制公务人员 /66
　　二、公务人员招聘合同的适用及其理由 /67
　　三、公务人员招聘的基本原则 /70
　　四、公务人员招聘合同的内容 /71
　　五、合同制公务人员的权利、义务及其司法
　　　保障 /71
　　六、关于未来发展趋势的态度 /73
　　问与答 /73
相关材料 /74
第四节　国家与地方政府间的合作合同 /79
　　一、各级地方政府及地方国家行政机构的
　　　介绍 /79
　　二、地方政府与地方国家行政机构之间的
　　　关系 /91
　　三、国家与地方政府间的合同 /92
　　问与答 /96

第五章　合同化管理 /98

第一节　公共行政的合同化 /98
　　一、引言：公共服务与合同化现象的
　　　出现 /98
　　二、历史文化的溯源 /100

三、合同化的形成原因与过程 /101

四、合同化的局限性 /103

五、简短的结论 /104

第二节　合同化在公共管理中的具体应用——
以公务人员的管理为例 /105

一、引言 /105

二、集体层次的合同化 /106

三、个人层次的合同化 /109

第六章　行政合同的争讼与责任 /112

第一节　行政合同案件的司法管辖 /112

一、司法系统与合同案件的受理 /112

二、行政法院有权受理的行政合同案件——
与普通法院管辖的合同案件相对照 /114

三、行政合同案件的起诉 /118

四、行政合同案件的审理 /120

问与答 /122

第二节　行政合同诉讼制度 /123

一、引言：行政法院的相关职能 /123

二、行政合同诉讼的法律适用 /124

三、法官对行政合同签订案件的处置 /126

四、法官对行政合同执行及解除案件的
处置 /129

问与答 /130

第三节　行政合同与责任制度 /132

一、引论：责任制度的多样性 /132

二、责任与赔偿权利 /133

三、责任的专属性与合同的吸引力 /134

四、赔偿 /138

问与答 /139

下编　法国行政合同实务 /143

行政合同之一：关于休闲娱乐中心的设计、建设和经营的特许权协议 /145

第一章　总则 /152

第二章　工程授权后的设计方案 /156

第三章　工程授权后的实施 /157

第四章　养护工作·房屋维修工程与场内设施的更新·工程开发中授权的设备与器材 /159

第五章　工程开发 /160

第六章　财务规定 /163

第七章　审核 /165

第八章　制裁 /167

第九章　委托书的终止 /168

第十章　若干条款 /169

行政合同之二：关于拉德芳斯区供暖网与空调设备特许经营权的公共服务委托协议 /171

第一章　总体结构和合同期限 /177

第二章　特许经营权的范围 /179

第三章　工程 /185

第四章　服务经营 /192

第五章　财政规定 /202

第六章　计数生产和审核合同 /214

第七章　处罚、诉讼 /219

第八章 特许经营权的终止 /222
第九章 其他条款 /225

行政合同之三：关于高流量通信网络管理的公共服务委托协议 /226

第一章 基本原则 /233
第二章 装置与设备的建设 /235
第三章 地面设施的开发 /239
第四章 财政结构 /242
第五章 公共条文 /245
第六章 协议的结尾部分 /252

附录 /255

关于法国行政合同的讨论——中法行政合同研讨会记录 /255

行政法纠纷中调解的出现：英国、法国和德国的经验 /267

前　言

合同，作为一种法律手段，不仅广泛存在于私法之中，而且在公法领域中也越来越得到普及和推广，业已成为一种重要的行政管理手段。对作为行政活动方式之一的合同，人们往往将其称为行政合同。行政合同，是法、德等大陆法系国家的一个普遍性概念和现象，且自身面临着挑战与机遇。编者有幸于2003年9月在法国国家行政学院专修"法国行政合同"，深感法国行政合同制度对中国行政合同的理论、制度与实务所具有的借鉴意义，确有必要将其介绍给国内的读者。回国后，一方面将研修班上所做的记录和材料加以整理（在整理过程中，还参考了相关的法国行政和行政法中文书籍），同时在结构体例上作了适当的调整和重新安排；另一方面组织武汉大学法语专业的学生将若干份法国行政合同的法文文本翻译成中文。本书关于法国行政合同的制度与实务，即主要由这两部分构成。在制度部分，主要是法国教授和实务专家们的讲座内容，另外还收录了中法行政合同研讨会的研讨记录以及一篇涉及英、法、德三国调解比较的译义。在实务部分，考虑到中义义献很少有对法国行政合同格式与内容的介绍，国外的行政合同书是国内研究者颇为看重的参考资料，故将法国律师提供的三份合同书译成中文，汇编于此，以资参考、研究和借鉴。

最近两三年，编者的研究兴趣多集中于行政合同领域，除从理论上探讨行政合同的类型和制度建构外，还受有关实务部门的委托对行政合同的应用问题展开了研究,对这些研究成果编者将另汇成册。作为本书阅读之导引,现将有关法国行政合同的若干专题讲座的主要内容概要介绍如下。

法国国立行政学院(ENA)于 2003 年 9 月 15 日至 24 日在巴黎为中国国家行政学院代表团举办了"法国行政合同"专题研修班。代表团一行由五人组成,应松年教授为团长,成员包括杨小军、王保明、张宁和杨解君。在为期两周的培训中,法国国立行政学院聘请了来自巴黎大学、国家行政法院、巴黎上诉行政法院、里昂上诉行政法院以及经济财政与工业部、公职与国家改革部等单位的教授和实务专家就各专题进行了具体细致讲授。按讲授的时间先后顺序,这些专题细分为十三个方面:行政合同的发展与概念、行政合同与私法合同的法律判断标准、行政合同法律制度的特点、作为公共事务管理技术的合同化、公共(采购)合同、公产占用合同、公共服务委托经营合同、公务人员招聘合同、合同主义在公共管理中的影响、国家与地方政府间的合同、行政合同诉讼的管辖法院、行政合同的诉讼审查、行政合同与责任制度。这种针对专门问题的研修与培训在法国国家行政学院尚属首次,同时也为中国行政程序法中的行政合同立法以及相关法律的修订提供了一定的借鉴与启迪。中法双方都对此次专题研修给予了相当的肯定。当然,也留下了一些小小的遗憾,如公产占用合同部分无专家作专题讲授。

第一讲为"行政合同的发展与概念"。该讲由巴黎第一大学公法教授、巴黎律师公会律师罗朗·里歇(M. Laurent RICHER)先生主讲。其主要内容有以下方面。

(1)关于法国行政合同的发展。为了弥补等级行政运作的失灵,政府已越来越多地开始采取行政合同的手段,这种手段的应用不仅适用于行政机关的内部和相互之间,而且也大量发生于行政机关与公民和私法人的外部关系中。

(2)行政机关的合同性活动。行政机关的契约性活动在理论上可以分为三类:其一,"管理性合同",这类合同主要是用于将公务服务工作委托给私人,数量众多。其二,"计划合同"(或"规划合同"),又称目标合同,这类合同适用于行政工作规划或计划的领域,主要有中央政府与大区签订合同以确定大区优行投资的项目、国家与大型国有企业签订为完成一定指标的合同、国家与大学签订完成一定指标的合同等。在医疗健康保险等领域也签订此合同,由国家给予一定财政上的支持或补助。其三,"资源合同",主要用来招募和集中一定的人力资源和物质资源,如公物采购、公共工程、各种办公用品采购以及招聘服务性工作人员等方面的合同。其四,"准私法合同",较为典型的是公产占用合同。

(3) 行政合同的法律概念。行政合同的法律概念与私法合同的概念,是相统一而没有区别的,且其效力也相同,即根据法律规定可以产生法律效力的协议。尽管两者的概念一致,但其适用的法律体系是有差别的,同时在两个私法人之间一般是不会产生行政合同的。识别行政合同与私法合同的标准,主要有两个:其一,法律明确规定的,法律明文规定是属于行政合同或是属于私法合同的,则依法律规定。其二,法律无规定的,则依行政法官确立的相关标准。目前,司法判例的标准主要为:是否超越了普通法范畴的条款、是否赋予了公共服务目的。

(4) 行政合同的适用规则。这方面的内容涉及合同运行的普遍规则在行政合同中的应用问题与行政合同的特殊规则问题。

第二讲为"行政合同的法律标准"。该讲由波城及拉杜尔地区大学公法教授菲利浦·岱尔纳尔(M. Philippe TERNEYRE)先生主讲。其讲授内容主要为行政合同的判断标准已出现悖论式的发展:过去,行政合同的判断标准更多地是参照司法判例;如今,行政合同的判断标准则是通过法律形式来确定,且其数量已大大超出司法判例标准确定的行政合同。

第三讲为"行政合同的法律制度"。该讲由波城及拉杜尔地区大学公法教授菲利浦·岱尔纳尔(M. Philippe TERNEYRE)先生主讲。其内容主要涉及以下方面。

(1) 法律渊源。法律渊源表现为判例与成文法。有关行政合同的法律制度首先是根据判例来形成的。司法判例中已形成了行政合同的主要法律规则。但判例已不再是唯一的渊源,随着形势的变化,判例已逐渐衰弱,成文法正呈上升趋势。作为合同的成文法渊源主要有:公共采购法典、关于公共服务委托合同的法令、公法人与私法人合作合同的法;另外,民法典尤其是与合同相关的普通规则,也可适用于行政合同;刑事法典;欧盟法,欧盟法发展了许多适用行政合同的规则,尤其是在公共采购合同方面;宪法。

(2)行政合同的履行规则。一是行政合同是当事人双方的法。在这里涉及合同的解释与适用范围问题,解释应遵循双方的共同意愿,忠实于合同的文字本义;原则上合同只针对当事人发生效力。二是合同只在一定期限内有效。三是对缔约人履行合同义务的监督权问题。四是单方修改合同权问题。五是撤销合同权与赔偿问题。

第四讲为"作为公共事务管理技术的合同化"。该讲由国家行政法院审查官岱利·奥尔松(M. Terry OLOSON)先生主讲。该讲的主要内容以下方面。

(1)合同与合同化。合同与合同化是两个不同的概念。合同乃一项法律行为或文件,而合同化只是一种行为方式、决策方式,在合同化中双方可以结成伙伴关系,可以向合同方向发展,但并不意味着最后的结果就是合同。合同,由来已久,而合同化则是一个新问题。今天,行政活动的合同化现象越来越突出,其重要的原因在于行政行为越来越多地需要其他合作伙伴的同意。

(2)合同化作为公共行政的方式。合同化的特点在于,政府在政治、经济、社会、文化等方面的决定不是单方面作出的,而是协商、谈判的结果。法国政府的行为从中央集权制的单方决定过渡到合同化,是有其原因的:其一,现代中央政府不再是强大无比,须与地方政府分享权力;其二,法国从20世纪80年代以来即开始了地方分权运动;其三,通过协商而形成的决定比单方决定更能获得认同,其执行效果会更好。当然,合同化也会有其局限性,其适用范围也会受到一定限制。最后的结论是,不应将公共行政的合同化看作是单方行为的敌人,而应将它们视为相互辅助的手段;合同化并不是灵丹妙药,而是一种很好的方法。

前　言

第五讲为"公共(采购)合同"。该讲由巴黎第一大学公法教授、巴黎律师公会律师罗朗·里歇先生主讲。其内容主要有以下方面。

(1) 公共(采购)合同的概念。即行政机关为满足行政的需要而签订的有关购买物品或服务的合同。这类合同如采购物品、购买特殊的服务以执行公共工程以及有关服务的公共采购。

(2) 公共(采购)合同的法律制度。本部分内容主要涉及公共采购法的总目标、公共采购合同的法律渊源及其如何适用问题。其总目标在于防止腐败、保证公共采购的合理化与欧盟市场的自由竞争；在法律渊源上主要有公共采购法典、欧盟关于采购的条约及一些衍生的法如欧盟法院判例、欧盟指令；本部分内容还涉及欧盟法如何转化并被制定于法国法中(欧盟法优于法国法且可直接适用)、欧盟法的适用原则(平等、透明和公开公告)和程序。

第六讲为"公共服务的委托管理合同"。该讲由"管理轴心"事务所咨询顾问阿尔诺·菲奥卢齐先生主讲。该讲内容主要涉及：一是公共服务委托管理合同的适用领域。这类合同主要适用于具有工商性的公共服务领域,也可适用于行政性的服务领域,但法律对二者的适用限制有不同的对待。二是该种合同适用的条件,主要是必须存在公共服务的先决条件。三是该种合同的类型,主要有公共服务特许经营合同和公共服务委托经营合同两大类。四是公共服务委托管理合同与公产占用合同、公共采购合同的区别。

第七讲为"公务人员招聘合同"。该讲由电信事务总荣誉总监、国家改革部行政总局前处长塞尔日·萨龙(M. Serge SALON)先生主讲。其讲授内容主要有：一是合同制公务人员的地位与性质。在公务人员队伍中除公务员外还存在通过合同招聘的公务人员,这种合同制的公务人员尽管不是公务员却受公务员法的制约；二是存在的理由,既有公务员制度本身的原因也有财政上的原因；三是公务人员招聘合同的缔结,必须遵守不得歧视原则和公民权利保障原则；四是合同的内容,主要是法定的规则、合同制公务人员的权利问题等。

第八讲为"合同主义在公共管理中的影响"。该讲由财政与工业部行政与人事现代化司职业生涯个性化跟踪管理工作组负责人克洛德·

巴莱(M. Claude BARREIX)先生主讲。该讲内容主要涉及合同化在公共管理中应用现象的发展阶段：一是集体层次的合同化及其演变；二是个人层次合同化的趋势。前者如行政机关与公务员集体(工会)通过谈判签订协议，后者如行政机关的首长与公务员进行"评估谈话"。

第九讲为"国家与地方政府间的合同"。该讲由省长、公职与国家改革部公共就业地方发展委员会主席迪狄埃·贝特丹(M. Didier PETETIN)先生主讲。其内容主要有：一是国家与大区间签订的计划合同，以共同规划大区的发展目标；二是城市合同，集中各方面的力量以解决困难街区问题；三是地方安全合同，主要目的是减少犯罪率，这类合同并不是一种严格的法律意义上的合同；四是不同地方政府间的合同以及一些政治或政策意义上的合同。

第十讲为"行政合同诉讼的管辖权法院"。该讲由里昂上诉行政法院第四庭庭长让-皮埃尔·儒格莱(M. Jean-Pierre JOUGUELET)先生主讲。本讲讲授和讨论的内容主要涉及：有关因行政合同而引起的不同诉讼(行政诉讼、私法诉讼和刑事诉讼)的法院管辖权问题；针对行政合同案件而产生的行政法官的职能包括撤销合同之越权诉讼、紧急审理、审查合同本身以及执行合同等多重职能以及这些职能的具体行使问题；行政合同案件的审理程序问题。

第十一讲为"合同诉讼"。该讲由国家行政法院审查官菲岱里克·莱尼卡(M. Frederic LENICA)先生主讲。该讲内容较少，主要涉及对公共采购合同与公共服务委托合同的审理问题，具体介绍了对与合同签订有关的案件、与合同执行有关的案件、与合同终止解除有关的案件的审理及其规则。

第十二讲为"行政合同责任制度"。该讲由巴黎上诉行政法院政府专员维克多·哈依姆(M. Victor HAIM)先生主讲。该讲所涉及的内容也较为细致，这些内容主要有：合同责任的形成历史、赔偿请求权与合同责任、合同的过错责任与准过错责任、合同责任与非合同责任特别是与法定责任的关系、合同责任人以及因合同而引起的赔偿范围、赔偿方式及其赔偿额的具体实现问题。这些内容对建立我国行政合同责任、完善国家赔偿法的规定，都具有一定的借鉴意义。

研修班上的若干讲座由留法的杨建华先生现场翻译,本书的整理即主要依托于当时的记录,同时在书稿的整理过程中,得到武汉大学法语专业林婧敏、法学院博士生肖登辉及张峰振等同学的大力支持,在最后的资料补充和内容调整方面得到南京工业大学法学院2007级行政法专业研究生张黎同学的协助,留法的张莉博士(现为中国政法大学法治政府研究院研究人员)也提出了诸多宝贵意见,特此致谢!

杨解君
2008年9月10日于南京

上 编
法国行政合同的制度

第一章
法国的行政合同及其法律适用规则[*]

一、引言：比较与发展视野下的法国行政合同

近年来，合同的应用及其所起的作用越来越广泛和充分。它不仅在经济和社会秩序中发挥着举足轻重的作用，而且当今之世，合同在行政事务管理活动中的作用也显得越来越重要和突出。合同在行政事务中的地位与作用，从表面上看是一种悖论。因为，行政体制是按上下等级来建构、组织和运行的，即从理论上言之，行政机关的单方行政决定应该说是处理行政事务时最重要的手段，它所起的作用也应该是最为明显和突出的，单方的命令与双方的合意在一定程度上是相冲突的。但是，行政等级化运作和单方命令模式的效果并非十分理想和有效。为了弥补传统行政运作的失灵，40多年来，行政机关除了采取单方行政决定外，还不得不越来越多地寻求其他手段与技巧的帮助。这些手段与技巧，不仅被适用于行政机关相互之间、行政机关与公务员工会之间这一内部行政领域，而且也被广泛应用于行政机关与私人的外部行

---

[*] 本章内容根据法国行政合同系列专题讲座的第一讲的记录整理而成，主讲人系法国巴黎第一大学公法教授、巴黎律师公会律师罗朗·里歇（M. Laurent RICHER）先生。

政关系之中。行政机关经常使用的手段与技巧主要是协商、谈判和合同三种。事实上,合同本身就包含了协商与谈判,而协商与谈判又被合同所吸收。因此,可以说,从单方性的行政到合同化的行政,构成了当代法国行政演变的特色之一。

从纯法律的角度来看,法国行政合同有一个鲜明的特点,即在法国的法律体系之下有一套完整的行政合同法体系或制度,从而与私法合同的法律体系或制度相区分。这是法国法的独特之处,其特点在于:第一,行政合同所适用的法律规则不同于私法规则,它有着自身的特殊体系。第二,因行政合同而引发的争讼不属于普通司法法官的权限管辖范围,而是由行政法官履行相应的司法管辖职能。

如果将法国的合同制度置于与西方其他国家的合同制度相比较的情境下,那么我们会发现,其差别不只是在于法国有一套专门的行政合同规则存在,而且还有实质上的区别。这一实质性的差异就在于——法国行政合同的法律体系及其制度具有整体性与普遍性,这是其他国家所不具备的。如,美国联邦政府的合同在性质上属于私法合同,受普通法调整,其争讼由普通法院管辖而不是像法国或德国那样由专门的法院受理。从形式上来看,其制度特点正好与法国的行政合同制度相反。但在法律规则的适用上,美国的行政机关同样拥有与法国行政机关在行政合同中相同的权利,如单方修改权。但在美国,却不是如法国一样对行政合同设置了普遍适用的专门规则,行政机关的单方性权利(如单方解除权、修改权)只具体规定于合同之中,在法律上并没有普遍适用性的规则。因而,法国行政合同与美国政府合同的区别不在于有无特别规则的存在,而在于这一特别规则是否具有普遍适用性。在法国,行政机关的单方解除权、修改权,即使合同没有明文规定,行政机关依据法律规定也可以拥有;但在美国,则必须规定于合同文本之中。美国实行的是文本主义,行政机关的单方解除权、修改权需要合同条款的设定,否则行政机关不得行使该项权利。法国实行的是公法与私法相平行的两套法律体系,行政机关在行政合同中的此项权利是自动实现的,而不需要通过合同条款来设定。又如,在德国、意大利、比利时等国家,尽管也有行政合同的概念以及法律规则,但行政合同适用的法律规则更近似于民法规则。这些国家有关行政合同纠纷的案件的管辖权，由行政法院和普通法院分享，因行政合同缔结而发生的争议由行政法院管辖，而有关行政合同执行(或履行)的案件则由普通法院管辖。而在法国，有关行政合同的争议则统一由行政法院管辖。

法国在19世纪实际上就已经出现了行政合同，但行政合同的数量不多。到1900年时，大概有三种类型的行政合同：工程合同、国家必需品订购合同、军事采购合同。1900年后，行政合同的概念得以拓宽，行政合同所适用的范围也相应地扩大。可以说，法国的行政合同历史悠久，其制度也最为发达。但这种发达程度并不意味着完全排斥行政机关在某些情况下采用私法合同的形式。不过，行政机关所采取的合同形式大多表现为行政合同。换言之，行政合同是行政机关采取的最为典型的合同形式。一合同属于行政合同还是属于私法合同，主要是基于法律的规定和司法判例的确定。法律明确规定某些类型的合同属于行政合同，如法律规定所有的公共采购合同皆为行政合同，那么对公共采购合同的性质确认就没有选择的可能。在某些情况下，行政合同与私法合同的区别，纯粹是司法判例上的区别。行政机关可能会缔结相当于私法合同的行政合同，对这类特殊的合同可将它归入私法合同范畴。当然，在大多数情况下，这种选择是不存在的。

行政活动的原则，即行政的普遍性规则，行政机关在缔结和履行行政合同过程中同样也应遵循。如行政权限规则，它不仅适用于单方行政决定也适用于行政合同。这不仅在法国存在，在英美的判例中也可以找到同样的规则——合同不能改变行政机关的职权范围。行政合同作为行政的方式，必须遵循行政的普遍性规则。同时，由于行政合同具有行政与合同相结合的特点，因而，它还必须适用合同规则以及与合同有关的规则甚至某些单方性的特殊规则。

二、行政机关的合同性活动

法国的行政机关种类繁多，主要有：中央政府及各部、中央的地方性行政机关(主要由省长代表)、中央各部外派在各省的机构与地方行政机关(具体包括市或镇、省、大区),此外,还存在大量的公立公务机构,这类机构包括1 500个全国性和2万多个地方性的公立公务机构。当我们泛泛使用行政机关这一概念时,差不多指的是4万个法律主体。这些主体每年皆缔结成千上万份行政合同。在这些数量众多的行政合同中,公共采购合同所占数量较多,有的行政合同数量则较少,如关于国家与大区间的计划合同。对这些数量众多的行政合同,在理论上大致可作如下分类。

(一) 管理性合同

管理性合同,并非法律上的概念,只是主讲人所作的一种理论上的概括。在这类合同中,历史最为悠久的是公务特许经营合同。这类合同的作用,是将全国性或地方性的公共服务委托给私人管理和经营。此类合同数量众多,如国家高速公路的委托经营合同、市政府与企业或私人签订的可饮用水经营合同。这类合同有三个要素:一是赋予某个私法人从事某项公共服务的资格;二是在赋予其资格的同时确定其公共服务的义务,对其提出从事公共服务的要求;三是通过此类合同使受益人享受到公益性的服务。不过,这种服务往往是有偿性的,如法国高速公路的服务都是收费的。

在这一类型的合同中还出现了一种新的形式,即几个公法人相互之间为共同从事某项活动而缔结的行政合同。例如,巴黎大学法学院图书馆与近10个大学共同签署了为大学生及其他读者提供图书服务的合同,该合同即属于这种新类型的公共服务合同。

(二) 计划合同

计划合同如同管理性合同一样,也是一个理论上的概念。这类合同是目前行政事务中的采用的一种重要合同。该类合同出现于20世纪60年代。当时,法国经济明显地表现出一种计划经济的特色。当然,所谓的计划并不是强制性的计划,它只是确定一些目标,国家再据此目标与国有企业、大区等签订合同。通过此类合同明确国有企业和大区须在某些方面实现一定的国家职能,而国家则给予财政上的支持或补助。如今,全国性的计划已被废弃,但法律上借助计划手段实现一定国家职能的做法却得以保留并被加以推广。计划合同主要表现在以下三个方面。

(1) 每隔三年中央政府与大区签订明确大区优先投资项目的合同,简称为"投资项目合同"。

(2) 国家与大型国有企业签订的为实现一定目标或指标的合同,简称为"目标合同或项目合同"。例如,为了达到为公众提供廉价、统一的供电服务之目标,中央政府与法国电力公司签订了一项在原价格基础上达到每年降价4%这一电价指标的合同。

(3) 国家与大学、医院等相互间签订的合同。法国共有75所大学,政府与大学签订合同,大学保证每年达成一定的目标(如招收多少学生),而国家则给予其相应的经济补偿。这种合同也存在于医疗、健康、保险等领域。计划合同手段的采用,实则是企业管理理念和方式在公共行政和公共服务领域中的引入。

(三) 资源合同

资源可分为两类:人力资源与物质资源。与之相对应,资源合同也可分为人力资源合同与物质资源两类。在人力资源方面,主要表现为人力招聘合同,如在各种服务性领域(如计算机维护、办公场所的清洁等),就需要雇佣一定数量的工作人员。但是,公务员是不能通过合同方式来确定的。原则上来说,行政机关不得雇佣非公务员的工作人员,但也有例外情形,实际中采取的雇佣方式是非常多样的。在我看来,目前,在雇佣人力资源方面实际上处于一种"非法"(无法律规制)的状态。在物质资源方面,行政机关大量采用合同形式来配备和补充资源,如公物采购、公共工程、借款等方面的合同。

(四) 准私法合同

在这方面,公产占用合同较为典型。行政机关的财产有专门的管理体系,它适用公产体系的管理规则——企业或私人对公产的占用是临时性的,不具有长期稳定性,国家可依据其单方面的意志来撤销公产占用许可。但公产占用的不稳定性致使公产价格受到影响,从而不利于公产的有效利用。因而,为吸引投资者,最近一段时间以来法国加强了公产占有的稳定性,其中的一项举措是将原来的单方行政许可决定改为双方合同形式。在公产占用过程中,当事人通过合同向国家缴纳相关的费用。如机场场地、港口、码头、各种国有商店或药店的出租等,就需要遵守合同法的规则,有关行政机关应通过招标选择最优竞争者,而不能由其单方面地随意决定,以免破坏竞争秩序。

三、行政合同的法律概念

(一) 合同的一般定义

关于行政合同的法律概念,不妨通过与私法合同相比较的视角来界定。在法国法中,合同概念由民法予以规定。民法典第1344条对合同概念作了规定,即合同是关于自身强制性义务的协议,这是为所有法律部门皆公认的概念。莱昂·狄冀在1913年的《公法变迁》一书中就说过:"契约会产生一种效果,而且只会产生一种同样的效果。它在公法中的含义与它在私法中的含义是完全一样的。"①这一概念的要素在于:协议或同意。协议或同意是一种事实上的状况,当这种事实产生一定的权利或义务时即构成了法律意义上的合同。可见,合同必然是同意或协议,但同意或协议并不必然是合同。我们可以将同意或协议发展为合同的脉络作一简单图示:

---

① 〔法〕莱昂·狄骥著:《公法的变迁·法律与国家》,郑戈、冷静译,辽海出版社、春风文艺出版社1999年版,第118页。

因而，所谓合同（法律意义上的合同），是指根据法律规定可以产生法律效果的协议。这一合同概念在公法和私法中都可适用，这是公法上的合同与私法上的合同的共通性概念。另一方面，尽管公法合同与私法合同在基本词义上一致，但二者在法律适用体系上存在多方面的差别。

（二）行政合同与行政部门的私法合同之区别

行政部门缔结的合同，或表现为行政合同或表现为私法合同。在实践中，应注意区分行政部门与私人缔结的合同究竟是属于行政合同还是属于私法范畴的合同。那么，如何辨别呢？这可以从两个方面予以判断：一是合同当事方，一般来说，必须至少有一方是代表国家或地方行政部门，或者公法人。二是法律规定的标准或者法官所确立的判例标准。这两个标准，具体言之：

1. 法律规定标准

关于合同的性质，若法律明文规定一种合同为行政合同或私法合同的，则依其规定。明确规定行政合同或私法合同性质的法律，大约有十项。最早关于行政合同性质规定的是拿破仑时代的一项法律（1799年雨月28日）[1]，该项法律目前仍然有效，该法明确规定凡与公共工程有关的合同皆为行政合同。此外，1938年的一项法律规定，所有与公产占用相关的合同皆属于行政合同。又如，最新的关于行政合同性质规定的是2001年的一项法令，该法令规定，所有的公共采购合同都是行政合同，从而排除了行政合同与私法合同的选择。

2. 判例标准

当法律没有关于一合同是行政合同还是私法合同的规定时，则依

---

[1] 当我们请教法国教授，雨月是什么月份的时候，他的回答是："具体是什么时候，我也不知道。"编者在《法国行政法》（〔法〕古斯塔夫·佩泽尔著，廖坤明、周洁译，中国国家行政学院出版社2002年版）一书中看到如此注释："法国大革命时期的历法，相当于公历1月20日或21日至2月19日或20日"，故转注于此。

行政法官确立的相关标准判断合同的性质。最初,当合同性质不明时,行政法官或普通法官对案件均有管辖权。1799年的一项法律规定,私法法官无权干预行政事项,但问题在于,何谓行政事项或行政活动呢?对此,国家行政法院就应确立它们的标准,这些标准由每个法官在案件审判中具体实施。在没有标准的情况下,司法判例确立了两个标准,并不加区分地适用。

一是1910年确立的超越普通法范畴的条款。只要合同里有一个条款超越普通法范畴,则该合同为行政合同。那么,何为超越普通法的条款呢?相对于两个私人而言,是一种不正常条款(相对于普通法的规定),实践中有一个不正常条款清单,这里蕴含了法官的自由裁量权。巴黎上诉行政法院就有一个关于行政法院管辖权的例子(巴黎上诉行政法院第99PA00690号诉讼案,见本章"相关资料":与行政合同标准相关的资料)。这是一个属于与国家私产相关的租赁合同的案件,在这一案件中,国家将一块不用的场地(属于国家之私产)租给了一个私立学校,由于是国家之私产,因而不属于公产占用合同,后来管理这家私立学校的公司破产,由此在国家与该私立学校(公司)之间形成争议。在这一纠纷中,是由普通法院还是行政法院管辖呢?巴黎上诉行政法院认为,该合同中有两个条款已超越普通法范围:一是规定国家有单方取消合同的权利,二是国家对学校的教学与财务享有监督权。这两个条款是超出了普通法规定的条款,超出了"平等性",因而属于行政合同。当然,如果该合同中没有这两项条款的话,那么该合同就毫无疑问属于私法合同。

二是公共服务标准。这一标准是由法国国家行政法院在1956年贝尔丹夫妇及农业部长诉共同利害关系人格里穆瓦尔案中所确立的。在该案中,国家行政法院认为,只要某项合同中确定了公共服务的目的,即使没有超越普通法的条款,该合同也属于行政合同。

从法国的历史和现状来看,由司法判例确立的规则多于法律所创制的规则。通过统一的成文法来确立行政合同规则,法国目前正在酝酿之中,但只处于计划阶段尚未付诸实施。这方面,西班牙已走在前面,西班牙已经有一个专门的行政合同法,可资借鉴。

四、行政合同的法律适用规则

(一) 一般规则

1. 行政合同的权限规则

行政主体与私人缔结行政合同,存在着一个权限问题,此点与私法合同不同。在私人相互之间缔结合同上,主要是看其有无能力缔结合同,而公法人却不具有某种普遍的权限来缔结合同。行政主体只能由代表它的机构或成员来体现其能力。

权限,是公法上的一个关键性概念。这一概念具有两种法律效果:一是拥有某种行政权限的,行政主体不得拒绝履行其权限;二是只有法律赋予其权限的行政主体,才有权在其权限范围内缔结合同,否则即属无效合同。

确认或检验行政合同是否有效,在权限上需要从两个层面来考察。

第一,从广义上考察行政主体对某事务领域是否拥有管辖权。假如法律规定,高速公路事务只有国家才有权管辖,那么,地方的市政府就无权签订关于高速公路的特许经营合同。不过,最近几年也发生了一些变化。有关此类行政权限的法律作了修订,法律改变了地方政府的权限分配。如1985年的一项法律规定,油港由市政府管辖,即只有市政府才能签订有关油港特许经营的合同;渔港由省政府管辖,即只有省政府才能签订有关渔港特许经营的合同。但是,如果某一港口既是油港又是渔港,那么,这一港口特许经营权合同该由谁来签订呢?国家行政法院已有判例解决了这一冲突。假如渔港业务比重大于油港业务,就按渔港来对待;反之亦然。这种情况在欧洲其他国家曾引起过解决上的困扰,但在法国并未引起什么困难。

第二,从特定意义上考察哪个行政当局代表行政主体或公法人签订行政合同。在行政主体或公法人与行政当局之间,具体有以下几种。

其一,国家。中央政府及其部门作为国家的代表,有权以国家的名义签订合同。部长有权根据行政法的普遍性规则作为缔结合同的代表。这些普遍性规则是适用于所有的单方行政决定的规则。如果是属于省的权限范围的,则省长是签约的代表。在行政合同中还有一些严肃而庄重的规则,尽管存在但已不多见了。有些合同如公债合同,须法律允许才能签订,但这类合同现已很少见。在19世纪时须议会通过法律准许,行政部门才能签订。例如修建铁路,每一线路的合同都需要议会每次对应地通过专门法律。因而,一项重大项目如高速公路,往往需要一连串的法律或法令,颇费周折。

其二,地方政府——市镇。合同的意愿须由市镇议会来表决。这些地方政府签订的合同须由议会议员通过合同,由市镇首长(市长或镇长)签署,由市镇执行。

其三,公益公务机构。关于公益公务机构,并没有一个统一而普遍的规定,即这类机构并没有一个关于其地位或角色的身份法,这些机构各自有其自身的规则。因而,在它们的行政合同缔结中,某些机构甚至出现了由其董事会来认可行政合同的情况。在一般情况下,这类行政合同只需执行官同意签署即可。

有关权限分配的规则,须结合或参照相应的法律规定才能确定。

2. 普遍性规则

合同运行的普遍性规则,在行政合同中同样也具有适用性。哪些普遍性规则可以适用于行政合同之中呢?可以适用于行政合同的普遍性规则,是通过司法判例的方式来确认的。这是有其历史传统的,这种传统可以追溯到20世纪初,它是建立在公共服务的连续性(或称不可间断性)这一理念之上的。

行政法的特殊之处在于,它没有类似于民法典的统一法典,因而在行政法领域,法官必须具有法律创制性的权力,当然一般只具有法律解释权。行政运行的特殊性决定了规制行政活动的行政法规则必须有别于私法规则,因而行政合同作为行政活动的方式之一,自然有其特殊性。国家行政法院在行政合同的适用规则方面创制的规则,一般都属于特殊的规则。但是,在行政合同领域,由于行政合同与私法合同具有相似性,通常以双方的自由意志来表达(而不是行政决定中的单方意志表达),因而,也必须适用与私法合同中相同的自由意志表达规则。行政合同必须遵循的合同普遍性规则有很多,在此列举三个规则。

(1) 当事人的同意是真实自愿的。同意不是在强迫下作出的,而是基于本人的真实意愿,此类规则,在行政合同中同样具有适用性。巴黎行政法院就曾撤销过一项高达10亿法郎的行政合同,其撤销的理由就是合同中有虚假,在该案中当事人通过串联来抬高价格,因而被撤销。

(2) 必须适用双方当事人的法。此项规则具有强制性。

(3) 寻求当事人的真意。当合同因疑义而需要解释时,法官须找寻当事人的真实意愿。

上述三个民法中的基本规则同样适用于行政法之中。

(二) 特殊规则

行政合同除适用合同的一般规则外,还有其特有的制度,即其自身的特殊性规则。行政合同的特有规则,往往借助司法判例来进行解释和确立。从现有的行政合同特殊规则来看,有的规则偏向于行政主体从而有利于行政主体,而有的规则则有利于保护另一方缔约当事人。

1. 有利于行政主体的规则

行政主体在行政合同中拥有一些当然性的权力,这些权力即使在合同中无约定,行政主体也享有。因为,这些权力是依行政法的普遍性规则而取得的。这些权力主要有:

其一,单方改变合同的权力。行政合同可以通过两种方式改变:一是签订新的合同、或者附则或者附加条款,从而改变原有合同;二是通过单方行为改变合同,例如,在公共工程合同中,对已签订的修建桥梁的合同,就可决定再加上一个桥墩。这种单方改变合同的权力,实际上已超越普通法规则。但这种权力的行使有两个限制:① 这种修改不能太多以致使之演化成了一个新的合同。如国家行政法院就曾有一个判例,认为:如果将桥建在离原约定地点10千米外,那么这座桥已不是原先要建的那座桥了。② 如果修改合同后所导致的成本超出原核算成本的话,行政主体必须补偿。

其二,单方终止合同的权力。原则上说,行政主体有权以任何公共利益(普遍性利益)为理由来终止任何行政合同。但单方取消合同的权力行使,须有两个限制:一是必须是公共利益;二是必须对缔约当事人赔偿由此而引起的损失。这种权力是一种很大的自由裁量权,主要是为了保护公益和公共政策的推行。最近几年,允许地方政府取消港口经营合同,在学校食堂的经营上,假如行政主体更能降低价格的话,它可以终止原签订的合同。

其三,撤销合同的权力。如果缔约当事人有违约行为或严重过失的,行政主体可以以过错为由单方面地撤销合同,且行政主体不承担任何赔偿责任。但是,如果在私法合同中,则须通过法院来判决撤销合同。

其四,缔约当事人不得拥有抗辩权。在行政合同中,缔约方当事人不能援引行政主体不履行合同来终止合同,没有抗辩权。如在公共工程合同中,行政主体不付款,缔约当事人还必须继续履行该合同。当然,如果公法人破产了则另当别论。

2. 有利于保护缔约当事人的规则

有利于保护缔约当事人的规则,主要有:

其一,不可预见论。尽管公共服务的连续性不可打断,但也存在不可预见的例外情形。由于经济状况的原因,双方经济利益平衡完全被打破,从而使合同不可执行。对这种情况,最高法院曾作过判决,不能援引不可预见事由。但国家行政法院在1916年的一个非常著名的案例中作出了与之相反的结论。这一判决的作出主要与第一次世界大战后的经济状况有关。当时,由于煤炭价格一下子上涨了五倍,因而公共照明公司根本无法运行。此即属于外在于双方的不可预见事由,导致了合同的不可执行。针对这种情况,国家行政法院认为,行政主体应该帮助企业克服这种困难,故判决行政主体必须以补贴方式帮助企业直到使之正常运行。如今,这一例外规则使用得较少,因为现在行政合同往往规定价格审定条款。但这项判决仍有效,1998年行政法院就援引了该项规则作出了另一项判决。

其二,"王子"条款(统治条款)。该条款要求,行政主体在没有过错的情况下对另一方缔约当事人也应承担责任。如果行政主体作出一项合法的决定,却使缔约当事人履行合同变得更加困难,如市政府将一地下停车场出租给企业进行经营,后来市长又以交通管理的警察权限,将双向车道改变成了单行线,使得车辆无法进入该停车场,如此给经营停车场的企业造成了损害,市政府就这一损害应予以赔偿。按照这一规则,尽管行政主体无过错也应赔偿。

(三)成文法规则的趋势

上述普遍适用的行政合同规则,都是由司法判例确立的。但最近几年有一个新的趋势,行政合同规则除由司法判例确定外,还出现了成文法的制定规则。不过,这些成文法规则还没有涉及所有行政合同,法律或法令只触及某些行政合同。最典型的例子是公共采购合同,法国将欧盟法的规定转化并制定于法国法之中。欧盟法在这一方面导致法国法发生了很大的变化。另外,还有两个行政合同领域是由成文法加以调整的:公共服务的特许经营合同,有专门的法律规定;公产占用合同,有专门的规定并发生了明显的变化,立法的目的在于鼓励私人投资。行政合同规则的趋势,必将是朝成文法方向发展的,并且将出现各种各样的有关行政合同的法律。

问与答

在法国,是否存在行政主体滥用单方解除合同权的情形?

在实践中,行政主体使用单方解除权的情况很少,但在一些市镇是存在这种情形的,这是与地方议员制度以及法院的审案期限相关的。因为,市镇议会议员的任期为6年,议员们就可能将前任议员们通过的合同予以取消,又不赔偿,当事人就会到行政法院打官司,这样又可延续6年,如此,这一届议员的任期又正好到期。这种格局的形成也是与行政法院的审案程序缓慢有关的。1995年以来,行政法院在审理程序上已进行了几次改革,已有所效果,但改革的成效还没有充分显现出来。现在基层行政法庭的平均结案时间为2年,上诉法院的平均结案时间为1.5年,国家行政法院的平均结案时间为1.5年,这样要走完全部程序仍然需要5年。

相关材料

与行政合同标准相关的判例资料

——法国国家行政法院司法判例分析

(参见国家行政法院网站:

http://www.conseil-etat.fr/ce/home/index.shtml)

版权所有:法国国家行政法院,2002年

一、1956年4月20日——贝尔丹夫妇及农业部长诉共同利害关系人格里穆瓦尔案

(关于公共服务标准的判例)

通过"贝尔丹夫妇案"裁决,国家行政法院认为,只要某项合同是以委托共同签署人直接履行公共服务为目的的,那么,该合同即属行政性合同。而通过"农业竞选诉共同利害关系人格里穆瓦尔案"裁决,国家行政法院又把虽然依靠私人资金在私人财产上完成,但却构成某项公共服务目的本身的工程定性为公共工程。

这两项裁决彻底更新了与行政合同和公共工程相关的概念;而在此前,有关司法判例曾一度不甚确定。

在这两桩案件中,第一桩案件提出的问题是:贝尔丹夫妇1994年11月所作的关于答应赡养寄居在穆市遣返中心的苏联籍人士的口头合同是否属于行政性合同;而第二起纠纷的案由为:一家企业根据一项与水和森林行政管理部门签署的合同,在私产场地进行造林过程中损坏了私人树林和场地,对此需要解答的问题是:争讼所及的工程可否被称为公共工程?

通过1912年7月31日裁决(参见:国家行政法院:沃日斑岩花岗石公司,第909页),国家行政法院似乎曾为行政合同的存在提

出了两个条件,也即:除了几乎必定要求的缔约方中至少须有一个公法人之外,共同缔约人须参与直接执行公共服务以及合同中存在普通法外之条款。然而,遣返中心主任与贝尔丹夫妇之间的合同却不包含这些条款中的任何一条:它是一项最普通不过的合同,而且还只是口头形式。

在政府专员(法国国家行政法院内部的一种专门职称,类似报告质询人,虽其名为"政府专员"但与政府并无关系,他们介于法官与审查官之间)隆先生的建议下,国家行政法院对其实并未在所有案件中被采用的花岗石案判例的不明确之处作了重新考虑,并认为,只要一项合同以委托共同缔约人直接履行公共服务为目的,该合同便属于行政合同。所涉判例当然是个特殊案情,因为外籍人士的遣返毫无疑问属于国家的最传统的使命。这一解决方案的意义在于这样一个事实:当行政部门委托履行公共服务时,必须能够行使合同的行政特点本身所赋予的特权,而无需将这些特权列入该合同中。通过这一裁决,国家行政法院又回到了一个先前的司法判例(1910年3月4日,岱隆案,第93页)。

贝尔丹夫妇案的结案方式虽具有决定性意义,但并不因此排除"某项合同只有当其包含普通法之外条款时才为行政性合同"的假设。虽然它不再是必要条件,但还依然是充分条件。此外,虽然某项合同与直接执行公共服务相关的这一单独情形便足以将合同称之为行政合同,但一项仅规定共同缔约人简单参与公共服务的合同却并不如此。这种区别往往极为微妙。

在公共工程概念方面也采纳了一项相同的标准:公共工程概念也可用于指称那些依靠私人资金在私人财产上完成,但却构成某项公共服务的目标本身的工程。立法机构于1946年9月30日通过的法律希望实现的旨在开发与发展法国森林业的造林工程,便属于这一情形。国家行政法院确认了几个月前权限争议法庭的一个司法判例(1955年3月28日,埃菲米耶夫案,第617页)。

根据这一判例,凡出于普遍公益目的而由某一公法人完成的工程,或由某一公法人在公共服务使命范围内完成的工程,均应被视为公共工程。

除了仍具有现实意义的实用价值之外,这两项裁决曾被理论界视为公共服务概念的新生。因为,公共服务又重新成为一个能据以区分属于私法和公法内容范围的重要关系项。然而,这一等式曾似乎一度受到那些承认依据私法条件管理公共服务可能性的司法判例的质疑。

二、巴黎上诉行政法院第99PA00690号诉讼案

(关于普通法外的条款与行政法院管辖的判例)

巴黎上诉行政法院第99PA00690号诉讼案

裁定

《勒蓬判例汇编》未刊件

第一庭

勒诺瓦先生

玛西亚斯女士

拉普莱冈基兰姆女士

弗杰尔·巴吕及合伙人

2003年7月9日宣读

法兰西共和国以人民之名义

鉴于由国民教育、研究与技术部部长提出并于1999年3月11日在本院书记处登记之上诉,部长请求本院:

(1) 撤销巴黎行政法庭1998年12月15日第9812570号判决;该判决宣布撤销巴黎大区区长于1998年6月2日作出的关于解除国家与圣特·巴尔贝初级中学(公司)于1998年1月26日签署的租约的决定;

(2) 驳回圣特·巴尔贝初级中学(公司)之请求;

鉴于本案卷宗之其他证件;

鉴于《国家财产法典》,尤其鉴于该法典之第L36条、L37条及L66条;

鉴于《行政司法法典》；

当事各方已被按规定告知庭讯日期；

经于2003年6月20日公审时听取了：

——首席法官勒诺瓦先生之报告；

——以及政府专员玛西亚斯女士之意见后；

认为：通过于1896年11月11日签署并经立法机构于1897年6月25日批准的首份合同，国家把位于巴黎市第5区瓦莱特街4号的属于它的一处场所出租给了私立教育机构圣特·巴尔贝初级中学（公司）；此一租赁一直延续至1998年1月26日；在该日期，当事方签署了另一新合同，并规定将租期展延9年；然而，巴黎大区区长于1998年6月2日作出决定，解除前述相关合同，并自1998/1999学年开学起，结束与圣特·巴尔贝初级中学（公司）的租赁合同；巴黎行政法庭受理了圣特·巴尔贝初级中学（公司）提起的撤销决定请求，并通过1998年12月15日判决，撤销了该项决定；国民教育、研究与技术部部长对该判决提出上诉；

关于行政法院管辖权：

认为：根据前述1998年1月26日合同所出租场所确实属于国家之私产；然而该合同附有普通法之外的条款，规定国家在某些假设情形下拥有单方解约权以及学校的教学与财务监督权归属于有管辖权的行政当局；据此，于1998年1月26日签署之前述合同便具有了行政合同性质，与其相关的诉讼则属于行政法官的管辖权；

关于初审请求的可受理性：

认为：虽然圣特·巴尔贝初级中学（公司）——且不论其请求之前言——意欲请求合同法官取消由巴黎大区区长所作的解约决定，但是这样一项请求不应被受理。因为，法官在一项国家私产租赁合同范围内只能对受质问解约行为的合法性作出裁定，并从可能的不合法性中推出其可能包含的后果，尤其在对行政机关的另一方缔约人的赔偿方面；因而，国民教育、研究与技术部部长有充分理由认为：巴黎行政法庭受理由圣特·巴尔贝初级中学（公司）于1998

年6月2日提出的关于撤销解约决定的请求,以及作出被在此提起上诉的判决是错误的;据此,有必要撤销相关判决,并驳回由圣特·巴尔贝初级中学(公司)提出的初审请求;

关于《行政司法法典》第L761-1条条款的执行:

认为:依照《行政司法法典》第L761-1条条款规定,法官判处受约束方承担诉讼费,或在无受约束方情况下,判处败诉方向另一方支付由法官确定的不包含在诉讼费中的相关费用;法官可以考虑被处罚方的经济状况或公平性;法官甚至可以基于同样因素考虑,自动宣布不作这一处罚;

认为:《行政司法法典》第L761-1条条款规定,不利于判决并非本审败诉方的国家向圣特·巴尔贝初级中学(公司)支付它以不包含在诉讼费中的相关费用名义所要求的金额;

兹裁定如下:

第一条:撤销巴黎行政法庭1998年12月15日判决。

第二条:驳回圣特·巴尔贝初级中学(公司)向巴黎行政法庭提出的请求。

第三条:驳回圣特·巴尔贝初级中学(公司)试图享受《行政司法法典》第L761-1条条款规定权利之理由。

与"不可预见论"相关的判例资料

——法国国家行政法院司法判例分析

(参见国家行政法院网站:

http://www.conseil-etat.fr/ce/home/index.shtml)

版权所有:法国国家行政法院,2002年

1916年3月30日——波尔多照明总公司案——《勒蓬判例选编》第125页

通过"波尔多照明总公司"裁决,国家行政法院引出了一种"不可预见理论";该理论可在因当事方无法预料的事件的出现而引起临时性经济变化时,保证行政合同的持久性。

波尔多照明总公司试图让波尔多市政府承担因照明特许经营合同签署日至1916年间煤炭价格暴涨五倍而导致的公司超额成本;因为,由于战争原因,大部分煤炭产区被德国占领,海上运输愈来愈困难。在审理此案时,国家行政法院认为,原则上,特许经营合同以最终决定方式解决了特许权受让方和让与方的义务关系;而因经济形势导致的原材料价格变动属于一种特许经营受让方应当承担的市场风险。然而,当合同的经济均衡被绝对扰乱时,就像该特殊案例中那样,由于煤炭价格上涨,使得燃气生产成本超过了当时双方所能考虑的极限水平,特许权经营者不再有义务按原先规定的条件保证服务的运转。为了克服临时困难,有必要寻求一种既顾及普遍利益,保证服务延续,又考虑到特殊情况的解决方案。因此,国家行政法院裁定:该照明公司依然有义务保证服务,但同时又有权利因遭受超越正常经济风险的不可抗力情形而获得经济损失补偿。

此后的判例对"不可预见理论"的适用条件作了明确规定。第一,影响合同执行的事件必须为不可预料的。它可以指经济情况、自然现象或是由公共权力机关所采取的行政措施;但无论属于哪种情况,这些事件都须彻底瓦解合同签署时所能合理作出的预测。第二,这些事件必须外在于各当事方;尤其是,假如它们是由缔约行政部门所导致的话,那么适用的将是"统治者行为理论"而不是"不可预见理论"。第三,它们必须导致合同经济利益均衡的打乱;当然,它们不应当对合同的履行构成障碍,否则它们即构成不可抗力事件,从而可以免除共同缔约人的义务;不过,它不该是个单纯的待填补的亏空。

由于不可预见不是一种不可抗力的情形,所以,共同缔约人必须继续履行合同;若共同缔约人中断提供服务,则属过错。作为补偿,共同缔约人有权得到合同外开支——也即在因不可预见情况而导致的扰乱期内执行合同所引起的亏损金额的全部或至少是大部分的补偿。随之可能产生两种情况:一是由于不可预见情况消失或由于当事各方之间达成新的协议,从而使得合同平衡获得恢复;

另一种是合同经济平衡扰乱成为终极性扰乱,于是不可预见事件便转变成一种可为解除合同提供理由的不可抗力情形。有意思的是,从这里可以看到,"不可预见理论"导致行政部门和它的共同缔约人在其合同中引入了某些可据以调整适应经济与财政形势演变的修正条款,从而赋予了"不可预见论"以某种补充性特点。

第二章
法国行政合同的法律标准*

一、引言：行政法的发展与行政合同的标准

在法国，存在着两套司法体系：一套是普通司法体系（普通法院），解决私人与私人之间的纷争；另一套是关于行政的司法体系（行政法院），解决公法人之间、公法人与私人之间的纷争。随着时间的推移，行政法院逐渐形成了一套与私法相区分的规则体系。这一状况的形成，主要有两个方面的原因：一是与普通司法体系不相同的行政法院及行政法官的存在。只要有这一特殊法官队伍存在，他们就会从自身的观念出发来设立特定的规则，以示与普通司法的不同。二是对于行政部门来说，也需要通过一些特殊的规则来解决行政领域中的特殊问题。这两个方面在形成和发展行政法规则方面具有同等的作用。但最近三四年来，法国行政法正经历着一场根本性的变革，这种变革可作如下简短的概括：行政法官越来越多地运用公法与私法中相同的规则来审判行政案件。今天的境况与 10 年前的情况已明显不同，10 年前无论是

---

* 本章内容根据法国行政合同系列专题讲座的第二讲的记录整理而成，主讲人系法国波城及拉杜尔地区大学公法教授菲利浦·岱尔纳尔（M. Philippe TERNEYRE）先生。

教授授课还是在书籍中,所讲述的只是行政法官从判例中得出的特殊原则和规则,而事实上,现今所适用的规则是通过行政法官来适用的共同法律规则。这一现象,也将是今后持续的发展趋势。

合同是一个普遍性的概念,它包括行政合同与私法合同。行政合同也是一个广泛的概念,在这一概念之下存在多种行政合同形式,如公共工程合同、公共服务合同、公产占用合同等。行政合同的标准一经确立,则适用于所有的行政合同形式。因而,首先就必须对合同的性质作出界定与区分。要判断一合同是私法合同还是行政合同,存在一个从法律上予以辨识的问题。那么,如何区分私法合同与行政合同的法律性质呢?这需要借助于两个途径:一是国家行政法院的判例;二是法律的规定,当法律明文规定哪些合同属于行政合同时,则依其规定。可以说,2003年是法国行政法发展、演变最快的一年。与行政法的变化发展相适应,从2001年至2003年,行政合同也经历了一个大的变化。行政合同的判断标准出现了一个悖论式的变化和发展。这一悖论是:过去,行政合同的判断标准主要是参照行政法院的司法判例;如今,行政合同的判断标准则更多是通过法律形式来确定,而且通过法律规定确定的行政合同数量已大大超出司法判例标准确定的行政合同数量。

二、司法判例标准

一项合同欲成为行政合同,必须具备一个预先条件,即合同主体必须有一方是公法人。当然,还须存在交易条件。没有交易即无所谓合同,没有公法人则无行政合同。公法人是必要的主体标准。第二个条件是选择性条件:合同中必须存在普通法之外的条款,或者合同内容须与公共服务相关,二者必有其一,否则即不属于行政合同范畴。总的来说,司法判例确立了两个标准,即主体标准和选择性标准。主体标准是指合同一方必须为公法人,选择性标准是指合同中必须含有普通法以外的条款或者合同内容与公共服务相关。

(一) 主体标准

行政合同的主体标准,是合同一方必须为公法人。因而,首先就应明确哪些组织属于公法人。公法人可以分为三类:一是国家;二是地方政府;三是各种公立公务机构。公法人数量众多,除国家外,地方政府包括 36 000 个市镇、100 个省、26 个大区,另外还有数量庞大的公立公务机构。其中,公立公务机构主要有两类:一类是专门性的公务服务机构,如铁路、医院、供电部门等;另一类是不同的地方政府之间共同组建的组织,由这类组织负责管理公益事务(如几个小的市镇共同组成一个负责处理垃圾的组织),在法律性质上这类组织就属于公立公务机构。行政部门(包括中央与地方的行政部门),都越来越多地采用合同形式来取代单方决定,以合作协商来取代强制命令,如此就导致了众多的公法人,也孕生了数量众多的行政合同。

在行政合同的主体标准上,可以作出如下判断。

(1) 当缔约双方都是公法人时,则可肯定该合同是行政合同。例如,市政府与其他公法人之间签署的合同即可被认定为行政合同。

(2) 至少有一方是公法人。从这一标准中可推导出,两个私法人之间签署的合同不属于行政合同。当然,任何规则都有例外。同样,法国行政合同的主体标准也存在例外。这种例外,主要存在三种类型:一是与公法人关系密切(如由政界人物领导或者资本由公法人提供)的私法人;二是根据法律规定承担某项公共服务管理职能的私法人;三是靠公共财政支持的私法人。这些私法人相互间订立的合同,可被定性为行政合同。这种合同如要构成行政合同,当然需要具备一定的条件:合同必须是以公法人名义或为某一公法人与另一私法人订立的某项合同,其目的是为公法人而订立合同。比如说,由于某些市镇很小,无能力签订合乎规范的公共采购合同,就可以请求某一私法人与另一私法人签订合同,这种合同就属于行政合同。这种为某一公法人签订行政合同的私法人,法国称之为"混合经济公司"或"合资经济公司"。

（二）选择性标准

行政合同的选择性标准，具体表现为：

（1）合同中含有普通法以外的条款。这一标准今天已很难适用，因为在普通法（或私法）体系中，合同已越来越表现出与"本来的合同"不一样的状态。这意味着普通法（或私法）以外的条款，现在已不再是"例外"。也就是说，私法在对合同的规定方面已追赶上了公法的规定。例如，现在私法合同也可以基于公益的理由而被单方面地取消，这在过去的私法领域中是完全没有的现象。按照传统的私法观点，合同是基于双方的合意而形成的，其中任何一方都没有单方取消权。如果得不到对方的同意，就不得解除合同。因公益之理由而单方取消合同的情形，即使在公法领域，也必须满足一些条件后才有可能实现。

（2）与公共服务相关或者具有公共服务的使命。原则上说，公法人基于宪法或法律的规定在其权限范围内为了实现公共利益而履行职责，其某些或某项职责是与公共服务使命相重合的。在法国，所谓公共服务使命，是指宪法赋予的外交、国防、警察、监狱等职能，或者法律规定的教育、医疗健康、社会保险、供电供水、通讯供应、垃圾管理、地方公共区的屠宰场等领域的管理职能，以及地方政府所从事的政府公共形象的推广、体育运动的推广、公众休闲等领域的管理职能。例如，地方政府修建足球场、温泉疗养所等行为即属于履行公共服务使命的范畴。不过，像修建公共高尔夫球场这类情形，目前还不能断定其是否属于公共服务使命范畴。如果合同以公共服务为宗旨，则该合同应属于行政合同。另外，有关公共服务使命，2002年有一项法律作出规定——预防性的考古属于公共服务使命的范畴。

让缔约人参与公共服务的合同，典型的例子是委托特许经营合同。如何区分"公共服务使命"与非公共服务使命，在实践中面临着困难。曾经有个著名的案例：在某个私立学校，一女士负责教室的清洁打扫工作，同时她还负责在放学后照管学生。法官认为，打扫教室卫生不属于公共服务使命，但课后照管学生属于公共服务使命，这就是判例确认的情形。但在现实中，实际情况（也是绝大多数的情形）是：法律规定了一合同为行政合同,那么该合同即在性质上属于行政合同,此即为法律规定标准。

三、法律规定标准

当法律对一合同的性质作了明确的规定时,则依其规定。如此,对合同性质的认定就不存在争论或困惑,只需依法律的明文规定即可解决行政合同的定性问题,也就不需要法官通过判例来确定。有法律明文规定的行政合同,如:① 公共工程合同。自法国大革命时期至 2003 年为止的两个世纪中,某些国王时期的法律仍在适用。仍在生效的法律,可能是 1620 年科尔贝下达的一道涉及公共工程合同的法令。② 公共采购合同。1799 年雨月大革命时期的一项法令就涉及公共采购合同,2001 年的一项法令则明确公共采购合同属于行政合同。以前,并不是所有的公共采购合同都可以通过法律规定来确认的。举例来说,如果法国国立行政学院所签订的购买计算机的合同是在 2001 年之前,那么,由于它既不包括普通法以外的条款,也不包括缔约人参与公共服务的内容,尽管其所购买的计算机是用来服务于公益的,但该合同并不能属于行政合同。因而,议会于 2001 年通过法令规定所有的公共采购合同皆为行政合同。③ 公产占用合同。1938 年的一项法律确定了公产占用合同属于行政合同。财产,有私有财产与公有财产(即属于公法人的财产)之分。在公法人所拥有的财产中,一部分是公法人所拥有的私产;另一部分是公共财产(公产)。这种公产,或者用于服务于公众,或者专门用于某项公共服务。例如,国立行政学院的这栋教学办公楼,属于公有财产,同时它又属于公产,其使用目的是专门用于对高级公务员的培训。公产占用合同,又称公产长期(永久)占用合同,合同期限是 18 年至 99 年。

今天,大部分合同之所以成为行政合同,是因为法律规定它们是行政合同的缘故。行政合同的性质确定,大多是通过立法创制来确定而不是通过司法判例来明确的。尽管司法判例标准依然存在,但由法律规定的有关行政合同的标准越来越多。这可能是基于法的安定性的考虑,以避免出现前面所列举的需要通过司法确认清洁工照管学生的合同是否为行政合同等诸如此类的问题。这也是与整个行政法越来越成文化的发展趋势相一致的。同时，这也与司法更多地是解释法律而不是创制法律的观念变化相适应。法国国家行政法院的地位之所以高，是与它所发挥的作用密不可分的。从历史渊源来看，它曾作为国王的枢密院；从法律渊源的形成来看，法国行政法的原则几乎全由其创制。然而，现在情况却发生了变化。法国法尤其是法国行政法，受到了其他法特别是欧盟法的挑战，从而也对传统的司法判例标准形成了冲击。

按照行政合同的标准，有些事务是不能缔结行政合同的，这种情况在公法领域和私法领域都存在。例如，在私法领域，对某些情形是不允许缔结合同的。例如，与人的姓有关的事宜不能缔结合同，与人体有关的器官不能签署合同（如血液、器官等，即人体不能用来交易），违反公序良俗的事不能缔结合同（如婚姻合同中，就不能有这样的条款：如果我离婚，我的妻子不能与犹太人结婚，即使有此约定也是无效的）。公法中也存在同样的情形。对有些事项是不能签署行政合同的，例如：① 关于公共服务本身，不能签署合同。通过合同可以将公共服务委托给私人，但这一合同并不妨碍公法人对公共服务进行组织。公法人依据法律享有对公共事务的行政权限，公法人不能通过合同转让其行政权限。或者说，公法人在公共服务的组织管理上不得弃权。② 与主权有关的不能签署合同。例如，学校的食堂可以通过合同从事餐饮服务（如饭菜的烹饪及其分送），但是不能通过合同让食堂的经营者照管学生，因为照管学生属于安全性事项。又如，不能将国家警察事务转交给私人。例如，地面停车场可以委托给私人进行管理，但对乱停车者进行罚款的职能却不能委托给私人。另外，监狱管理也属于国家主权范围内的事项，诸如监狱内的卫生打扫、食堂经营等事项可以委托给私人从事，但服刑人员的看管不能委托给私人。同样，医院的管理也可以委托给私人，但病人的护理不能委托给私人。

问与答

行政权限可否委托？

行政权限一般是不允许委托出去的。如果法律规定其可以转移，则依据法律的规定来进行转移,但不能通过合同来实现权限的转移。例如,在法国,大学属于国家管辖范围,高中属于大区管辖范围,初中属于省管辖范围,因而市政府就不能设立大学文凭,但它可以通过行政合同的途径来从事大学的校园建设。

第三章
法国行政合同的法律制度描述*

行政合同的法律制度，可从其法律渊源体系及其具体的法律规则两个方面来展开论述。

一、行政合同的法律渊源

行政合同法律制度的渊源，主要表现为判例与成文法。有关行政合同的法律制度，首先是根据判例形成的，即由行政诉讼或者说由国家行政法院对行政案件的审结而来。司法判例中已形成了行政合同的主要法律规则，包括行政合同的标准、不可预见性、新的不可预见的义务、行政机关可以单方面解除或变更合同等具体的行政合同规则。

但判例已不再是行政合同法律制度的唯一渊源。自 20 世纪 80 年代以来，人们开始质疑：难道行政合同的法律渊源只能由判例来构成吗？现今成文法渊源的趋势日益增长，这主要是基于以下方面的原因：首先，议会关于行政合同的法律规定越来越多并且越来越详尽，已经没有什么新的规则需要行政法院通过判例来创制，行政法院只需要在审

---

* 本章内容根据法国行政合同系列专题讲座的第三讲的记录整理而成，主讲人系法国波城及拉杜尔地区大学公法教授菲利浦·岱尔纳尔（M. Philippe TERNEYRE）先生。

判中承担解释法律的任务;同时,实际上行政部门的意愿在合同的履行中起着重要的作用。表面上看,在行政合同的相关法律制度中,针对行政部门的特别规则占有了大部分,行政合同的履行几乎完全取决于行政部门的意愿,即使行政部门认为因其不履行合同义务而给对方当事人造成了损害,其仍可能进行违约而情愿给予对方当事人以补偿。换言之,行政部门在行政合同中处于完全主导的地位。但事实上,现在的情形并非如此。行政合同本身所规定的内容构成了如同私法合同一样的"当事人双方的法律",对缔约双方都构成了制约。虽然行政部门拥有行政特权,但行政部门只在极少数情况下才运用此种权力。因为,尽管它有权单方面解除或变更合同,但这种权力的行使本身就构成了违约,行政部门将因此而付出昂贵的代价。这种代价不仅包括缔约合同时所花费的成本,而且还包括将付出因合同违约而带来的损害赔偿(包括可预期利益)。因此,在行政合同的实践中,行政部门往往会花很长的时间斟酌合同的条款(例如,菲利浦·岱尔纳尔教授为某行政部门起草的一份行政合同就花了两个半月的时间),尤其是对其承担义务的条款相当注意,因为它同样也受行政合同的制约。可以说,出现行政部门不按行政合同条款的规定履约的情形将是不可想象的。从文化观念的角度来说,行政合同对于缔约双方(特别是行政部门)来说都绝不是任意性的,而是"相互的义务统治"的合同。

正是基于上述理由,为适应形势的变化,行政合同的判例渊源已逐渐衰弱,与之相适应的是,有关的成文法正呈现出上升的趋势。作为行政合同的成文法渊源,其主要有:公共采购法典、关于公共服务委托合同的法令、公法人与私法人合作合同的法令、刑事法典、欧盟法、宪法;另外,民法典,尤其是与合同相关的普通规则,也可适用于行政合同。

(1) 公共采购法典。该法典于2001年作出了重大修改,2003年右派新政府又要作出重新修改。

(2) 公共服务委托合同的法令。该法令于1913年以部长名义颁布实施,被列入"地方行政普通法典"中。

(3) 公法人与私法人合作合同的法令。2003年10月,有一项关于公法人与私法人合作合同的法令生效。

(4) 民法典。民法典尤其是与合同相关的普通规则,既适用于私法合同也适用于行政合同,如强制性条款、"善意"履行、以双方的共同意愿作为解释的基础、与合同有关的事实即与当事人有关联的事实等。

(5) 竞争法。有关竞争法的渊源有两种:一是1986年列入商法典之中的有关竞争的法律规定;二是有关欧盟条约的两个条款,即禁止企业相互间的串通、禁止企业形成垄断统治地位,该规定在于约束企业不得滥用其统治地位。这两个竞争法的规定,也适用于行政合同。行政法院的法官可基于违反竞争法的事由而撤销某项行政合同,尤其是行政部门与企业间缔结的合同。如果行政部门明知该企业与另一企业有串通但仍与其缔结合同,或者与行政部门签订合同的企业滥用其统治地位,行政法院可以撤销该项合同。在行政合同的缔结中,合同应确立一个有效期限,即当事人不得拥有永久的权力,也就是说,合同的有效期限应与标的物相称,以防止排挤其他当事人的不当竞争的出现。

(6) 刑事法典。刑事法典在行政合同中也起着一定的作用。依据刑事法典之规定,只要存在对公法合同规则的违反(并不仅仅限于个人受贿,如对自己熟悉的人提供优惠),即使并不牵涉行贿受贿之刑事犯罪的,也构成刑事违法行为[①]。不过直到现在为止,还无人因此受惩处。假如因行政合同使得共同缔约人构成刑事违法的,那么行政法院也应对该行政合同予以撤销。

(7) 欧盟法。欧盟法对法国有直接的法律效力而且其效力高于法国法,即具有欧盟法优先适用的原则。欧盟法发展了许多适用于行政合同的规则,尤其是在公共采购合同领域。在15个欧盟成员国中,公共采购的分量占欧盟产值的12%～13%,由此分量也可看出欧盟法在公共采购合同方面的作用。欧盟法的渊源,主要表现在两个方面:《罗马条约》以及通过条约引申出的原则和文件,它们往往被称之为"共同体派生法"。具体言之,即《罗马条约》(1957年3月25日通过,2003年

---

① 法国刑法典中有关于适用于法人之刑罚的专门规定,其中包括对适用于公法人之刑罚的规定。详见《法国刑法典》,罗结珍译,高铭暄专业审校,中国人民公安大学出版社1995年版,第23、24页。

10月又作了修改)或"共同体规则",具有在法国直接适用的效力,无须以本国不同的规范形式作为实施的中介;二是欧盟指令,一般不能在法国直接适用,它们需要通过国家制定规范来作为实施的中介,即它们需要转换成法国的国内法。根据欧盟法的要求,这些原则有:透明原则,即采购应遵循透明原则,并在欧盟范围内公告;平等原则,即平等对待原则,在竞争者之间实行平等对待,不得实行国籍歧视;竞争原则,该原则适用于一切行政合同,对于大型公共采购项目(即20万欧元以上的项目),应遵守欧盟的统一程序,这种趋势将演变成在欧盟范围内出现统一的合同法规则。

(8) 宪法。宪法也构成了行政合同的渊源,法国宪法委员会在2003年6月作了一个关于宪法原则的裁定。宪法委员会在该裁定中认为,由议会通过的法律须遵循公共采购的透明、平等、竞争之原则,这一观点与欧盟法的规定是相同的,这实则是一种法律体系对另一法律体系产生影响的典型例证。假如欧盟法中没有此种规定,或者其他法律没有对行政法产生影响,估计宪法委员会也不可能作出此种裁定①。

在宪法原则中,还有一点需要说明,即行政合同必须遵守地方政府自由管理的宪法原则。该原则意味着,某项规范如欲对地方政府的合同进行规制,必须是由议会制定的法律,而不能是行政部门或地方政府的命令。因为,地方政府有自主的规章(即普遍性的政令)制定权。如果是与地方政府的行政合同(公共采购合同)有关的事项,则不得通过单方的政令予以决定。

二、行政合同的履行规则

在行政合同的执行即履行方面,既有与一般合同相同的规则制度,也有其自身特有的规则制度。作为合同的履行规则,其主要表现为以下方面。

---

① 从该情形中,我们可以发现这样一种发展轨迹:从外部法到国内行政法再到宪法,这也是一种行政法宪法化的典型例证。

(一) 合同是当事人双方的法

合同即法。行政合同与一般合同一样,是当事人双方的法律。当事人双方皆应依据行政合同条款履行合同,而且应是善意的履行。任何一方违约都应承担相应的责任。在这一规则下,涉及行政合同的解释与适用范围问题。

1. 行政合同的解释规则

对行政合同进行解释的基本要求是,解释应遵循双方的共同意愿,忠实于合同的文字本义。假如合同的文字本义不足以解释清楚合同内容的,则行政法官可以就缔约时双方当事人的意愿进行推定。当然,这并不是行政合同的特有规则,而是与一般合同共通的规则。

2. 行政合同的适用效力规则

在行政合同的适用范围上,遵循的也是合同的传统规则。

(1) 行政合同只具有针对双方当事人的相对效力。但是,也存在两种例外情形:其一,某些条款可能具有规章性的效力,尤其是与公共服务使用者相关的条款。例如,一项有关公共交通的行政合同,要求公共交通的经营公司经营某几条线路,如果某使用者发现缔约当事人没有履行这一合同,该使用者就有权要求行政法官作出判决:缔约当事人应真正地履行该合同。也就是说,该合同对第三人具有效力,第三人具有抗辩权。其二,对他人的规定。即若合同中含有赋予第三人权利或给予义务的条款,必须给予第三人许可同意的权利。

(2) 行政合同只在一定期限内有效。在这一效力规则中,有几点需要说明:其一,行政合同的效力可能追溯到合同缔约之前,即合同具有追溯力,但这种追溯力只适用于双方缔约当事人。其二,行政合同必须要有一个确定的有效期限。任何一个行政合同都必须有一个确定的期限,而不能无期限。必须确定期限,是对所有行政合同的要求。之所以有如此规则,就是要使竞争者能够参与合同,保持竞争。在具体的期限规定上,原则上来说属于双方自愿的内容,但是也可能出现法律要求有一个最低期限的强制性规定。合同效力期限的长短,取决于服务期限的长短,当然也要考虑到竞争招标的必要性以及双方的投资金额等问题。例如,一个涉及1亿欧元的项目,期限是30年;高速因特网项目的合同有效期限是15年。其三,一旦有效期限届满,行政合同终止。有些行政合同可以包含合同届满后的条款,最典型的是关于公共工程的合同,如大楼的承建商必须承担10年的保护维修义务,即包含合同终止后的保险期条款;而办公桌的制造商则负有1年的维修保证义务;对于经过竞标后签订的行政合同,到期限后必须重新招标投标,法律禁止反言或不得反言(包括默示),即便缔约当事人履约情况很好也是如此。

(3)行政合同的部分内容可以由双方共同修订,即双方可以通过订立辅助性条款的方式来修改合同的部分内容。在订立合同的辅助性条款时,也应符合合同的签订规则。如果这一合同是在招标后签订的,那么这类合同的附加条款则不得打乱原合同的原定条件。例如,一项附加条款不得将原先规定的30年期限再延长20年;原合同标的为100万欧元的,就不能通过附加条款再增加100万欧元。一般来说,在标的上,只能在原合同基础上增加15%,这需视具体情形而定。

关于第三人的权利义务,1996年国家行政法院曾有一个涉及生活垃圾的判例。该案的案情是:郊区别墅的生活垃圾须用袋装,而城区大楼的生活垃圾则只需放在垃圾筒里,对此,有一郊区别墅的房主要求撤销生活垃圾用袋装的合同条款。其理由是:这一合同条款违反了公民间相互平等的原则,导致别墅房主与大楼套房房主之间的不平等(因为垃圾袋是要房主自己花钱买的,这使得别墅房主负有更多的义务)。但法官判决该合同条款不能撤销,其理由主要在于:大楼套房与别墅是不同的。这一案件如果换一个角度来看的话,则表明法官有可能撤销此类条款。在实践中,有关撤销的案件不乏其例。如关于自来水的供应(包含了与自来水本身无关的价格)案件、市政府的消防服务(消防服务只能由税收来支付,使用者不能成为捐款人,即使用者不能替代纳税人)案件,也有高速公路租让经营合同的案件。在诉讼时效上,作为第三人的公共服务使用者可以在任何时候进行起诉。

(二) 行政部门对缔约当事人的履约具有监督权

行政部门对缔约当事人履行行政合同义务的监督权,是一种当然的权力,而不论行政合同有无该规定。事实上,目前所有的行政合同都明确地列入了这一条款。例如,缔约当事人每年提供财务报告、技术报告;行政部门有权调阅与履行合同义务有关的证据、有权对公共工程进行现场的检查监督,尤其是对有关劳动法规是否得到遵守的检查;有权检查合同是由缔约当事人亲自履行,而非由合同的转包商履行(当然,这并不意味着转包是违法的)[①]。与公共服务的相关度越高的行政合同,其所受的监督就越加严格。

(三) 行政部门具有单方修改合同的权力

关于行政部门是否拥有单方面修改合同的权力问题,理论上历来争论不休,现在国家行政法院的态度已终结了这种争论。简略地说,单方修改合同这种权力具有了超越普通法的不同寻常性。正是由于这种权力的不同寻常,故有人提出了疑义。1983年,国家行政法院还是承认这种权力的。国家行政法院认为,这种单独修改合同的权力,属于行政合同的普遍性原则。但也不能过高估计这种权力的行使状况。这种权力的行使,有其严格的限制性条件:① 这种权力只在极个别情况下才能使用;② 只有在普遍性公益优越的情况下才可能运用这种权力,这其中的一个重要原因在于公共服务具有不可中断性;③ 这种权力不能用来修改行政合同的经济条款;④ 如果行政部门因行使这一权力而导致缔约方当事人损失的,行政部门必须给予相应的补偿。由于上述四个方面的原因,行政部门实际上很少运用此种权力[②]。但是,如

---

① 转包须具备如下条件:① 转包的只能是合同部分的项目而不能是项目的全部;② 转包商须得到行政部门的认可;③ 缔约当事人对转包方的转让条件须得到行政部门的认可。
② 行政机关的这种单方修改行政合同的特权,大体上是一种理论上的权力,从讲授者的实际经历来说,在他所从事的行政合同的起草中,从来没有遇到过行政机关单方修改行政合同的情形。应该说,在大约99.9%的行政合同中,行政部门都没有行使该种特权。

果是行使行政合同的撤销权,则还涉及相关的赔偿问题。

单方修改合同权,原则上不得修改合同的经济条款。但也存在例外情形,即可以修改合同的经济条款,但必须以"合理原则"作为修改的限制。行政部门可以"合理地单方面修改"合同的经济条款,这种合理表现为在经济条款上的修改不能超过原条款中数额的 10%～15%。实际上,也没有出现行政部门彻底改变行政合同经济条款的情况,否则行政部门将为此而付出巨大的代价。

(四) 合同不得中断履行与缔约当事人获得补偿的权利

与行政部门具有单方修改合同权的情形相对照的是,如果在履行合同中情况发生变化,从而可能影响到合同履行后果或者对缔约当事人产生不利后果的,缔约当事人是否享有终止合同的权利呢?如果必须继续履行的话,有无权利要求补偿呢?对这类问题的解决办法,答案颇具法国特色:当一个行政合同缔约当事人由于情势变化导致合同履行困难时,首先必须继续履行合同。因为,其前提是由于与公共服务有关,公共服务不允许中断。但与之相对应的是,缔约当事人有要求补偿的权利。

关于补偿权利,涵盖着三个理论:一是不可预见性的义务(或不可预见的限制);二是"君王行为";三是不可预见的行为。

1. 不可预见性的义务

不可预见性的义务或限制,是指由于自然的原因不能履行原合同或者为履行合同需要付出昂贵的代价(例如,在建设大型工程的过程中遇到了先前都未曾预料到的岩石层,从而致使工期延长、工程成本大于或高于原预估的成本)。在此情况下,继续履行合同义务就需要增加额外的支出,缔约当事人有权要求行政主体为此额外支出予以补偿。这种不可预见性的义务或限制,除必须具备双方都完全不可预见之条件外,还要求符合一旦履行原义务就打破了经济(财务)平衡这一条件。如果按原合同履约,就会完全打乱原合同的经济(财务)平衡。如果超过了原合同经济条款的 15%～20%,就被认为是打破了原合同的经济(财务)平衡。不过,这种情况很少出现,因为合同并不是永久的保险。

2. "君王行为"

"君王行为",属于因行政部门的行为而导致的补偿情形。国家有权采取适用于所有人的普遍性措施。但问题是,当国家采取普遍适用的措施时,受此措施影响的缔约当事人是否有权要求相应的补偿?例如,在高速公路特许经营合同中,国家是高速公路特许经营合同的一方,作为经营方的缔约当事人的收入是通过国家许可其征收的一定的路费来保证的。如果在高速公路经营管理成本上扬的情况下,国家以普遍性利益的名义决定其收费价格不得上涨,那么,缔约当事人就有权得到补偿。对因"君王行为"而获得补偿的,必须符合以下条件:① 打乱了原合同的经济(财务)平衡;② 这项普遍性措施在合同签订时是不可预见性的措施;③ 给缔约当事人造成了损害。如果同时具备这三个条件,则缔约当事人可获得补偿。事实上,国家控制价格是不可想象的事情。

3. 不可预见的行为

不可预见的行为,是指外在于合同双方当事人的非自然因素,如战争、新法规的出台等。例如,由于国际战争导致大规模的价格上涨,这是合同签订时所不可预见的,此种情形致使合同的经济(财务)平衡被打破,故行政合同缔约当事人有权要求补偿。这里需要满足两个条件:① 尽管遇到困难还必须继续履行合同;② 事实上打破了经济(财务)平衡,而不是给其带来临时性的困难。这一理由产生于第一次世界大战时期,目前已不再应用。不再应用的原因主要在于:① 行政合同中一般包含了这种不可预测性的条款;② 必须是因不可预见的行为而实质打破了经济(财务)平衡。有关这方面的著述,汗牛充栋,但实际中应用得极少。

一般来说,合同必须履行,因为公共服务具有连续性(或不可间断性)。唯一中断行政合同履行的事由,是不可抗力的自然现象,如百年不遇的特大洪水、风暴、海啸等。当然,不可抗力还必须是不可预见(如果是因经常性地发生而从不可预见变成了可预见的,则应当别论,如日本就有因地震而引发的这方面案例)且不可抵抗的。

总的来说,尽管这些不可预见理论很重要,但实际上应用极少。一般来说,在行政合同中存在着价格调整的条款规定,这使得司法判例的理论不再起作用。

(五)缔约当事人可以有条件地转让合同

在行政合同的履行中,是否可以允许缔约当事人转让合同,在20世纪90年代曾引发过讨论。有人认为,缔约当事人无权将行政合同转让给他人。因为,行政合同在签订之前就需要公布,任何人都可以公平地参与竞争,只有具备优势者才能中标。但是,在行政合同的实践中,却存在竞标者在获得标的后将合同转让给一个并不符合条件的企业的情况。国家行政法院在2001年的一项判决中承认缔约当事人拥有转让合同的权利。缔约当事人可以将行政合同转让给他人,但必须满足两个条件:① 合同签订之前所进行的招标投标,标的是报价的内容而不是合同持有人,当发生转让时转让的内容不得超过其所获得竞标的内容,即这种转让必须不得更改原始合同的内容;② 转让必须经行政部门允许或认可,即对新的受让人行政部门要对其资质进行认可。实践中,有个行政合同案件的结案几乎与私法合同案件的结案完全相同。这种转变是与现代生活观念的变化相关的。如今,合同权利也被作为一种经济权利来看待,因而也是可以转让的。

在这里需要说明的是,合同转让的同意或认可行为本身,并不是与合同相关的行为,而是行政部门作出的单方面行为。原则上来说,行政合同的转让许可是事先许可,这是通行的规则。如果没有这种单方的同意或许可行为,合同的转让将会归于无效。但在私法合同中却不要求如此,私法合同的转让并不需要得到原缔约人的许可。关于行政合同的转让与私法合同的转让之间的区别,可作如下简要图示。

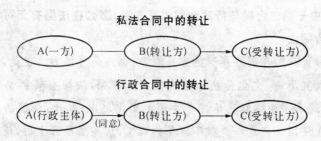

（六）行政部门具有撤销合同的权利

基于缔约当事人的严重过失或普遍性的公共利益之理由，行政部门可以单方面地撤销行政合同。行政部门撤销行政合同的情形有两种：一是如果缔约当事人犯了严重过失，没有能力完全履行该项合同，行政部门则有权撤销合同。取消合同后的相关费用，由原缔约当事人承担。二是行政部门也可基于普遍性的公共利益之理由撤销合同，且此项理由与缔约当事人的过失无关。需要说明的是，在实际中，行政部门如果要撤销合同，必须将原合同缔约当事人因该项合同而聘用的人员完全接纳过来，此是劳动合同的不间断性所要求的。普遍性的公共利益之理由，常由行政法官作出非常宽泛的解释。尽管行政部门拥有单方撤销合同的权利，但行政部门实际上很少动用这种撤销权。如果行政部门撤销合同，就必须赔偿相应的全部损失，其不仅要赔偿缔约当事人的实际直接损失，还要赔偿其可预期利益。如果行政部门在合同履行初期就决定撤销合同的话，行政部门将为此而付出巨大的赔偿代价。因而，即使有撤销行政合同的情形，也只是出现在合同履行的后期，此时行政部门赔偿损失的数额较少。但是，尽管赔偿的实际损失少了，相应的可预期利益的赔偿比重却加大了。

上述这些规则，只是适用于每一种行政合同类型的普遍性规则，实际上，每种行政合同还有其自身独有的特殊性规则。

鉴于法国的经验，编者认为，中国的行政程序法或许可以制定出适用于各类行政合同的原则性规定。

问与答

1. 由于私法合同与行政合同相互靠近，那么在法国有无可能形成统一的合同法？

这种统一的合同法规则的形成假设，也许是可能的。但是，我以为要考虑到其历史、文化传统等诸多因素。首先，法国有着两套司法体系，而且这种司法体制已渗透于法国的文化之中；其次，法国的宪法价值使得在法国修宪是一件很不容易的事情，从宪法根源上讲，统一的合同法难以形成;再者,即使形成了统一的合同法规定,法官也会通过判例提炼和找寻出一些与行政部门特色相适应的独特性规则。

当然,行政合同规则与私法合同规则的区别,主要表现在合同的缔结上,而在合同的履约方面,实际的区别并不明显。主讲人曾参与起草过两百多份行政合同,却从未遇到行政机关行使其特殊规则权力的情形。尽管在理论甚至实际上都存在这种权力,行政机关可以动用这种权力,但实际上行政合同的履行与私法合同的履行并无区别。行政部门宁愿将解除或撤销合同的事情交与行政法官去判决,也不愿单方面地违反合同,这也可以被视为思想观念上的革命。

2. 既然行政部门很少行使对合同的撤销权、变更权,那么,实践中是否存在违约的情形呢?

违约的情形不是说没有,只是很少。事实上,双方都存在一些违约的情形。对于行政部门来说,其违约的情形主要表现为付款的延迟、批准手续的延迟等;在缔约当事人一方,则主要表现为服务质量不好、不遵守期限、不明不白地偷偷转包等情形。

第四章
法国行政合同的主要种类

第一节 公 共 合 同*

一、引言：公共合同的作用与境况

  公共合同①，是行政合同中最为重要的一种合同，其合同数量与其

---

* 本节内容根据法国行政合同系列专题讲座的第五讲的记录整理而成，主讲人系法国巴黎第一大学公法教授、巴黎律师公会律师罗朗·里歇（Laurent RICHER）先生。关于公共合同的内容主要涉及两个方面：一是关于公共（采购）合同的概念。即行政机关为满足行政的需要而与公法人或私人签订的有关购买物品或服务的合同。这类合同适用于采购物品、购买特殊的服务以执行公共工程以及有关服务的公共采购。二是公共（采购）合同的法律制度。本部分内容主要涉及公共采购法的总目标、公共采购合同的法律渊源及其如何适用问题。其总目标在于防止腐败以及保证公共采购的合理化与欧盟市场的自由竞争；在法律渊源上主要有公共采购法典、欧盟关于采购的条约及一些衍生的法，如欧盟法院判例、欧盟指令；本部分还涉及欧盟法如何转制于法国法之中（欧盟法优于法国法且可直接适用）、适用原则（平等、透明和公开告）和程序等内容。

① 法国的公共合同，适用于行政部门采购物品或服务，尽管是用于采购的合同，但考虑到法国用于公共采购的合同并不仅限于采购物品，它还包括了购买特殊的服务或相关的服务，与我国的公共采购合同不能简单地加以等同，杨建华先生在翻译中既使用"公共合同"一词，有时也使用"公共采购合同"一词。故而，在此，我们使用公共（采购）合同，即在这种合同中包括了类似于我国的公共采购合同，当然并不限于公共物品的采购合同。

所占有的经济份额都极为庞大。国家与地方政府之间每年至少签订100~200万份的公共合同,如果再加上行政机关与其他公法人或私人之间缔结的采购合同,其数量则更为可观,从这一庞大的数额中我们可以看出公共合同在行政合同中所占的分量与比重。在经济数额上,公共合同所涉及的金额占国民生产总值的8%~9%。如果以严格的数字来统计的话,公共合同金额是370亿欧元,再加上公立公务机构(国有部门)的合同定额,其金额总量为1 100亿欧元。如果将这一金额与2001年的国家预算(2 100亿欧元)相比较,那么,公共合同所涉及的金额占整个国家一年预算的一半以上,由此可见公共合同在法国经济中的重要性。公共合同的经济数额,可参照下列一组数据:

由行政机关(包括国家、地方政府及公立公务机构)购买的产品与服务总量为1 100亿欧元/年,占国民生产总值的9%。

2000年度数据比较

国家预算中的国家净开支:	2 540亿欧元
市、镇级地方政府预算开支:	815亿欧元
省级地方政府预算开支:	409亿欧元
大区:	128亿欧元
市、镇联合体:	270亿欧元
总计:	4 162亿欧元

在这一年度的开支中

属于《公共合同法典》程序调整的公共采购范围的开支:370亿欧元,其中42%为中央政府的开支,58%为地方政府和公立公务机构的开支。

公共工程的开支:占年度金额的45%

必需品供应的开支:占年度金额的40%

用于购买服务的开支:占年度金额的15%

在今天,公共采购已不仅仅是一项法国国家内的事务。法国和欧洲其他国家,越来越多地受到欧盟法的规范,而欧盟法又越来越与WTO法靠近并受其约束。这种情形具体表现在:首先,欧盟受WTO法关于公共采购协定的约束。公共采购协定,系1994年世贸组织成员签署的一项多边协议,但它并不是普遍适用的协议。由于欧盟签署了该项协议,因而它对整个欧盟都具有强制性和约束力。其次,法国受欧盟法律中关于公共采购规定的约束。欧盟也确立了公共采购法,它具体表现为欧盟指令,欧盟指令对各成员国都具有强制效力。欧盟通常只规定指标,从而为各国法律的具体化规定留下了空间。而且,不论是WTO法、欧盟法,还是法国法,都处于不断变化之中。世贸组织的公共采购规则正在修改,2004年欧盟关于公共采购的规定也将被修订(修订于2004年结束),2003年11月法国的《公共采购法》也进行了修订。所以,整个公共采购的法律体系都在不断地演变。这一变化的重要原因在于,世贸组织鼓励改革以期将透明机制引入公共采购领域。可见,公共采购是一个不断变化并将得以发展的新课题。但在法国,这又是一个具有悠久历史的现象,19世纪就已存在公共采购合同。最早关于公共采购合同的法规,可追溯到19世纪初。当时制定法规的目的是为了遏制军事采购中的腐败行为。从那个时代以来,至今袭用的仍是一些相同的原则。当然,公共采购合同的具体法律制度在不同时期都增加了一些规定,这些规定的目的在于强化公共采购的程序。

二、公共合同法与公共合同的界定

公共合同法,首先是程序法,是一种关于合同程序的适用规则的法;其次它是合同法,是一个关于适用于哪些合同的法(即是一个适用于公共采购合同的法)。我们可以设想,凡国家给予某种优惠的,都必须采用招标报价的办法。例如,对于须经特许才能从事的经营活动,就应采用招标程序。但法国的做法是:原则上,凡法律没有规定的,就不适用招标程序。换言之,行政部门在某些公共采购合同的缔结中,可以自由选择缔约人。因为,《公共采购法》没有规定必须采用招标程序,合同又不需要有市场竞争。这也从另一个方面表明,必须准确界定公共合同法所规定的公共(采购)合同,否则这一合同就可能不适用公共合同法。

关于公共合同,《公共合同法典》有专门的定义。根据《公共合同法典》第 1 条的规定:"公共合同是由第 2 条所列举的公法人为满足其工程、供应或服务方面的需要而与公法人或私人签署的有偿合同。"该定义有两个根本性的要素。

(1) 满足行政部门的需要。即行政部门通过该合同进行采购,其所购买的或者是产品或者是服务。基于这一需要,存在如下三类合同:第一类是有关物品的采购合同。此类物品只包括动产,不动产不含在其中。即便如此,采购内容也已包括多种具有不动产性质的物品,如小到大学购买家具、大到国家购买航空母舰,都属于公共物品的采购范围。第二类是有关公共工程的合同。在公共工程中,行政部门通过合同订购特殊的服务以执行公共工程。第三类是关于公共服务的合同,即有关服务的公共采购合同。现在,行政部门将很多公共服务性的事项外部化(即面向社会)。例如,行政办公楼的清扫工作,在 20 年前是由清洁工承担的,而在今天,这类清扫工作已对外承包给了专门的清洁公司,这是将行政的部分服务外部化的表现。

(2) 对于特殊技能的需要。某方面的特殊技能,对于行政部门实现行政职能是特别需要的,例如,行政部门需要开发有特殊用途的软件。另外,服务性咨询也属于服务性的公共开支范围。对于特殊技能的需要,是与整个社会的发展(服务业越来越发达)和经济发展相关联的。

根据上述两个根本性因素,可以将公共合同简单地定义为:行政部门为满足行政需要而购买产品或服务的合同。

这一类合同在价款的支付上有一个显著的特点,就是此项开支用财政拨款来支付。也正因为如此,在公共采购中需要采用专门的程序来保证纳税人的钱能够被很好地使用。价格因素可以作为该类合同与其他合同相区别的一个标准。

当然,价格因素为该类合同与其他合同相区别提供了便利,但在实践中也给合同的判断带来了困难。这种识别上的困难主要表现在两个方面。

(1) 公共采购合同与特许经营合同的识别困难。特许经营合同的适用范围更为广泛,有时会类似于公共采购合同。由于在某些方面的改革，其行政的外部化走得很远，即签署公共采购合同的企业可以对合同标的享有完全的经营权（如一个企业可以通过合同负责承担两项服务：既为学校的孩子们提供饮食，又为某一市、镇居民提供供水服务）。根据支付方式来认定合同性质的情形，最后还取决于其收入的分量，即看哪一种支付方式的金额所占的比重大。最近几年来，出现了很多相关的判例。1993年1月3日，曾有一项法令专门规定了竞标的程序。特许经营合同的程序与公共采购合同的程序不同。一旦程序适用错误，合同的性质也就会发生错误，从而致使合同无效。当然，如果按照西班牙的做法就较为简单，西班牙采取简单而单一的程序，就不存在程序适用错误的情况。

（2）对价格与补贴做出区分的困难。行政部门常常通过合同委托社会团体，如托儿所、养老院等公共机构进行管理，这类合同属于公共服务的委托管理合同。判断一合同是否为公共采购合同的依据是：合同是否以金钱价格作为服务的报偿。如果以金钱价格作为服务的报偿的话，则其性质为公共采购。补贴，虽然也是由行政部门支付金钱，但其目的是为了鼓励私人投入到公共服务性的活动中来。换言之，补贴不是由行政部门主动提出的，而是私人因为从事了公共服务性活动而向国家提出申请，由国家给予一定的支助，以便对某一类已存在的服务或事务进行鼓励。这种差别在理论上也许很容易理解，但在实践中却难以分别。

三、公共（采购）合同的法律体制

公共合同的法律体制，主要涉及公共（采购）合同法的目标、有关公共合同的法律体系、适用范围以及适用规则等内容。

（一）法国《公共采购法》的目标

在公共合同法典中，正在实施的是2001年3月17日颁布的《公共采购法》法令。《公共采购法》的主要目标是防止腐败。最早的有关公共采购合同的法令（即1833年的《公共采购法》），主要是为了克服在阿尔及利亚战争中的腐败现象而制定的。其基本的原则就是合同的缔结必须经过竞标,但也有例外情形,如遇到紧急的情况或涉及保密事项。到了20世纪初,由于这一领域腐败现象的消失(当然,这只是行政法教科书上的说法,不过我们至少可以认为腐败现象趋于减少或消失),人们已经很少再谈论腐败问题。但是到了20世纪末,防止腐败又成了热门话题。现实中,对民意代表追究刑事责任的案件越来越多。有人认为,这可能与20世纪80年代的地方分权有关。由此,《公共采购法》又成了反腐败法,并且加重了对腐败行为的惩处力度。腐败罪行是与不遵守公共采购法相对应的。根据《公共采购法》,对不依其规定进行活动的公务人员进行惩处相当容易,在取证方面也没有什么困难。与此同时,1993年成立了与公共采购有关的调查委员会,由其启动司法调查与追究程序,以此来最大限度地遏制腐败的发生。

除了这一传统的反腐目标外,《公共采购法》还有其他两个新的目标:① 追求公共采购的合理化。该目标要求行政部门对其公共需求进行预测,即对需要签署的合同进行计划;同时,由于这一目标的要求,行政部门必须明确其行政需求,因而《公共采购法》也成为了行政管理的有利工具。② 促使该领域向欧洲开放。这一目标与欧盟的开放要求有关,这是自1987年以来出现的新情况。欧盟要求各个成员国开放其公共采购领域,此亦是欧盟建立自由市场的主要目的。它要求在公共采购领域尽最大可能地开放,这一要求给法国法造成了整体上的变动。以前,两个公法人之间所发生的采购合同不属于公共采购合同(并且此类合同占有很大比例),不适用《公共采购法》的规定。例如,国家外派机构为地方政府提供服务,地方政府要支付相应的报酬,此类合同原属于行政部门系统内的合同。但在欧盟看来,政府与私人都是缔约的主体,对它们不应区别对待。政府从事经济活动,同样也应适用市场竞争规则,故欧盟第9250号(1992年)关于公共服务采购合同的指令规定:欧盟有关公共采购合同的规定也适用于两个公法人之间的采购合同,即国家同样应适用竞标程序。欧盟最大限度地开放竞争的要求,导致了法国政府对《公共采购法》的修改,将原仅限适用于公法人与私人缔结的采购合同修改为公法人与私人或公法人之间的采购合同。

《公共采购法》所适用的公共部门对象,具体可见下表:

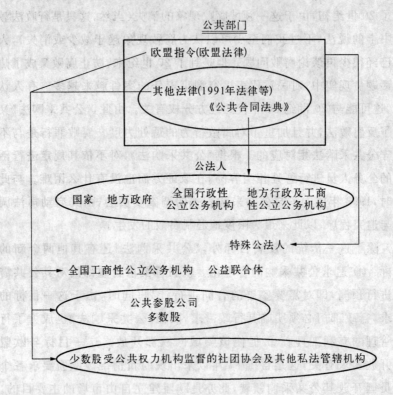

(二) 公共(采购)合同的法律渊源

1. 公共合同法典

在公共采购领域,具体适用哪些法律呢?目前,在公共采购领域有很多改革,这些改革是由政令在推行而非由议会立法在运作,但教授专家们建议改革应由议会通过立法来进行,因为这些改革不仅针对行政部门,也涉及对企业的强制。但不论理论上的观点如何,实际上自20世纪50年代以来,大量的政令都被收入了公共合同法典,并已进行了若干次修订。这些修订,主要为实现这样的目标:在此以前,参加公共采购合同竞标的企业必须提供若干证明材料并履行一系列的手续义务,而现在则是尽可能地减少相关证明。中央政府的采购由经济财政与工业部(以下简称财政部)进行操作,财政部采取与企业工会协商、会议讨论、互联网沟通等多种手段,尽可能地方便企业参加竞标。2001年以前,公共合同法典虽然作了多次修订,但那些修订只是零星的。令政府感到满意的是,2001年3月17日颁布的法令对该法作了彻底的修订,但引起了来自两个方面的反对声音:一是欧盟委员会的反对。欧盟委员会要求法国重新修订该法典,因为该法典中有七点不符合欧盟的要求。例如,根据2001年3月17日修订后的公共采购法典,地方政府的公债不需要纳入公共采购的范围,而根据欧盟法的规定,政府的借款应在不同的银行间进行竞争性的选择。二是公务员和地方民意代表的反对。其反对的原因在于,修改后某些方面的规定较之以前更为复杂,并且在运用中存在很多困难,如对合同金额的计算方式、是否达到规定的数额等等。面对来自这两个方面的抗议,政府想全面地对公共采购法典予以再次修订。2003年6月,新的法典草案通过互联网进行传播,新的法典草案在内容上主要考虑了来自欧盟的意见。根据新的公共采购法草案规定,只要低于下限(9万欧元)的合同,政府都可以自由选择。但这一修订又引起了新的不满,被认为规定得太简单了。这一修订遭到了在野党的反对,使得公共采购法的修订自1833年以来第一次成为政治性事件。在野党的政客们认为,这一规定为腐败重新打开了方便之门。因而,现任总理要求财政部长重新起草法案,并且还须先提交给国家行政法院由其作出审定意见。该项法令将在2003年11月重新予以修订,但它只针对2001年的政令作出修改。这一修改过程表明,公共采购不仅仅是立法上的事情,它已变成了一项非常敏感的政治议题。

2. 欧盟法律——采购法

欧盟法律是一个极其复杂的规则体系,它涵盖了欧盟条约(《罗马条约》)以及欧共体衍生法(欧共体的文件)。欧盟条约是欧盟法律的最主要渊源,对各成员国都具有强制力,在各国法院的司法审判中可被直接引用,因而其效力高于法国的国家立法。欧盟法律还包括一些衍生法,这些欧盟文件(指令)原则上不为其成员国作详细的规定,只确立相应的目标,然后由各成员国将目标转制到本国法之中;另外,欧盟法律还包括了欧盟法院的判例,它负责对欧盟法令进行解释。

在公共采购方面,欧盟条约未作任何规定。但欧盟法院认为,在涉及公共采购的领域,必须执行欧盟条约中的一项基本原则,即不得实行国籍歧视。

在欧盟指令中,有一些关于公共采购的规定。欧盟指令的数量相当多,在整个欧盟法律中占有重要的地位。其中,涉及公共采购方面的指令主要有三个,这几个指令是在 1989 年至 1992 年间制定的,随后经过了几次修订,1993 年又进行了重新审定。这三个欧盟指令是:(1) 第 92/50 号,公共采购合同指令;(2) 第 93/36 号,关于供货采购的指令;(3) 第 93/37 号指令。

上述三项指令,具有三个特征:① 只适用于高于欧盟金额底限规定的合同,即大额合同。此类合同数量很多(其金额高于 20 万欧元),但这些指令只涉及合同的相关程序。② 强制性地规定欧盟各成员国的公共采购计划必须在欧盟的正式公报上公布,这一要求的主要目的是让所有的成员国企业都知道其公共采购计划。目前,在这方面还没有专门针对世贸组织的公报。假如一个加拿大公司想要参加欧盟成员国的公共采购竞争,则只能通过阅读欧盟公报来知晓情况。现在对于一个想参与竞争的企业来说,了解欧盟各成员国的公共采购计划已变得非常容易,因为欧盟公报已有电子版本,查阅起来很方便。③ 必须采用招标程序,但遇到紧急情况、需要保密的事项等情形或企业拥有特别许可证使其具有垄断地位的除外。

这三项指令的适用对象,主要是传统的行政部门、国家和地方政府、公立公务机构等,而与国有企业经营者无关。国有企业主要在水、运输、公共交通、电讯等行业从事经营,这些行业或多或少地具有国有垄断的性质。国有企业的运行,与国家适用同样的规则,其具有自由选择权(例如法国电力公司就喜欢跟阿尔斯通发生关系)。对欧盟来说,需要对各个成员国的各种不同企业进行规范。因而针对不同类型的企业,欧盟制定了各种专门的指令。欧盟有关水、交通、网络等相关行业的指令、有关网络产业的指令,也适用于法国的国有企业。

有关公共(采购)合同的第四项指令,是第93/38号指令。该指令在某些方面完全打乱了原有的法国法状况,因为这一指令不仅适用于国有企业也适用于某些私有企业。当某一私有企业在某方面拥有了专属权时,也就具有了与国有企业同样的垄断性质。比如,某特许经营企业不是国有企业,但由于特许经营合同赋予了它一定的专属权,因此它也必须遵守相应的规则。

目前,第四项欧盟指令正在修订,修订的意图是将前三项合并成为一个新的指令,以便实现产业的现代化。有关网络的指令,只规定了简略的程序。但对于另外三项的修订,其程序本身就很复杂,它需要欧洲议会、欧盟理事会、欧盟成员国三方的参与。对这种修订存在很多争议,这些争议主要集中在下列议题上:一是涉及环保与社会保障的有关问题。欧盟认为采购是一项经济活动,但是欧洲议会中的绿党认为这完全是资本主义的概念,他们认为公共采购也应运用于环境保护与社会保障方面。二是受合同的下限金额困扰的问题。许多欧洲议员特别是来自意大利的议员,希望公共工程的最底限金额从570万欧元提高到680万欧元,以便能让小企业参与公共采购的竞标。但欧盟委员会却拒绝这样做,因为欧盟无权作出超过世贸组织规定金额的规定。世贸组织规定的金额是按照国际货币基金组织确立的标准计算的,所以欧盟最多只能规定到620万欧元。如果欧盟规定了680万欧元,就违反了世贸组织的规则。在2003年7月2日的欧洲会议上,大部分修正案被放弃,新的欧盟修正案也将在2004年有望通过,这意味着法国的公共采购法典面临着再一次修改。因而,这是一个处于不断变动、修改之中的法律体系。对于不熟悉公共采购法体系的公共采购官员来说,这种变动中的法将会给其带来诸多麻烦。

(三)现行改革——欧盟法的转制

欧盟法的发展,使得法国法处于不断地修正之中。在修正的过程中,一个重要的问题就是如何将欧盟法转制于法国法之中,这也是法国法改革的重心。

就公共采购法而言,欧盟法中的采购指令只适用于行政部门,即国家和地方政府以及非国有企业的公立公务机构。例如,大学就必须服从公共采购法,而诸如法国电力公司这类国有企业,就不需受公共采购法的制约。当然,这些指令还适用于行政部门以外的、受公法管辖的机构,即受某个公法人影响但不从事工商性事务的机构。法律对所有的公共(采购)合同应该一视同仁,即凡受国家影响的公共(采购)合同,都应同样地受公共采购法的约束。为了使法国法与欧盟法及其指令相符合,就必须确立新的规则。不过,这些规则可以通过不同的法律形式予以体现。例如,1991年的一项法令规定,公共采购必须采取公告、招标程序,这一规定同样也适用于许多受私法调整的企业。在法国有将近2000个混合经济型企业,这些企业多数是由国家和地方政府组织起来的,主要从事诸如社会住房、国土整治等事务,它们的活动受私法的调整和规制,可以不适用公共采购法。但是,这些企业必须服从1991年的这项法令,由此引起了许多抵制。1991年欧盟法院曾判决,法国国家的混合经济公司从事社会事务,没有遵守欧盟的法令、指令。对此,法国的做法是给行政部门一种纪律约束,而欧盟的做法是要与政治权力的非理性干预经济作斗争。法国法的改革,最后将达到这两者的平衡。

四、公共合同的基本原则及其实施

公共合同的基本原则可概括为三个词:平等、透明、公告(公开并广而告之),其中平等是最为重要的原则。

平等有两个含义:其一,其具有反面抑制的意义。在公共采购中,行政部门不能因为非理性的原因将某些企业排斥于竞争之外。排斥的理由必须与公共采购目标相称,也就是说,不能因为该企业为他国国籍或该企业非本地企业而将其排斥于竞争之外。国家行政法院也曾作出判决,禁止将他国企业排斥于竞争之外,并且撤销了由总理签署的关于某些公共物品由中小企业供应的指令。其二,其具有正面的意义。在欧盟判例中也明确出现了平等原则,具体表现为各国不得实行国籍歧视。至于平等的具体标准,法律并没有规定。因而,为了证明其公共采购的平等,就必须透明。

行政部门必须透明,以此来证明其采用了哪些合法的标准,因而与之相联系,就必须公开公告。可见,平等是公共合同的基本原则,而透明与公告,则是平等引发的必然结果。基本原则的确立,还产生了非常重要的扩展结果:即使公共(采购)合同中的金额低于欧盟法规定的下限,也必须遵守平等原则,因为平等原则适用于所有的合同。不过,对于小额合同只需做一个合适的公告即可。比如,市政府需要将市政大厅刷上油漆,为了实施该项工程,只需在市政大厅门口张贴公告即可。这些原则,都需要通过详细的程序来体现。

五、公共采购的招标程序

上述原则的实施,是通过一系列程序来体现的。根据正在生效实施的2001年《公共采购法》之规定,招标程序大致可分为三部分[①]:一是具有原则性的程序原则;二是招标;三是协商。超过一定金额(9万欧元以上)的合同,必须采用招标投标程序;而在此金额以下的合同则可采用协商、谈判的办法。至于协商谈判的程序,《公共采购法》不作详细规定,但它也须遵守基本原则,如做适当的公告。不过,也有例外的情形。对于这些例外情形,有一个清单,该清单列举了涉及保密事项、紧急情况、专利等大约10个例外的情形。在这些例外情形下,招标程序并不是必须的。在军事采购中,其招标的程度不同,基本上是完全自由的,但仍然要对项目予以公告,以便有人来参与竞争,随后便是自由协商,这种合同不需要经过招标程序即可缔结。

整个招标程序的所有细节都是由《公共采购法》规定的,并且是按三个核心要素来构建的。这三个核心要素是:① 严格的期限。招标

---

① 由于该法目前正在进行修订,新的规定将取而代之,故只作非常简略的介绍。

的期限是最重要的时限,在招标的日期(从公告之日到递交标书之日)上,必须给予竞争企业至少36天的时间,这是最低的期限要求。如果是复杂合同,这一期限还要更长。② 集体合意性。即不是由单独的一个人而是由委员会集体审定,确立这一机制的主要目的在于防止腐败(因为收买全体成员的成本比收买一个成员的成本要高得多)和暗箱操作。在收到递交的标书之后,由招标委员会开拆标书,集体审定后进行分标,然后再根据具体的情况分别作出调整的说明或否决的通知。③ 确立最佳报价人。即选标时必须从经济上给予整体评价,行政部门并不一定要选择最低报价者。如何确定最佳报价人,是公共采购合同中遇到的最为困难的问题。实践中,行政部门总有一个趋势:将项目给予最低报价者,尽管它不是最佳报价者。从整体上来看,《公共采购法》中的大多数条款都是关于招标程序的规定。

以中央政府的发标程序为例,它要经历如下具体阶段:

国家(中央政府)的邀请发价(招标)程序(示意图)

六、与公共合同执行相关的规则(财务规则)

需要简要提出的是,除公共(采购)合同的签署外,《公共采购法》还规定了合同的执行,即合同的履行规则,尤其是确立了对企业的财务保护。其中最重要的是规定了保证付款期限的条款,如果超过合同规定的付款期限,则必须缴纳滞纳金。这种条款虽说是为了保护企业及时得到付款,但也保护了行政部门,有利于限制企业乱报价(因为,企业会乱报价,考虑到必须及时付款的要求,行政部门在价格问题上就会相当慎重)。这一规定,也是为了寻求一种双方的经济(财务)平衡。

问与答

私法人相互之间缔结合同,是否适用招标程序?

现实中,也存在关于私法人间的招标程序。私法人的招标程序实际上是从公共采购合同制度中移植过来的;反过来说,在公共采购合同中也引入了私法的规则,如公私混合性公司就是私人企业,依据私法规则签署合同。这也正好体现了私法引入公法规则、公法引入私法规则的公法与私法相互吸收和靠拢的趋势。

相关材料

有关公共(采购)合同基本原则的判例

一、CJCE——2000 年 12 月 7 日:Telaustria Verlags GmbH 公司案

[有关电话订户名册制作与出版的合同:该名册除用于向公众散发的印刷版外,还可通过购买旨在获得报酬及专门服务的经营权进行电子使用(电子版电话簿)]

"……尽管在欧盟法律的现行阶段,这类合同被排除在第 93/38 号欧盟指令的适用范围之外,签署合同的招标实体还是有义务

在总体上遵守条约的基本原则,特别是遵守不实行国籍歧视的原则;特别是该原则还包含一项透明义务,以便招标权力机构能够核实该原则是否得到遵守。"

这一应由招标权力机构承担的透明义务包括保证向任何潜在投标人做适当程度的广(公)告,以有利于服务市场的开放竞争以及监督招标程序的公正性。

二、宪法委员会：2001年12月6日,MURCEF法律,DCn° 2001-452

(关于赋予某些手工艺行业合作机构以优先权的一项法律条款)

"5. 认为：平等原则既不禁止立法机构以不同的方式处理不同的情况,也不反对其因普遍利益原因而采取例外措施,只要在这两种情形下,所衍生的待遇差别与确立它的法律宗旨直接相关;

6. 认为：为了使公共订购的效率、竞标候选人之间的平等待遇与其他和社会忧虑相关的普遍利益目标协调一致,立法机构可以规定一种优先权利,在价格相等或在报价等值的情况下,优先考虑某些类别的候选人;出于同样的目的,立法机构也可把某些合同的其中一部分保留分配给经过明确规定的某些类型的机构;但需要符合以下一些条件：有限的份额,针对确定的服务,并以满足追求普遍利益目标的最低所需为限;

7. 认为：被控告法律的第12条规定,受《公共合同法典》制约的合同的四分之一份额属于分配份额,它们全部或部分涉及一些可由社团协会机构或合作社履行的服务,旨在促进独立集体企业精神;这些份额将由这些机构进行竞争;该规定由于其含糊性,构成了对法律面前人人平等原则的损害,而这种损害与发展社会救助经济这一普遍利益目的不成比例。因此,有必要宣布这一条款违背宪法。"

第二节　公共服务委托管理合同*

公共服务的委托管理合同，涵盖于更为广阔的行政合同之中，它实际上是一种公共服务管理的方式。这类合同，数量众多且重要，所涉及的金额在整个公共服务中占很大的比重，但具体的数据还没有官方的正式统计，因为将其数据单独抽出来非常困难。据估计，与公共服务委托管理合同相关的金额将近 3 000 亿欧元。在很多情况下，公立公务机构常采用此类合同，将公共服务委托给商业性企业进行管理。当公立公务机构无力承担该项服务时，可借助私人来筹集保证公共服务的必需资金。这种委托管理合同，是公共服务的特殊管理方式，公立公务机构通过委托将相关责任交归由私人自己来承担。这里涉及的问题是，由行政部门选择的私人企业，必须使其能够在承担的公共服务职能中盈利。因而，这种委托管理合同，主要适用于工商性的委托管理领域，尤其是在需要大量公共资源投入的项目中，这种合同的适用度最高。例如，污水处理、城市公交、垃圾收集和处理、集体饮食（如学校的伙食供应）、各种牲畜的屠宰等，这些事项皆被认为属于行政部门的职能范围。①

一、公共服务与公共服务委托管理合同的适用

在哪些情况下可以采用公共服务的委托管理合同呢？此类合同

---

* 本节内容根据法国行政合同系列专题讲座的第六讲的记录整理而成，主讲人系"管理轴心"事务所咨询顾问阿尔诺·菲奥卢齐（M. Arnud FIORUCCI）先生。该讲内容主要涉及：① 公共服务领域中的委托合同适用问题。在适用条件上，主要是必须存在公共服务的先决条件；在适用范围上，主要适用于具有工商性的公共服务领域，也可适用于行政性的服务领域，但法律对两者的适用限制有不同的对待。② 该种合同的类型，主要有公共服务特许经营合同和公共服务委托管理合同两大类。③ 公共服务委托管理合同与公产占用合同和公共采购合同的区别。④ 公共服务委托管理合同的缔结、履行及责任。
① 在这里，行政部门职能是一种泛化的公共服务职能，可以是中央行政部门或大区、省的职能，也可以是指市、镇的职能。

的采用,必须满足一定的前提条件:假如没有公共服务的特征,委托管理合同就不存在。那么,行政部门就只能借助其他合同形式(如公共采购合同等)来实现行政职能。既然委托管理合同与公共采购合同或其他合同都可以用来实现其行政职能,那么,它们之间的差别在哪里呢?这里的主要差别在于:公共采购合同并不一定涉及公共服务,而在公共服务的委托管理合同中,公共服务是其存在的先决条件。

公共服务,按照法国的理论,有三个特征:① 是指为普遍利益而履行的职能。由于法国法没有对普遍利益作出界定,因而如何理解和界定普遍利益就成了一个难题。如果发生争议,则由行政法院(主要是国家行政法院)来判断其公共服务职能的履行是否是为了实现普遍的公共利益。现在,国家行政法院对普遍利益采取的是较为宽泛的解释。② 必须是由公共机关负责的服务。尽管公共机构可以将服务具体委托给某个私企业,但还是必须由行政部门对此负最终的责任。在公共服务的委托方面,法律要求行政部门必须对公共服务委托管理合同行使监督权。尽管法律上作了这样的规定,但不幸的是,行政部门或服务部门常会遭遇许多困难。③ 这种服务职能是按普通法以外的制度来运作的。也就是说,行政部门必须负责把握法律所规定的标准。这一法律规定的标准,有两项原则:第一项是义务原则,即公共服务必须以不间断的方式运行;第二项是平等原则,即公共服务机关没有权力实行歧视性的政策,但这并不排斥不同的使用者应支付不同的价格。例如,巴黎地铁就根据里程的长短来决定不同的收费价格,国家行政法院认为这种做法并不违反平等原则。

另外,在技术使用的服务方面,应考虑可使用技术的适用性,即采用可以采用的技术。例如,巴黎的交通动力工具由生物工具变成了技术工具(由马车变成了汽车或火车),就意味着随着技术的采用,其价格也发生了变化。

在公共服务中存在着两种性质的区分:行政性质与工商性质。当然,这两种性质的区分并不是截然分明的。在法国法中,需要识别一项公共服务活动是行政性质还是工商性质,这种识别具有根本性的意义。

根据公共服务的两种不同性质,分别适用不同的法律规则。对属于行政性的公共服务主要适用行政法,有关这类性质的案件由行政法院管辖。同时,与公共服务有关的动产与不动产,被认定为属于公务范围的财产,依据法国法的规定,公产是不可扣押和转让的。

对属于工商性质的公共服务,法律则采取了不同于行政性公共服务的态度。尽管它属于公共服务的范围,但由于其性质是属于工商性质的,因而主要适用私法规则,有关这类性质的案件由普通法院管辖。尽管工商性质的公共服务也涉及公共服务领域,但它事实上介于公与私之间。例如,垃圾处理、城市交通、地铁、自来水、饮用水、电力供应以及各种文化场所(影剧院、网球场)等事项皆属于具有工商性质的公共服务,在这些领域,公法人和私人皆可平等参与竞争。

对公共服务的性质,法律可以作出规定,但通常情况下法律是不作规定的。法律不作规定,就会带来一定的麻烦,这就需要法官做细致的认定。法官对公共服务性质的认定,通常采用三种标准:① 该项公共服务的目的或宗旨,即以公共服务的目的是否适宜由私人企业完成来认定其性质,这是首要的标准。如果这项服务职能不能由私人企业来承担,则属于行政性质的公共服务,反之,非行政性公共服务则可由私人来承担。② 这项公共服务的组织和运作方式,即以按行政模式运行还是按经营企业的管理方式营运来认定其性质。若其按行政模式运行,则属于行政性质的公共服务;若其按照经营企业的管理方式营运,则属于工商性质的公共服务。③ 与投资方式以及公共服务的报酬形式相联系,即以经费的来源是财政经费还是自筹经费来认定其性质。该项服务是来自于财政税费投资还是来自于用户缴费资助,是实践中行政法官判断公共服务性质的主要标准。以税费方式投资的,则属于行政性质的公共服务;通过用户自费或自筹资金来投资的,则属于工商性质的公共服务。

确立公共服务性质,有时非常困难,但公共服务的行政性质与工商性质的区分又是根本性的。如果对某项公共服务的行政性质或工商性质有疑问的话,那么该项公共服务将被首先假定为行政性的公共服务。公共服务委托管理合同,更多地适用于工商性质的公共服务,在行政性质的公共服务中则适用得较少。对于由税费投资的公共服务,行政部门之所以很少将之委托给私人承担,是因为原则上来说私人是无权收取税款的。

二、公共服务委托管理合同的特点及其识别

公共服务委托管理合同的主要特征之一是,被选择的企业自担风险地从事公共服务,但在具体实践中受委托人的风险往往很难进行评估。其原因有二:① 公共服务在常态下具有垄断的特性。例如,就小学的学校食堂供应而言,5—10岁小孩对于究竟是在学校食堂就餐还是在校外吃麦当劳并无太多的选择权;自来水水质不好,用户要接另一家公司的自来水就会困难重重。所以说,公共服务的使用者如同俘虏一样被迫使用提供者提供的服务。国家行政法院认为,具有强烈垄断性质的合同不构成公共服务委托合同。② 企业通常是很"聪明"的,它们总是想将风险转嫁给行政部门。例如,从行政部门得到补助、贷款担保等,这样企业可借此缓冲其面临的风险。假如一旦出现这种情形,国家行政法院则可以将这种"公共服务委托管理合同"重新定性为"公共采购合同"。国家行政法院在重新定性时可缩短其合同期限。公共服务合同的期限一般较长,为5—15年;而公共采购合同的期限一般在2—3年,最多为4年。可见,公共服务合同可以得到一种长期的保证,这既不符合公共服务的要求也不符合公共采购的要求。现在国家行政法院的结案方式比较固定化和简单化:如果要承担财务风险,则属于公共服务合同;如果不需承担任何财务风险,则属于公共采购合同。

而公共服务委托管理合同与公产占用合同的区别主要在于:① 期限的计算。前者一般是2—4年或者5—15年,而后者则是30—40年;② 前者只能与公共服务有关。公共服务委托合同的期限,主要取决于投资(如高速公路的投资)成本的收回。假如投资的成本大,时间短,用户支付的价格就高。使用者支付的价格由以下几个因素来确定:财产折价、对财产的日常管理成本、每年的开支额

（这包括对投资的偿还额及其期限的考量，假如期限长，年度开支就低）。年度开支除以用户使用年数得到的结果，再与市场价格相比，即可得出相应的价位。假如公共溜冰场的经营时间较短，其门票价格就会很高，去的人就会很少。因而，需要使价格保持一个合理的价位。当然，这种价格的支付，是让用户支付还是让纳税人支付，则更多地是一种政治上的选择（是左派政府还是右派政府或者希望得到选民的选票）。

三、公共服务委托管理合同的类型划分

按照现行法律的规定，公共服务委托管理合同存在两大类型：一类是公共服务的特许经营合同，另一类是公共服务的委托经营合同（DSP）。在特许经营合同中，行政部门将某项工程设施的建造事务委托给受委托方，并在该设施建造完成后委托其经营，如关于公共溜冰场、游泳池等的特许经营合同。在此类合同中，地方政府委托受委托方建造设施然后由受委托方对之进行经营管理。在这种特许经营中，一是通过任务书下达包括所需的投资、设备要求等任务，二是通过合同书专门对其经营管理提出要求，如市政府可对经营场所的开放时间、音乐等作出详细的规定。但在公共服务的委托经营合同中，行政部门只委托受托方经营而不委托其进行工程设施的建造。在委托经营中，企业无权建造任何工程，工程设施只能由地方政府自己进行建造，即自己选择设计师、申请贷款、组织施工队等来进行运作或者通过公共采购合同的形式购买公共工程的营造。在委托经营合同书中，政府对公共服务的运作管理会提出比较详细的要求。如果不作出详细的规定，在委托经营期满后，公共服务设施（如建筑物）可能会受到严重的毁损而不能使用。

在特许经营合同中，存在三种类型的财产：① 委托财产，它的产权随着工程设施建造过程的进展逐渐发生转移，最终归属于政府或公立公务机构。这类财产属公产范围，产权最终归公法人所有。② 选项财产（即可选择性财产），其在整个合同期限内财产属于经营者，但合同

期满后政府可以将财产收为己有。是否动用这一行政权力,地方政府应明确表明其意向,否则,财产将为经营者所有。实际的情况是,在这方面一些地方政府往往会受骗。例如,在市政府缔结的特许经营合同中,附有一个财产清单,如果在清单中列有电脑却未具体地列出电脑软件,经营者就会将电脑软件拿走,从而使电脑无法运行。故,选项财产必须在签署合同时作出具体规定。③ 自有财产,它属于私人财产,但在合同期限内可以用于公共服务;合同一旦期满,地方政府则无权动用私人财产,私人可以将自有财产带走。

四、公共服务委托管理合同的缔结与履行

公共服务的委托事项具体由哪个行政部门来做?这一般由法律予以规定,并具体到由某个部门或机关管辖。例如,规定凡属于本市范围内的公共服务事项都由市政府管辖(在委托合同的签署中,就由市长和市议会决定受选择经营者的报价是否合理等),公共服务即具有地域范围的特性。不同类型的公共服务,由不同地域不同级别的行政部门来管辖。随着地方分权的发展,除了国家应保留垄断权的事务、或者国家不能委托给地方的其他事务外,公共服务事项一般都由地方政府来管辖。

行政部门应如何选择受委托人?在确定缔约当事人的程序方面,事实上与公共采购一样,行政部门必须通过竞标程序来选择受委托人。根据1993年的一项法律规定,尽管其招标程序与公共采购合同的招标程序并不完全一样,但地方政府和公立公务机构必须通过竞标程序才能签署公共服务的委托合同。如果不遵守竞争原则,行政法官就可以撤销该合同,在合同被撤销后,地方政府必须重新按规定的程序组织竞标。省长对地方政府是否遵循竞争原则享有监督权;在全国范围内,财政部下设了一个竞争消费与反腐败总局来负责全国性的监督,它实际上是一个行政机构而非司法机构。在有关竞争事务的法律遵循方面,法国的要求非常严格。根据刑法的规定,不遵守竞争法规定的行为属于刑事犯罪,可以判处两年以下的监禁(新刑法第132条)。在犯罪责

任的追究上,构成犯罪并负刑事责任的人,应是负有遵守职责之义务的人,其并不一定是行政部门的长官。任何直接违反竞争法规定的人,无论他是民选官员还是公务员,都在被追究刑事责任者的范畴内。在这种惩罚追究机制中,法律不仅惩罚实际违反竞争法的人,还惩罚那些企图违反竞争法的人。此外,在极少数情况下,除个人承担刑事责任外,与之相关的机关也要承担刑事责任。

由于该类委托合同必然与公共服务有关,因而该类合同的签署必须由公法人动议。在可能承担该服务的各企业经过竞争之后,行政部门既可以选择私企业,也可选择另一公立公务机构,这样就有可能出现一项公共服务的委托合同发生于两个公法人之间。当然,这种发生于两个公法人之间的委托合同并不是太多,这种情况在农村、小的市镇之间较可能出现。已有一定规模的公立公务机构可以接受委托来管理市镇的公共事务,因此,相关的地方市镇政府就可采取公共服务委托合同的形式来委托其从事管理。这种两个公法人间的组合方式,法律是允许的,但在实践中具有一定的局限性。在通常情况下,公共服务事务都是委托给私人企业来承担的。

2001年有一项法律规定,公共服务合同必须是书面的。这项法律还对公共服务合同的规则实行了某种程度的改革,但并未明确其性质是委托合同。后来律师利用这种行政合同性质的不明确性,将案件转交给普通法院管辖。普通法院的法官相对于行政法官而言,对私人更有偏袒性。这种做法并不妥当,却经常成为律师引用的理由。为了避免这种情况的出现,2003年的一项法律明确规定,此类公共服务合同一旦遇到争议,即由行政法官管辖。

公共服务委托管理合同与一般的合同一样,它们同样适用合同法的履行规则。当事人必须按照约定履行合同,即只能按照合同的规定来履行。按照合同法的规定,合同对缔约各方都具有法律效力。在一份合同里,可以规定任何内容,但是有关风俗和治安的内容不能规定于其中,因此,在合同的内容方面,缔约双方具有很大的自由度。当然,有些方面具有特殊的履行规则。

五、公共服务委托管理合同中的责任

在公共服务的委托中,一般说来由经营者在合同规定的范围内承担责任。由于公共服务的最终归属者仍是行政部门,故行政部门也具有一定的行政职权与责任。而对于经过竞标程序而被选中的企业来说,它既是一方缔约当事人,也是获得许可而实际从事经营的企业,因而也具有在约定范围内的权利、义务以及责任。以从事索道经营的企业为例,在索道经营中,其定价按市场规则约定,但每天的运营时间(索道什么时候开放、什么时候关闭)则属于市政府的行政职权范围。如果发生因索道断裂而致的损害,应由谁来承担责任呢?在这种情况下,市政府与经营者都负有一定的责任,但不论这种公共服务以什么方式经营,最终的责任都由市政府承担。

在公共服务的委托合同中,风险由受委托人承担,因为受委托人是从经营收费中获取利润的。而在公共采购合同中,由于其经费由政府支付,故风险由行政部门承担。

问与答

1. 在行政性质的公共服务中,行政部门是否有权以及如何将其服务职能委托给私人承担?

在法国,对于私人企业能否通过与行政部门缔结委托合同来承担行政性质的公共服务这一问题,一直存在争论。国家行政法院也承认,行政性质的公共服务可以通过委托形式交付给企业,但是对此又作了限定:如果该行政性的公共服务只能通过行政部门所拥有的行政特权才能完成,就不能委托给私人企业。因而,在警察、军队、司法等领域以及诸如各种身份证件、驾驶执照的颁发等事项方面,就属于不得委托给私人企业的范围。除这些受限制的领域和事项外,行政性的公共服务都可委托给私人企业。但是,国家行政法院的这一裁定并不具有法律确定性,因为这一意见并不是国家行政法院在行政案件的裁判中作出的,而是在其咨询中提供的。但在工商性质的公共服务领域,则可以不

加限制地采用委托合同的形式。实践中采取的也都是委托形式,如供水、公共交通等。

2. 在工商性质的公共服务中,公共服务委托管理合同是否都适用私法规则并由普通法院管辖?

对这一问题的回答,不是绝对的。公共服务委托管理合同的特点在于,同一个合同内既存在私法规则又存在与公法相关的规则,尤其是其中一部分属于行政法院的管辖权范围。这主要是指公共服务与用户关系的处理,这一范围属行政法院的管辖范围,如用户应付的价格就属之;如果该受委托的私人企业与其雇员发生争议,则适用私法规则并受普通法院管辖。

第三节 公务人员招聘合同*

一、公务员与合同制公务人员

公务人员队伍,在劳动者大军中是一支单独的队伍,其制度的形成有着悠久的历史。在旧制度下就已有人为封建政权(王权)服务,这些从事公务的人员事实上参与着公共权力的行使。法国大革命后,这类人员不再为王权服务而为共和国服务。因而,在法国就形成了两大类型的劳动者:

一支是私(企业的)劳动者,受私法的规制。私劳动者与其雇主之间的关系,实质上是一种合同关系。

另一支劳动者队伍就是公务员队伍[①],即为国家服务的人员,他们在为普遍利益服务而非为个人利益服务。其任务是在公共部门履行职责,既为政府的各项决策作准备,也负责具体事务的实施,一旦政府作出决策就要将之付诸实施,他们受公法的规制。由于公务员

---

* 本节内容根据法国行政合同系列专题讲座的第七讲的记录整理而成,主讲人系法国电信事务荣誉总监、公职与国家改革部公职与行政总局前处长塞尔日·萨龙(M. Serge SALON)先生。其讲授的主要内容有:① 合同制公务人员的地位与性质。在公务人员队伍中,除公务员外,还存在通过合同招聘的公务人员。这种合同制的公务人员尽管不是公务员却受公务员法的制约。② 存在的理由,合同制公务人员的存在既有公务员制度本身的原因也有财政上的原因。③ 公务人员招聘合同的缔结,必须遵守不得歧视原则和公民权利保障原则。④ 合同的内容,主要是双方的约定和法定的规则等。

① 法国的公务员队伍庞大且其范围广泛,并不仅指任职于行政部门的工作人员。法国公务员包括中央政府、地方政府及其各自所属的公共事业机构(学校、医院等)编制内正式任职的工作人员。总体而言,可分为两大类:一类是不适用于公务员法的公务员,如议会工作人员、法院的法官、军事人员等。二类是适用于公务员法的公务员。如中央政府和地方政府机关各部门从事行政管理事务的常任工作人员、外交人员、教师、医务人员等。人们常说的公务员就是指这后一类人员。参见李德志主编:《人事行政学》,高等教育出版社2001年版,第203页。

任职于公共部门,其所从事的活动是公共服务活动,而公共服务的黄金法则就是不中断服务,因而公务员制度与公共服务的不中断性相联系。公务员实行的是终身制,这是对其履行公共服务职务的保证,行政当局不能无法律依据就将终身制解除。不仅如此,公务员个人还可以与外部保持相对的独立,其级别与职位相脱钩(其级别一般不得撤销,而职位则属于行政当局为满足公共服务职能的需要而分配给公务员的,故级别与职位没有对等关系),这些也旨在为公共服务提供保障。

但在为公共服务的人员中,除公务员外,还有招聘的合同制人员[①]。从理论上来说,存在合同制公务人员本是一种不正常现象。因为,法国一直实行着有终身任职保障的公务员制度。但合同制公务人员的存在却有诸多现实的理由:公共服务具有不可中断性;公共职能的范围越来越广泛[②];公共服务事务越来越庞杂,但公务员的数量并不足以适应这一需求;另外,还有劳动者的成本支出等因素。目前,根据公职与国家改革部公职行政总局的统计,合同制的公务人员为 22.7 万,国家公务员为 170 万。在哪些情况下可以招聘合同制公务人员,是由"公务员章程"规定的,即由法律来规定具体的情形,如招聘方式、合同的内容、双方的权利义务、法律上的地位保障等。

二、公务人员招聘合同的适用及其理由

在哪些情况下可以采用合同制形式招聘公务人员,由公务员章程

[①] 属于非公务员的公务人员,包括实习人员、无正式职称的辅助人员、部长办公厅人员、临时人员、根据合同任用的人员。参见王名扬著:《法国行政法》,中国政法大学出版社 1988 年版,第 232—233 页。可见,合同制人员是属于非公务员系列中的一种。

[②] 在这些职能出现的同时,人们也观察到,大型的工业企业、运输公司、商业企业、银行也在不断地增长,如同他们的同胞——公共领域的公务员一样。参见 Luc ROUBAN 著:《法国公共职能》,La documentation Francaise,2000 年版,第 23 页。

作出规定①。公务机构中公务人员的招聘,由一个专门负责劳动者就业的全国就业署负责。该机构是一个行政性的公立公务机构,受公法制约,任职于其中的人员为公务员。尽管这一机构在性质上属于公法人,但它却是一个特殊的专门承担此类任务的机构。行政机关不能随意招聘公务人员,其须受一定条件的限制:行政机关只能根据工作的性质和需要,通过合同招聘公务人员。例如,对于需要特殊专门技术的工作或新成立的机关而言,往往有必要聘用合同制人员。尽管合同制工作人员所从事的是公共事务,但其并不因此而必然成为公务员。当然,合同制公务人员的雇佣受公法制约。由于合同制公务人员是根据行政合同聘用,因而他们的地位及其保障以及其权利义务就要受到行政合同及其相关法律的调整。

公务人员的招聘合同,属于雇佣合同,这种合同可以是定期的,也可以是长期的。根据不同的情形,合同的期限长短是不一样的。按其具体期限的不同,这些合同主要有:

(1) 关于残疾人的雇佣合同。根据法律的规定,任何雇主无论是公法人还是私人,在其全部编制中应雇佣6%的残疾人。行政部门经常采用合同的方式雇佣残疾人(因为残疾人无法参加并通过竞争考试)。在招聘中,往往先给被雇佣人员2年的试用期限,如果合格就录取为公务人员从而使其不必参加竞争考试。

(2) 关于中学学监的雇佣合同。除行政部门及某些公立公务机构的公务人员可以通过合同进行招聘外,中学里的学监也是通过合同聘用的。最常见的情形是,适合于年轻人干的工作常使用合同制雇佣工作人员。这种招聘的学监,其任期往往很短,最长的期限也不得超过6年。

(3) 关于高等教育研究人员的雇佣合同。高等教育的研究人员也

---

① 法国的公务员章程,包括公务员总章程和公务员专门章程或特别章程。其中,《国家公务员章程》、《地方公务员章程》和《医护公务员章程》这三个总章程由法国政府制定,经法国议会通过作为国家法律在全国实施。而专门章程和特别章程是对公务员总章程的补充。参见潘小娟著:《法国行政体制》,中国法制出版社1997年版,第166—169页。

可以通过合同来确定,但最长期限不得超过 3 年;假如是长期雇佣的,也可以通过竞争考试的方式来确定。

(4) 临时公务人员的雇佣合同。对于季节性的工作,也可以通过合同雇佣临时性的人员来完成。这类合同的期限一般为 6 个月。当行政部门需要完成临时性的工作时,也通过合同来雇佣临时的公务人员。如进行人口普查,一旦人口普查结束,临时公务人员的工作即告完成。这类临时性的公务人员招聘合同的期限一般为 10 个月。

(5) 专业技术人员的雇佣合同。另外,当无相应的职系①来承担某项任务时,例如行政部门需整修大楼但无设计师,就可通过合同的方式雇佣建筑师。这种临时雇佣公务人员的合同期限为 3 年。

(6) 最后一种情况是,某些不需要全时制、没有必要配备全职公务员的工作岗位,即可采用合同制形式招聘人员。

上述这些因合同关系而形成的公务人员皆受公法制约。这些人员尽管不是公务员,但受到公务员法的规范和制约。

为什么大量地存在公务人员招聘合同?或者说,为什么需要合同制公务人员?尽管从表面上看,合同制公务人员的存在与公务员制度不相符合,但实际上公务人员招聘合同(或合同制公务人员)的出现有其充分的理由。其主要是基于如下一些理由:

一是公务员本身的原因,如因病假、公假、事假等不能工作的原因,但公共服务又具有不得中断性,因而必须有相应的人员来填充以保证公共服务的不间断;二是财政上的原因,由于国家预算的行政经费有限,招聘的公务人员的支出成本要大大小于有终身任职保障的公务员的支出成本;三是可以降低失业率,刺激年轻人寻找工作的欲望。

从司法判例的角度来说,判例已确认了通过合同招聘公务人员的合法性。就合同的规则而言,合同乃当事人的法,任何通过合同预先制

---

① 职系,是根据公务的不同性质进行的分类,它介于职类与职称之间。法国公务员,按行政职务对工作人员要求的文化和技术水平高低的不同,分为 A、B、C、D 四大职类。例如,在 A 职类中有普通行政、外交行政、教育科研等不同职系;而在大学教育这一职系内有教授、副教授、讲师、助教等职称。

定的规则,都必须得到遵守。这种国家与私人间通过合同而形成的雇佣关系,既有利于行政职能的实现,又不为法律所禁止,因而呈现为一种合法的状态。

三、公务人员招聘的基本原则

(一) 不得歧视原则

根据《欧洲人权宣言》的规定,所有公民享有以同样的方式从事公共职务的权利。尽管公民皆拥有该项权利,但并不等于每个公民都能够实际从事公共职务,因而必须确立一定的标准在公民中加以选择,而选择的主要标准就是能力。在招聘中,如何判断雇佣合同制候选人员的能力呢?主要通过竞争考试的方式对其能力进行评判。雇佣合同制候选人员的筛选由行政首长负责,与私人部门的就业一样,根据其简历、个人材料进行筛选,但必须遵循不得歧视原则。

不得歧视原则内涵丰富,首先是不能对个人意见进行歧视,即不能因其意见不同而歧视;其次是不得对种族和血统进行歧视;再次则是不得实行国籍歧视(适用于合同制人员的招聘,但公务员必须具有法国国籍。公务员虽要求具有法国国籍,但如果是欧盟各成员国的人也可以,因为法国公务员已从单纯地为法国服务转变到为欧盟服务,只有涉及国家主权的例外)。现在,有关不得歧视原则的规定更为详细,如在关于外表、身高、体重等方面都不得有歧视性的做法。例如,邮局投递人员的招聘,可以以身体是否适合工作为标准来决定是否对其雇佣,却不能以体重或胖瘦为由而不予招聘,也不得因性别倾向实行歧视。如果合同制的候选人员受到上述任何一种歧视,即可向行政法院起诉。

(二) 公民权利保障原则

公民权利保障原则,主要涉及两个方面的问题:一是候选人的资格问题。候选人不能受刑事处分,受刑事处分的人不得享有从事公共职务的权利。二是生理残疾的问题。对残疾人必须由一个专门的残疾人委员会进行资格认定,一旦资格得到认定,就由专门委员会对其残疾程度与其所谋求的工作是否相容作出评判。如果这种兼容性被认可,那么该残疾人就具有与其他候选人同样的权利和资格而被录取。但在实际中,也存在口头上说不歧视残疾人而实际上却倾向选择正常人的情形。如遇此情况,残疾人就可以向行政法院起诉,由行政法官对此作出裁判。

四、公务人员招聘合同的内容

公务人员招聘合同的内容,本身很简单,是一些法定的规则。正常情况下,合同必须是书面的;有时则不是双方正式签订合同,而只表现为一封信,如收信人签署同意,即表明接受了合同内容,视为合同成立。合同中须注明合同的生效日期、终止日期,同时要确定其所占据职务的情况、所在的工作岗位、报酬金额(与同类公务员的情况相当)等内容;在合同中可规定一些特殊义务,也可约定解约的条件、手续等相应内容。另外,还包括政令规定的规则。

五、合同制公务人员的权利、义务及其司法保障

公务人员有参加工会的权利、罢工的权利。允许公务服务部门罢工本身就是一个悖论,因为,公共服务具有不得中断的特性,而且公共服务部门还是为普遍性利益服务。尽管有人提议,应该由法律对工会的罢工权进行规制,但实际上未付诸实施[1]。

---

[1] 自1946年以来,公共职能的一个重大转变,就在于其法律制度更加接近于私营领域工薪人员的法律制度,至少在劳动法方面。尤其是禁止罢工权力,仅仅局限在少数几个与国家事务密切相关的职能机构(警察、军队、法官)。行政司法原则,在法律的沉默之下,也通过投入实施方式的更加灵活化,而给出了更大的影响。执政当局始终有权衡量罢工的局限性和性质,但是却处于法官的严格控制之下。参见 Luc ROUBAN 著:《法国公共职能》,La documentation Francaise,2000年版,第15页。

公务人员还享有如下一些权利：纪律处分的辩护权；调阅档案的权利；享受社会保险的权利，但合同制公务人员的社会保险与公务员不同，他们参加的是普通社会保险（必须参加保险，自己占40%，国家占60%）；享有例假的权利；享有病假、职业培训的权利；享有法定的工时权（每周35小时）；退休权，但这属于私人的退休范畴而不适用公务员的退休制度。按2003年的一项法律规定，工作必须满24个季度并年满60岁，方能退休。与私企业的雇员相比，他们有许多优惠；但与公务员相比又略显逊色。在公务员制度改革中，曾试图将公务员的退休制度向私人靠拢，但导致了公务员的罢工；公务员只需工作满37.5年即可享受足够的公务员退休金。公务员也可提前退休。

合同制公务人员主要具有如下一些义务[1]：必须坚守政治中立，对上级保持忠诚、服从，除非这些命令是非法或严重违法的，才可以不服从；如果上级的命令只是轻微的不合法，还是得服从；假如命令会让公务员构成犯罪或重罪的话，公务员可拒绝服从。公务人员执行上司的命令，一旦发生问题也应承担相关的责任。另外，要遵守职业保密的义务，保持职业谨慎的原则。

公务人员的权益，受司法保障。对因合同和处理决定发生争议的，由行政法院受理；对行政部门不合法的决定，法院可判决撤销。而在其他私人企业中涉及劳动争议的，则由普通劳工法院管辖。

---

[1] 与之相比较，公务员要负担更多的义务。在很长的时间内，公务员都被认为，其唯一应当从属执行的指令就是国家指令，甚至比执行法律更为重要。根据1983年7月13日法律的规定，公务员拥有五个主要义务：服从上级、提供服务（此外也牵涉到不能同时进行私营盈利性质的业务）、谨慎克制、廉洁自律和严守秘密，此外，也禁止所有公务员，无论是以直接方式还是间接方式，在一家受其管辖的企业或经济组织处获取任何利益，以免影响其独立性。除了必须履行特殊的义务外，公务员还有精神上的限制。但是，法国对公务员精神上的限制程度是比较低的，行政司法原则仅仅要求公务员之生活是正派的体现。参见 Luc ROUBAN 著：《法国公共职能》，La documentation Francaise，2000年版，第14、15页。

六、关于未来发展趋势的态度

目前,荷兰、意大利、丹麦已经放弃了终身制公务员制度,实行普通的劳务用工制度。法国则认为实行终身的公务员制度是必要的,因为公务员的职业化对国家和公共服务很重要,可以说国家的稳定很大程度上取决于公务员的中立与稳定,法国为此还设立了有效的公务员职业培训制度。现在,法国也有一种思潮,主张将公务员的终身任职转向合同化就业,这种思潮可能导致现有公务员制度发生变化。对现有公务员制度的抨击,来自于国家行政法院。他们认为引入合同化是一件比较好的事情,而塞尔日·萨龙先生却认为是件坏事。

问与答

1. 国有企业的厂长是否属于公务员?

国有企业的厂长,由部长(会议)任命,属于公务人员。由政府依裁量权任命,看其能力和政治倾向,这些人可能已经是公务员,也可能原来不是公务员,受任命后而成了公务人员。

2. 在合同制公务人员的条款适用与法律适用问题上,如何处理?

合同制公务人员的招聘,往往有采用格式合同的规定。对于规定在格式合同中的条款,双方都必须遵循;如果条款内容发生变化,改变后的规则也必须予以遵循。有关双方权利义务的确定,受公法的规范;一是受有关行政合同的公法规范的制约;二是受公务员法的制约。尽管合同制公务人员也属于劳动者队伍,但一般情况下不适用劳动法,只有当在合同中约定适用劳动法时,劳动法才具有适用性。

相关材料

公共服务人员,包括公务员和合同制招聘人员。由于本节内容主要是对合同制招聘人员相关情况和制度的介绍,故我们想对公共服务人员的另一组成部分(也是核心组成部分)——公务员的主要相关情况作一些补充性的介绍,其中也包括与合同制招聘人员相联系的内容。补充的介绍性资料主要摘自法国 CNRS 研究员、法国政治科学基金会成员及法国政治生活研究中心(CEVIPOF)研究员 Luc Rouban 先生所著的《法国公共职能》一书。这种介绍有助于我们从多角度了解法国公共服务人员制度的形成和发展,在此摘取的几个图表资料来自于法国国内的实证调查。

1. 公共职能的发展壮大,是自 1945 年以来西方国家所出现的普遍现象。法国在 1948 年至 1990 年期间,全部公共领域的岗位人数增长了 150%,从原来 200 万公务人员增加到 1990 年的 500 万公务人员。如果扣除邮政局和法国电信的雇员人数(大约 430 000 办事员),国家机构工作人员的预算岗位数目在 1993 年达到 2 084 294,而在 1950 年该数目仅仅为 1 408 189,相当于 48% 的增长幅度。在同一时期,如果包括邮政局和法国电信行业的全部工作人员,公共职能的实际编制人数则增加了 79.7%。如果我们现在仅仅考虑正式任职的国家工作人员的人数增长情况(1992 年为 1 589 395 人),我们便可观察到,该项人员增长情况在 1956 年—1992 年期间达 110%;这也显示说明,公共职能领域统计数字的增长,并非单纯来源于合同制招聘人员的增加①。

---

① 参见 Luc ROUBAN 著:《法国公共职能》,La documentation Francaise,2000 年版,第 18 页。

表 1　1948 年与 1990 年期间①
法国公共职能领域编制人员增长情况　（单位：千人）

公共职能领域	公共职能领域总人数	国家机构工作人员	地方行政机构和公立医院人员
1948 年	1 950	1 440	510
1972 年	3 500	2 330	1 170
1991 年	5 000	2 900	2 100

资料来源：QUARRE[1992]与 RIGAUDIAT[1994]。

2. 伴随着公共职能的演变发展，法国公共职能的人员组成开始拥有越来越多的高级管理人员（A 等级）以及越来越少的普通雇员（C、D 等级）。因此，从 1969 年到 1990 年期间，公务员群体便经历了一场从人口统计学角度而言其内在平衡的敏感的转变。时代发生了变化，人们心目中的公共职能，已经不再是以往那些大群埋头苦干的公务员，仅仅只有少数几百个高高在上的、对属于高级官员阶层的管理人员给予监督控制②。

表 2　实际编制人员变化情况③
按等级排列的国家正式任职人员

	A 等级	B 等级	C 与 D 等级	合　计
1956 年	141 977 (18.7%)	277 956 (36.7%)	336 947 (44.5%)	756 880 (100%)
1969 年	217 066 (18.4%)	466 146 (39.6%)	492 154 (41.8%)	1 175 366 (100%)
1980 年	481 114 (26.8%)	584 139 (32.9%)	726 168 (40.5%)	1 791 421 (100%)

---

① Luc ROUBAN 著：《法国公共职能》，La documentation Francaise，2000 年版，第 19 页。
② 同上。
③ 同上。

续 表

	A 等级	B 等级	C 与 D 等级	合 计
1990 年	590 117 (29.4%)	631 701 (31.5%)	779 387 (38.9%)	2 001 205 (100%)
1997 年	751 375 (45.2%)	386 730 (23.3%)	522 409 (31.4%)	1 660 514 (100%)

资料来源：RIGAUDIAT[1994]与国家公共职能，DGAFP，年报。

3. 公务员对其职业及地位的关注，在所有国家都是通过法律规则体系而建立的，并与公共法有所不同。尽管他也置身在雇员这一普通世界中，但是，公务员已不再是一个普通的工薪人员①。

表3　公务员的权利及义务②

	行使政治选举产生的权责[a]	罢工权利[b]	工会权力	忠诚义务
德国	有	禁止	有	明确规定：基本法律的捍卫
比利时	在辞职以后	事实上承认	有	道德条件
丹麦	有	禁止	有	行为总体条件
西班牙	有	有	有	道德条件
美国[c]	局限于非政治性地方机能	禁止	有，但工会组织必须被首先认可	道德条件；忠实于宪法
法国	有	有	有	行为总体条件
希腊	在辞职以后	有	有	道德条件
爱尔兰	根据等级高低有变化	事实上承认	有	行为总体条件

---

① 参见 Luc ROUBAN 著：《法国公共职能》，La documentation Francaise，2000年版，第12页。
② 同上书，第17页。

续 表

	行使政治选举产生的权责[a]	罢工权利[b]	工会权力	忠诚义务
意大利	有	有	有	没有
卢森堡	在辞职以后	有	有	道德条件
荷兰	在辞职以后	事实上承认	有	行为总体条件
葡萄牙	有	禁止	有	公平保障
英国	根据等级高低限制性变化	事实上承认	有	行为总体条件

a. 涉及谨慎克制义务和禁止利益勾结不相容性的规则除外。
b. 涉及公务员但不涉及合同制人员。
c. 联邦公务员。

4. 在法国，1993年的女性工作人员占国家正式任职人员的54%。但是，在各等级之间男女比例却存在很大区别。公共职能部门办公室职员阶层中，女性工作人员所占的比例为82%，中等阶层总女性工作人员为62%，小学教员以及从事社会事务的工作人员其3/4均为女性。女性化现象的表现在两个方面。一方面，女性人员必须来源于更上层的社会阶层、拥有更多的文凭，在可能占据与男性同等的职位。因此就导致了在某些职业领域，尽管男性成员越来越少，但却仍旧出现了日益增大的社会地位优异化。另外一方面，婚姻状态对女性职业生涯的影响也高于男性。女性化呼吁劳动条件更加灵活，以便更加适应女性人员的特殊需求。非全日制工作就是应运而生的一种方案。因此，将近14%的女性公务员采纳非全日制工作，而男性公务员中该项比例仅仅为1%。在实施非全日制工作的女性公务员中，其中的一半人员其工作事间为80%，四分之一其工作时间为50%①。

---

① 参见 Luc ROUBAN 著:《法国公共职能》，La documentation Francaise，2000年版，第32页。

表4　1978年与1992年期间
法国公共职能部门按社会-职业等级划分的女性人员比例①

	正式			非正式		
	1978年	1992年	变化	1978年	1992年	变化
管理阶层和高级知识分子	32.7	47	+14.3	27.5	38.7	+11.2
主管人员	5.5	15.2	+9.7	14.4	16.5	+2.1
行政管理人员	21.6	39.5	+17.9	28.4	42.7	+14.3
技术管理人员	3.6	18.6	+15	19.1	20.5	+1.4
大学教授、研究人员	22	26.7	+4.7	27.8	34.4	+6.6
二级主管人员和监察人员	32.8	41.1	+8.3	65.6	85.4*	+19.8
获取资格的教授和教员	54.5	56.1	+1.6	20	52.8	+32.8
中等职业阶层	45.5	62.9	+17.4	46.4	46	−0.4
中学教员和辅助教员	51.2	54.8	+3.6	55.4	57.4	+2
小学教员和同等程度教员	70.7	75.5	+4.8	72.9	58.1	−14.8
健康和社会事务中等职业	79	80.5	+1.5	77.1	41.9	−35.2
行政事务中等职业	58.3	64.7	+6.4	49.6	51	+1.4
警察和监狱管理中等职业	3.2	8.5	+5.3	0	0*	0
技术中等阶层人员	6.7	19	+12.3	17	12.7	−4.3
职员	58	59.6	+1.6	70.1	72.7	+2.6
服务部门人员	63.9	63.9	0	63.7	71.4	+7.7
警察及监狱部门人员	1.2	5.7	+4.5	17.1	90*	+72.9
工人	13.6	33.8	+20.2	22.9	21.4	−1.5

资料来源：国家公共职能，DGAFP，年报。
注释：带星号的数字表明，非正式任职的绝对人数为零或者非常少。

---

① 参见Luc ROUBAN著：《法国公共职能》，La documentation Francaise，2000年版，第33页。

第四节 国家与地方政府间的合作合同*

一、各级地方政府及地方国家行政机构的介绍

地方政府,是法国行政组织的一部分,它们与国家一样具有宪法地位,是一个行政主体。根据法国宪法第72条第1节的规定,法国的地方政府包括市镇、省、大区和海外领土,所有新的地方政府的设立都必须由法律规定,并只能由具有宪法性效力的法律撤销。虽然地方政府的地位是由立法者创设的,但法国宪法第72条第2节规定,地方政府可以由通过选举产生的地方议会在法律规定的条件下自由地进行管理。因此,地方政府享有行政自由,立法者必须尊重地方议会的行政自由。

地方国家行政机构,是中央行政机关设在地方的行政机关,它在一定区域内执行中央行政机关的事务并行使中央行政机关下放的权力。地方国家行政机构管辖的区域,在很多情况下和地方政府管辖的区域相同,但不能因此就与地方政府相混淆。地方国家行政机构是国家内部的组织,而地方政府从事的是国家以外的地方团体的行政活动。地方国家行政机构的设置是国家公务实施的一种组织技术,其目的在于实行权力下放制度,提高行政效率;而地方政府设置的目的在于实行地方团体的自治,发挥行政上的民主,因此两者的法律地位和功能是不同的。

在法国,地方团体既是自治行政区域,又是国家行政的一个区域。因此,有时同一个官员(例如市长),在执行国家行政事务和地方团体的行政事务时,实际上扮演着不同的法律角色。

---

* 本节内容根据法国行政合同系列专题讲座的第九讲的记录整理而成,主讲人系法国公职与国家改革部公共就业地方发展委员会主席、省长迪狄埃・贝特丹(M. Didier PETETIN)先生。

(一) 市镇与市镇联合体

1. 市镇

市镇是法国最古老的地方政府组织,它起源于原来的教区,可以追溯到中世纪时期,有些市镇的起源,甚至可以追溯到罗马帝国或更早的时期。在旧制度下,各市镇的地位很不一样,有些市镇有国王或封建主颁给的特许状,享有其他市镇所没有的特权。关于特权的具体内容,各市镇也是不一致的。法国大革命时期,一切封建特权皆为扫除的对象。不论城乡、也不论其大小,全国市镇的地位一律平等。这种平等精神迄今仍然保留,这是法国市镇的特点。

目前,规定市镇组织的基本法律为1884年4月5日颁布的《市镇法》,1977年被改编为《市镇法典》,1982年3月2日,《关于市镇、省和大区自由和权利法》又革新了这个法典。在法律上,市镇同时是国家的行政区域和地方团体的自治区域。市镇的地方政府建立于拿破仑一世时期。法国的所有市镇,除巴黎、里昂、马赛受特殊制度管辖外[1],其他市镇无论大小,都具有结构相同的地方政府[2]:市议会和市长。

市议会是审议机关,而市长是市镇的执行机关。市议会是市镇的决议机关,是实行地方分权的机构,其负责管理市镇的公务,通过市镇预算管理市镇财产。市长由每届议会开始时选举产生,其同时也是市镇议会议长,具有双重身份:他既是市镇的执行机关,同时也是国家在市镇的代表。市长作为市镇的执行机关,负责准备市议会的决策、主持会议、执行决议,签订议会批准的合同,审核预算开支,批准市镇规划;在法律上代表市镇,处理许可证、水的供应、垃圾处理、小学建造等问题;可以采取对管理市镇财产必要的保全行为;他还掌管保证良好秩序、安全、公共卫生的治安权力。自1970年12月31日的法律颁布以来,市长可以接受市议会授予的某些权力,例如,规定被市政机构使用

---

[1] 由于历史、政治、经济等其他原因,巴黎、里昂和马赛市下设有区,而其他市镇没有设置区。
[2] 这是法国大革命之后,平等精神的具体表现之一。

的市镇财产用途,确定道路管理税目,获得贷款等。市长作为国家在市镇的代理人,负责公布和执行法律、法规、普遍安全措施,协助审核选民名单等,同时也负责司法警察工作和民事身份工作(如签发结婚证),掌管民事身份的公共机构。

2. 市镇联合体

法国的市镇区域一般很小,有的市镇只有几百个居民,而有的市镇由于地理和自然条件优越,可以发展成为大型或中型城市,居民超过几十万人。法国的市镇超过 36 000 个,其总数相当于欧盟各成员国市镇的总和,甚至较之还多(故地方市镇签订的合同也特别多)。法国的小市镇占绝对多数,大小市镇之间相差悬殊。这种悬殊结构产生了严重的行政问题——小市镇由于人力和资源不足,不能执行市镇的任务,难以实现现代化;而大市镇由于力量雄厚,在经济生活和社会生活上已和周围的小市镇打成一片,但它们在行政区划上仍然各自分离,不能互相一致。为了解决这个问题,法国政府制定了有关市镇联合和市镇合并的法律,鼓励市镇之间组成较大的集体,以适应现代行政的需要。

市镇联合采取的方式主要有三种:市镇联合会、市镇联合区和城市共同体。它们都是地域性公务法人,而不是地方团体。

市镇合并,原则上由有关的市镇自愿进行,政府在税收方面对合并的市镇给予优惠政策,以鼓励市镇自愿合并。市镇合并可以采取两种方式:一是简单合并,原来的市镇因合并丧失存在,但原来的市议会可以要求成为新市镇的一个选区,最少可以选出一名议员,也可以要求建立一个市政府的附属机构,让其从事办理身份登记的工作;二是联盟式合并,每个参加合并的市镇,除作为首府所在地的市镇外,可以要求享有联盟市镇的地位。联盟市镇可以保留原来的名称,并且有独立的市镇机构。

(1) 市镇联合会。几个市镇为了执行一种或几种公务,例如供电、供水等公用事业,或为其他目的,可以成立一个市镇联合会。联合会是一个公务法人,由有关的市镇一致同意,并经省长批准成立。创设时没有参加的市镇,以后可以请求加入联合会。联合会的管理机关,为理事会和由主席及几个副主席组成的办公厅。管理机关的组成,不实行市镇代表同等参加原则,而由各市镇根据其重要程度按一定比例参加。在期限届满、事业完成后或全体会员同意解散时,市镇联合会的存在终止。在成立市镇联合区时,联合会的任务移转至联合区,联合会的存在也当然终止。根据多数市议会的请求,在咨询有关的省议会和最高行政法院的意见后,政府也可以命令解散联合会。

(2) 市镇联合区。市镇联合区创设于1959年,最初是为了解决城区市镇的联合。1970年时,扩张适用于乡区市镇的联合。市镇联合区与市镇联合会所执行的公务不一样,联合会所执行的公务,由联合市镇在市镇所能从事的公务范围内自由决定,而联合区依照法律的规定必须有执行最低限度的公务,即住宅服务和火灾救济。联合区的存在可以是永久性的,也可以是有一定期限的,它可以根据创设联合区时同样多数市议会的请求而解散。

(3) 城市共同体。城市共同体是按1966年12月31日的法律设立的,其目的在于解决大城市及其郊区市镇的联合问题,其设立应当适应大居民点的需求[①]。由于市镇联合区的职权和资源有限,法律规定了更有效的市镇联合形式,即城市共同体。城市共同体只能在居民超过50 000人以上的城区设立,原则上由有关市镇自愿设立。如有关的市镇全体同意设立时,城市共同体由部长会议自愿设立。城市共同体是一个公务法人,而不是一个地方团体。共同体所管理的事务主要由原来属于各市镇的职务移转而来,有些移转是强制性的,范围广泛而且重要,主要包括:城市规划、现代化计划、装备计划、新住宅区和工业区

[①] 地方行政机构间的合作形式有多种,其中,都市共同体与城市共同体的联系较为紧密。根据1966年12月31日的法律设立,城市共同体应当适应大居民点的需求,其目的是为了居民点的协调发展,将市镇纳入都市联合的范围内。专为超过20 000居民的居民点设立的这种共同体,其创建条件和市镇共同体的条件相同(2/3的人口及一半的市镇同意或反对)。而都市共同体则是具有自身组织的公共机构(共同体理事会、主席),其任意性的权力可以转交。享有自身资源的都市共同体可以转变为城市共同体。参见〔法〕古斯塔夫·佩泽尔著:《法国行政法》,廖坤明、周洁译,张凝校,国家行政学院出版社2002年版,第163、164页。

的创建和设备、防火、城市交通、旅游、供水和排水、道路、中等教育。此外,根据共同体理事会和全体市议会的决议,共同体的职权还可以扩展到其他事项。为了执行职务,共同体可以和国家签订长期的计划合同,没有规定属于必须移转的职务,仍由市镇各自保留。各市镇可以自愿地将其保留的职务的全部或一部分移转给共同体,例如移转文教设施、卫生、娱乐等公务。共同体也可反其道而行之,将某些职务移转给其成员。职务的移转必须伴随资源的移转。城市共同体的存在没有时间限制,解散的决议必须经部长会议批准才能生效。因此,城市共同体一旦成立,通常就取得永久性的存在。

(二)省

省,是法国最主要的国家行政区域,是大革命时期1790年制宪会议所创立的行政组织,旨在取代罗马的行省。省级地域的大小差不多,当初设省的原则是以马跑一天的路程为地域范围划分的标准。法国现设有100个省,其中法国本土省96个,海外省4个[①]。每个省的人口约20—100万,比其他国家的规模要小。在拿破仑一世时期,省长和省议会都由中央委派,省只是国家的一个行政区域,而不是地方团体。以后逐步改革,1833年成立民选的省议会;1838年5月10日的法,承认省的法律人格;1871年8月10日省议会组织法进一步扩大了省议会的职权;1982年3月2日《关于市镇、省、大区权利和自由法》迈出了更大一步,规定省议会主席替代省长成为省地方团体的行政首脑。现在省是享有一定自治权的一级地方政府,同时也是国家的一级行政区域,不过目前省作为国家行政区域的重要性仍然大于地方团体的重要性。

---

① 法国的海外省是指归法国政府管辖的其本土之外的领土单位,四个海外省建于1947年。海外省受制于省的共同法,实行与法国本土基本相同的立法制度,但具有一定的特殊性,它们可根据自己的特殊情况对立法制度和行政组织采取相应的措施。四个海外省又是海外大区,海外大区是依1982年12月31日的法设立的。该法规定,这四个地区同时享有省和大区的地位。在这些行政区划范围内,除设有省议会外,还设有大区议会,它们共同治理相同的管辖区域。参见潘小娟著:《法国行政体制》,中国法制出版社1997年版,第107、110页。

1. 省长

省作为国家的行政区域,其最高的行政机关是省长,各局局长受省长领导。省长在省内的地位,相当于总理在中央政府的地位。省长是中央政府在省内的代表,掌握省内的全部国家行政权力,除极少数例外情况外,他指挥省内全部国家行政机关。

尽管自 1982 年以后,省长不再担任地方政府的行政长官职务①,但省长的权力依然很大,他的主要职权可以概括为以下几个方面。

(1) 作为国家在省内的代表。省长代表国家签署各种合同,管理省内国有财产,进行诉讼,参加国家援助企业的活动,为国家在省内的债权人签发支付命令,执行国家在本省的预算。省长代表国家对省内的地方团体和公务法人的自治行政进行监督,以保证政府法规和命令的执行。

(2) 作为政府在省内的代表。省长是政府在省内的政治代表,省里如有重大问题,即由省长向部长报告,他起着国家与地方的中介作用,向中央及时反映省内的情况。

(3) 执行公务,如签发证件、执照、外国人的居留证等,如禁止开咖啡厅(是一种行政上的禁令而非司法性质的),如发现外国人在法国非法定居,即可将之逮捕或驱逐出境。省长负责维持公共秩序并保护公共利益。为了维持公共秩序,省长具有以下权力:其一,负责治安工作。为了维持省内的公共秩序,要调动超过一个市镇的警察力量的权力,由省长以国家的名义行使。如一旦发生重大灾害,省长负责协调警察、宪兵。省长为了维持省内的公共安宁、公共安全和公共卫生,可以制定警察条例。其二,司法警察权力。对于破坏国家内部和外部安全的犯罪,省长有权采取必要手段,侦查犯罪事实,并将犯人交付法庭审判。因此,省长

---

① 1982 年 3 月 2 日的法律,尤其是 1982 年 5 月 10 日的政令将省长转为共和国专员。但这种命名被 1988 年 2 月 29 日的政令取消。此外,省长和大区行政长官不再是省和大区的执行机构,这种职能此后都移交给省议会的议长和大区议会的议长。〔法〕古斯塔夫·佩泽尔著:《法国行政法》,廖坤明、周洁译,张凝校,国家行政学院出版社 2002 年版,第 126 页。

对危害国家安全的犯罪嫌疑人,有权进行搜查、扣押或逮捕。这是一种紧急措施,省长必须在 48 小时内将案件移送给检察官处理。

(4)指挥各部在省内设立的分支机构。省长是中央各部在省内的代表,他对各部在省内的分支机构,在有关部长的监督下行使指挥权。对各部在省内分支机构的负责官员,在有关部长的监督下,能够直接行使权力。为了保证省长的权力能够实现,法律规定只有省长能够接受部长在省内的权力委托;中央政府和大区与省内国家行政机关之间的公文往来,必须通过省长;对各部在省内分支机构负责人的考评成绩,由省长提出建议;一切公共机构、国营企业、受国家援助的企业的负责人,必须把对本省有重大影响的事件通知省长;省长是省内国家行政机关之间的行政委员会的当然主席。

(5)干预经济和社会事务。省长执行国家在省内的经济计划,领土整治计划,决定国家在省内投资的使用,针对请求国家援助的省内企业和省内劳动市场向政府提供咨询意见。

(6)协调国家政策的执行。省长代表国家与大区议会签署国家合同,通过合同将国家的政策具体落实并实施。专区区长是国家和省长的直接代理人,辅助省长进行工作,并负责向省长通报工作情况①。

省长对省内国家行政机关有指挥权和监督权,这是一般原则,但也存在一些例外。省内某些国家行政机关,或完全或部分不受省长的指挥和监督。其一,一切行政审判机构、审计机构、属于司法部管辖下的机构和军事机构,完全不受省长的管辖。其二,税收机构、劳工视察机构、教育机构和法律可能规定的其他机构的活动,可能部分地或者完全地不受省长的指挥和监督。

由于省长的权力很大,所以有必要对其进行一定的限制。政府可以任意调动省长的职位,可以决定省长停职待用,省长随时可能被解职(每周由部长会议决定)。省长不能参加工会组织,不能参加罢工,政府

---

① 省长办公厅主任、省政府秘书长就是从专区区长中选出的;他们也执行某些特殊使命,如负责经济事务,等等。参见〔法〕古斯塔夫·佩泽尔著:《法国行政法》,廖坤明、周洁译,张凝校,国家行政学院出版社 2002 年版,第 131 页。

为了弥补省长丧失的工会权利,给予省长优厚的物质待遇。

2. 省议会

省议会是省地方团体的议决机关,是实施地方分权的主要机关[①]。省议会的职权,规定在1871年8月10日的省议会组织法中。第二次世界大战后,地方分权进一步加强,省议会的职权主要规定在1982年3月2日的《关于市镇、省和大区的权利和自由法》中,以及1983年和1984年根据该法所制定的国家职权移转的相关法律中。省议会的主要职权有以下几个方面:① 创设和组织省自治公务。省自治公务的范围由法律规定。② 通过省预算。首先规定省预算的基本方针,再由省议会主席制定预算草案,最后由省议会通过。③ 管理省的财产和利益。省议会决定省公共工程建设、省有财产的使用和保管方式,决定签订合同、进行诉讼等一切关于财产的管理事项。④ 支持市镇的公务活动。在某些例外情况下,法律规定市镇的某些活动由省议会决定或表示意见。例如市镇有几个居民点时,由省议会决定分区选举,并由省议会对市镇的城市规划提供意见。在市镇请求时,提供技术、法律、财政援助等。⑤ 对国家的行政表示意见和愿望。省议会根据法律的规定或省长的请求,对国家的某些行政,例如经济计划的制定提供意见。省议会也对国家的行政和政治问题表示意见和愿望。

3. 省议会主席

省议会主席是省地方团体的执行机关[②]。它的地位和大区议会主席相同,完全是实行地方分权的机关。和市议会的市长不一样,市长除

[①] 1982年对省的组织结构进行重大改革后,省政府由一个审议机构——省议会和一个执行机构——省议会主席组成。参见潘小娟著:《法国行政体制》,中国法制出版社1997年版,第89页。

[②] 自共和八年以来至1982年前,省的行政权一直由国家代表——省长掌握。他负责准备议会和省委员会会议,执行省议会的决议。1982年3月2日法颁布后,这一情形有了根本的改变,省的行政权由省议会主席取代省长行使。从这以后,省议会主席不仅是省的权力机关的主席,同时也是省的行政首脑。参见潘小娟著:《法国行政体制》,中国法制出版社1997年版,第92页。

担任市议会主席,作为市镇的执行机关外,同时又是国家的行政机关。

省议会主席主要职权有以下各项:① 准备和执行省议会的讨论和决议;② 在省议会决定以后,代表省签订合同,进行诉讼;③ 根据省议会所通过的基本方针,准备预算草案,在预算通过后,执行预算。签署支付命令,除国家代征的税款外,规定执行收入的措施;④ 管理省有财产,对公产的保管可以制定违警处罚规则,但省议会主席没有治安违警处罚权力;⑤ 指挥省政府中执行自治行政的单位;⑥ 当出现省议会被解散,全体议员辞职或省议会选举被最终取消等情况时,省议会主席负责处理日常事务,直至新的议会选举产生[①]。

因此,在省内行政公务,管理地方国家行政的由省长负责,而管理地方自治行政的,由省议会主席领导。省议会主席为了执行省的自治行政业务,应和省长签订协定,规定具体措施。另外,省议会主席为了执行业务,可以对中央各部在省内的分支机构发出必要的指示。

(三) 大区

在法国,省原来是最大的地方行政区域。由于现代交通和科技的发展,省作为行政区域,范围太小,不能适应现代行政的要求,有些行政部门建立了包含了几个省的专门行政区域,例如大学区、军区、邮政区和卫生区等。维希政府时期,法国第一次实行大区制度。全国分为20个大区,后由于维希政府被推翻,大区制度也随之废除。戴高乐执政后,为了对全国经济的发展进行合理布局,开发落后的地区,减少经济贸易在巴黎地区过分集中的现象,推行经济大区制度,1960年改称为区域行动区。蓬皮杜总统时期,1972年7月5日的法律把区域行动区改称为经济发展大区,简称大区。除了将大区作为国家的经济行政区划外,还确定了大区的法律人格:承认大区是一个公务法人,取得自治权力。

社会党执政后,大区制度又有一次重大的改革,1982年3月2日

---

① 潘小娟著:《法国行政体制》,中国法制出版社1997年版,第93页。

的法律扩大了大区的自治权力。该法第59条规定,大区是一个地方团体。因此,现在法国的大区和省及市镇一样,同时是国家的行政区域和地方团体。但该法第60条又规定,在由国家直接普遍选举的大区议会产生以前,大区仍然保持公务法人的地位。除科西嘉和海外省的大区民选议会成立较早以外,法国本土的大区议会直到1986年才由居民直接普选产生。1983年3月2日的法律对1972年的大区公务法人的组织结构做了一个较大的修改,即以大区议会主席作为大区自治行政的执行机关。现法国本土有22个大区[①],与古时的行省(公爵)建制相似,从中可以看出大区的建制与历史上的省的渊源。

1. 大区区长

大区中的国家行政长官是大区区长,他执行大区内的国家公务。大区首府所在地的省长兼任大区区长,该省政府同时承担大区政府的职能。这种产生方式表示大区区长和省长地位相同,是省长同类中的优先者,而非省长的上级机关。大区区长的职权和省长的职权基本相同,但范围没有后者广泛。大区区长职权的重点在于经济发展和领土整治,其没有警察权力。1982年5月10日关于大区行政长官权力的命令,规定大区区长在大区内代表国家和政府,代表总理和全体部长,他的主要职权包括以下几项。

(1) 代表国家签订合同。例如,代表国家和作为地方团体的大区或大区的公务法人签订合同以执行国家的经济计划。

(2) 代表国家对大区的自治行政予以监督。对大区的公务法人以及跨越大区的管理机构设在大区内的公务法人进行监督。

(3) 在跨越本大区两个省以上的机构活动中,代表国家。

(4) 收集大区内的信息作为政府制定全国性计划的资料,对全国性计划的制定提出建议。执行大区内的国民紧急计划和领土整治计划,并就执行情况向总理提出年度报告,协调大区内各省的经济发展

---

① 目前,法国共设有26个大区,其中本土划分为22个大区,另有4个海外大区。参见潘小娟著:《法国行政体制》,中国法制出版社1997年版,第96页。

计划。

（5）分配国家在大区内的公共投资，决定国家投资在大区内的分配使用。

（6）在尊重省长的权力的前提和有关部长的监督下，指挥各部以大区为活动范围的分支机构，大区区长是这些分支机构的长官。但有些例外机构，不受区长的管辖。这些例外的机构，也是不受省长管辖的机构。

（7）是大区议会议长。如在预算方面，大区须征求经济理事会的意见，但最后还是由议会决定。与市镇、省两级不同，大区议会的权限主要集中在国土整治、大区发展等方面，如为企业提供资助，组织业务培训，承担高中校园的建设任务等。大区不是省的领导机构。

在职权范围上，为避免同省长的指挥权冲突起见，大区行政长官只对超越省界、具有大区性质的中央机构具有管辖权，而纯属一省内部的中央分支机构则只受省长的管辖。

2. 大区议会

大区议会的代表，一半由本区的国会两院的议员充任，一半由本区内的地方团体推选。1985 年 7 月 10 日的法律和同年 11 月 22 日的命令，规定大区议会由直接普选产生。大区内各省按照比例代表名单选出该省议员[①]。1982 年的法律规定，大区议会"通过讨论决定大区的事务"，并规定大区议会"有权促进大区经济、社会、卫生、文化和科学的发展，促进区内的领土整治，有权维持大区的特性"。"但必须尊重大区内省和市镇的职权，尊重共和国的统一和领土完整。"根据这个规定，大区的存在不能削弱原有地方团体，省和市镇的职权。大区不是他们的上

[①] 大区议会由直接普选产生，议员任期 6 年，届满全部改选。选举采用一轮比例代表名单制的方式进行。选举者不可进行混合圈选，也不可搞优先选举（优先选举即选举者在选票上注明对候选人优先选择的次序）。议会席位先按最大均数法则分配给各份名单，再按名单上名字排列的顺序分配给候选人。未获 5% 以上选票的名单不得参加席位分配。参见潘小娟著：《法国行政体制》，中国法制出版社 1997 年版，第 97 页。

级机关,大区具有补充其他地方团体作用之不足的性质。大区的职权主要限于经济发展和领土整治方面,其完全没有警察权力。大区议会的主要职权有:

(1) 管理大区事务。大区议会决定大区的集体装备事项,在其他公法人实施这些事项时,可以决定给予补助,或取得其他公法人的同意,决定由大区实施。大区议会可以为了大区的利益,决定从事各种经济事业,参加或创设大区开发公司,分配国家给予大区内投资企业的补助。大区议会,可以在咨询有关地方团体意见以后,在国家计划范围以内制定大区的发展计划,并对大区的发展进行研究。此外,大区议会还可以接受国家或地方团体的委托从事大区发展有关的事务。

(2) 通过大区预算。大区议会可以决定大区的收入和支出。大区的财政收入除国家授权征收的驾驶执照费外,还包括大区议会决定对国家的税收或对地方团体的税收在规定的范围内征收的附加税。大区的收入还可以来自借款和中央政府的补助。大区在从事国家或地方团体委托的事务时,相关经费由委托者负担。

(3) 接受咨询。政府在制定国家计划以及关于大区内开发和规划的一切问题时,必须咨询大区议会意见,国家每年决定用于大区和大区内各省的投资拨款,也要咨询大区议会的意见。大区议会可以对区内地方团体向国家机构借款表示意见。

3. 大区议会主席

1982年以前,大区自治事务的执行机关由大区区长兼任。1982年3月2日的法律规定大区是一个地方团体,同时也规定大区议会主席是大区地方团体的执行机关。大区议会主席的职务除没有公产保护的违警权外,其他职务以及与大区议会的关系,基本上和省议会主席的职务以及省议会主席与省议会的关系相同。

大区议会主席执行大区预算和大区议会的决议,签发大区开支的支付命令,签订大区合同,代表大区进行诉讼,是大区公务机构的首脑。大区议会主席和大区区长订立协定,规定如何执行以前由大区区长执行的大区自治公务。在必要时,可以利用国家驻在大区内的机构来执行大区的自治公务。

二、地方政府与地方国家行政机构之间的关系

(一) 宪法和法律地位①

地方国家行政机构是法国行政组织的一部分,它们与国家一样有其宪法地位。宪法第72条第1节规定了地方国家行政机构的存在,它们是市镇、省、海外领土(及今天的大区)。因此,它们只能由具有宪法效力的法律撤销。所有新的行政机构的设立都由法律规定,1996年2月21日的法律创立了集中众多法律条文的《地方行政机构基本法》。

(二) 合法性监督②

国家对地方保持着一定的监督,这与法国历史传统相关。法国是一个中央集权制国家,国家对地方团体自治行政的监督权比较大。行使监督权的机关是省长、部长和部长会议。因此,地方国家行政机构对地方政府的监督主要是由省长来执行。拿破仑时代,设置了省长官职,其由中央政府派出,对地方政府行政的合法性进行监督③。一省常分为四个行政专区,四个区长相当于省长的四个助手。

地方国家行政机构与地方政府的关系,主要表现为省长与省议会、市议会,大区区长与大区议会的关系。省长最初是由国家任命的,而不是由议会选举的。自从1982年地方分权后,省长权力被大大削弱,失去地方领导权。市长和市议会每天作出各种决定,如市长可以决定雇

---

① 参见古斯塔夫·佩泽尔著:《法国行政法》,廖坤明、周洁译,张凝校,国家行政学院出版社2002年版,第132页。
② 虽然法国实行地方分权,但是地方分权并不昭示着主权和独立,它只是某种自治,并需要一定的监督(监管)。地方政府的决定理所当然地具有执行力,国家对其不再有事先监督,而仅有事后监督——监督仅限于决定的合法性。参见〔法〕古斯塔夫·佩泽尔著:《法国行政法》,廖坤明、周洁译,张凝校,国家行政学院出版社2002年版,第103、133页。
③ 拿破仑第一时期建立了高度的中央集权制度,省长和省议会都由中央委派。当时的省只是国家的一级行政区划,不是地方自治团体。参见潘小娟著:《法国行政体制》,中国法制出版社1997年版,第88页。

佣工作人员、增加工资、兴建公路等事项，但需要说明理由。假如省长认为市长的行政行为不合法，即可告发市长，若市长也认为自己的行政行为不合法，即可取消之。假如市长认为自己的行政行为合法，则省长可提请行政法官予以裁定，请求行政法官取消市长的相关行政行为。

（三）合作伙伴

国家和大区签订的合同，由大区区长签署。国家给每个大区相应的经费用于建造学校等事务，但相应的经费都有一定的额度，经费都是由大区区长征求各省意见后再分配到各省的。大区区长与省长并不是上下级关系，两者之间的协调在经济的发展中起着越来越大的作用。

国家与地方政府或各级地方政府之间的合同主要有：国家和大区的合同、大区和大区的合同、大区和省的合同、省和省的合同、省和市镇的合同。不同地方政府间的合同，如关于露宿营地的开发、水的供应、垃圾的处理等的合同由不同的地方政府缔结。几个大区之间还可以组成一个防卫区，主要从事发生自然灾害、公路被游行的人阻拦等治安民防事务，防卫区长可动用警察和宪兵。

三、国家与地方政府间的合同

（一）国土规划整治方面的合作：国家——大区间规划合同（计划合同）

第二次世界大战之后，法国面临战后重建。为了进行战后重建，拟定了一个五年发展计划，但其与前苏联和中国的情形不同（在主讲人看来，前苏联和中国的计划合同不属于自由经济，它们只是国家的投资）。每年政府都要划拨一定的经费，但很快发现计划还须落实到某一个地区。

20世纪50年代时，法国还无大区，60年代后设立了大区区长，还设立了经济和社会理事会，区长作出决策须征求理事会意见。经济和社会理事会实际上是一个咨询机构，由大区内经济、社会、职业、家庭、教育、科学、文化、体育等各界代表以及总理委派的5%的专家所组成。理事会还可以成立各种分组委员会，理事会的主要职能是对大区议会所要论的一切问题,在其决定之前提出意见。

1972年,大区作为地方机构设置后,在本区的经济发展中起着重要的作用,如对手工业的发展提供帮助。大区的行动方式主要是提供补助,如对市议会提出的计划中认为有发展前景的项目即给予资助。大区与国家的资助,如果发挥得好的话,能对大区经济的发展起到更好的推动作用。因此,用以共同规划大区发展目标的国家与大区的计划合同应运而生。但这是一件不太容易组织的事情,如大区提出发展农村旅游,而国家则认为其本就应当优先发展,国家就可以不将其列在合同汇总中。大区议会与区长要建立共同目标,而议员却可能代表不同的利益。如国家和大区都提供资金给某地区发展,如发展涉及文化方面的事项,国家认为其很重要,而大区则认为不重要,则国家投资的比例会更大些;国家也有可能认为其不是优先项目,而地方议会为了得民心而认为其是优先项目,则地方的投资可能会多些。一旦合同金额确定,大区区长和议会议员则分别代表国家和大区签字,过两年后再签订附加协议。如果情况出现变化,也可能对计划作相应调整,并在合同期限满后做一个总结。

在这里,不妨列举数据与计划合同的范例,从中可见这类合同的重要性。

法国最新一期大区合同,2002—2006年;国家18亿(欧元),大区17.9亿(欧元),N(共计)＝35.9亿(欧元)。

其中,以巴黎大区为例：

国家	大区	N(共计)
1 100万法郎	2 300万法郎	3 400万法郎

政府意图使各地区发展相对平衡,因此,国家对发达地区(如巴黎)的投资就相对较少。为了帮助较穷的地区发展经济,1963年设立了领土整治与地方行动委员会(DATAR),由该机构负责全国性的经济发展协调。

国家和大区间计划合同的内容,主要是针对就业、交通、通讯、环境与生活环境、住房、城市政策等方面的内容。这类合同主要是为了解决贫困地区或有问题的地区的发展问题。如阿尔萨斯大区,是与德国交界的边境地区,并与经济发达的瑞士形成竞争、互补的局面。故这一大区的计划合同的主要目的在于发展与德关系,同时加快该区的经济发展(使之与德有同样的经济发展水平)。又如,科西嘉岛当地经济不发达,地理位置较为特殊,该地区则可以与国家签订计划合同来发展旅游业[①]。法国中部是传统的农业区,年轻人都已外出谋求发展,剩下的大多是老年人。这一带大区的优先项目是资助农业、给当地医生提供支持(以便其留下),目的是为了改善老年人的生活。该地区主要是山区,地理位置比较偏远,要发展该地区的经济必须先畅通其交通网络。同时,要在该地区给予政策优惠,吸引企业到这些大区来发展。与国家大区计划合同相补充的是欧洲政策,欧盟指定了可以得到农村补助的地区。欧盟也有专门的基金,如农村地区的发展基金。当然,欧盟是有衡量标准的。要确定哪些地区可享受发展基金,是个很难的问题。哪些地区十分需要欧盟的专项基金资助,这需要省长做出协调。欧盟的专门发展基金主要支持西班牙等不太发达的国家,像法国、德国这样富裕的国家一般都不能享受。

通过计划合同所确定的资助份额为:

国家和大区

F(法国):35.9亿(欧元)　　　　　　E(欧盟):26.2亿(欧元)

法国的海外省:

国家和大区

F(法国):1.7亿(欧元)　　　　　　E(欧盟):7.3亿(欧元)

(二) 困难街区发展方面的合作:城市合同

城市合同的存在大约有10年历史,主要是为了解决某些困难街区

[①] 科西嘉岛(la Corse)原属于普罗旺斯-蓝色海岸大区。由于政治、历史、地理等诸多原因,法国政府对科西嘉岛地区实行了一套既有同于又有别于其他大区的行政管理体制。1982年3月2日《关于科西嘉岛大区特别地位法》,对科西嘉岛大区的地位作了明确规定。该法规定,科西嘉岛不再属大区类,而成为一个新的地方领土单位类别。参见潘小娟著:《法国行政体制》,中国法制出版社1997年版,第109页。

的问题。这些困难街区常设在郊区,其居民收入较低、失业率较高,生活面临困难,街区内的学校也运作得不太良好,年轻人的犯罪率也较高,居民生活无安全感。那么,谁有权限来解决这些问题呢?从表面上看,应当是市长。但是,市长虽然可以处理市镇交通、住房等事项,却无司法权,也不能动用警察,因此,许多问题只能请求国家解决。因此,经过专门委员会的研究,决定在这些区通过设立一种整体性合同,以整合各方面的力量共同解决这些问题。

参与解决这些问题的部门有:① 市政府及其行政部门;② 国家和其行政部门,它的代表是国家在街区内所设的专区,专区内设有警察、教育部门(管理学生教学、打架等事项)、社会事务机构等,有的还设有专区区长专门解决此类问题;③ 因为困难街区往往是处于暴力边缘的街区,所以还需要另外的国家合作伙伴,如法院、检察官等。街区内的社会问题需要司法部门的介入,但是按传统司法办法无法有效地解决困难街区的特殊问题,故有些地方专门设立了"司法之家",如发生打破玻璃事件,即可立即传唤当事人并控告其不合法;若按传统司法办法处理则较为缓慢,有可能在事件发生后六个月内仍传唤不到当事人,因此也达不到实际的教育效果。也可以组织社会工作者、当地的居民、社团、商人等生活在当地的人,参与教育当地的年轻人。为落实具体的事项,需设立一个项目主任,设立经费由国家和地方共同承担。国家和地方政府间也可以相互协调,提出一个整治计划,专区区长与市长互相协商,采取可行的办法将计划落实为若干具体工作。如,学校通过下课后组织活动来避免年轻人乱跑,由国家和市共同支付这笔费用。另外,寻找各种可能投资的资源,以帮助改善当地年轻人的生活状况。如通过税收优惠来吸引外来企业,以提高就业率。这种城市合同,可以与一个市政府也可以与几个市政府签署。

(三) 公共治安方面的合作:地方治安合同

设立地方治安合同,主要是为了降低犯罪率。警察主要行使国家职能,国家应给民选官员提供咨询帮助。如市长可决定改善街道的公共照明、公共建筑物的保护等事项,考虑如何反对吸毒等问题。地方与国家可以合作解决地方治安存在的许多问题，如，一些年轻人晚上乱窜并做出暴力性行为，地方就可以安排一些活动来帮助年轻人摆脱那种经常性的暴力环境。在国家方面，检察官、专区区长可以将有关情况上报并组织警察进行巡逻，从而使得对年轻人的帮助更有效。

这种合同并不是一种严格法律意义上的合同，而是有实用性的实践合同。国家大区合同是针对大区经济发展的计划性合同，而城市合同与地方治安合同是针对具体问题的合同，其目的是为了改善治安状况和人居环境。

（四）文化事务方面的合作：文化发展协议

国家和地方政府可以就特定的文化项目签订文化发展协议。如，莱茵区的文化活动不是特别发达，该区文化事务局可以与国家合作发展文化事业。国家和大区就曾共同出钱建立了一个流动博物馆，也共同修缮过一个古城堡。

另外，国家还可与大型公共机构（如电力公司）签订合同，国家可给予其一定的财政支持，要求与之签订合同的大型公共机构完成一定的公共职能。

问与答

如果国家与地方政府签订合同后，国家不履行，怎么办？

国家与地方政府签订的合同大多是一种"政治"（政策）意义上的合同，有些是涉及财政的合同，假如形势没有变化，则可签订附加条款。很少有地方政府因认为国家没有履行义务而向行政法院提起诉讼的。但此类纠纷却具有政治意义，因为反对党会据此认为政府不守信用，这对执政党而言并不是一件好事。反对党并不想与政府合作，他们追求的是"理性唯上"。

另外，一般来说，这种合同是种多年度的（长期）合同，而国家与地方的预算都是年度预算。从法律角度来看，合同双方只在合同期的第一年承担责任。合同在第一年有明确的额度，以后如遇到困难，在再签订时可以作出修改，做出适当调整，这样就避免了国家不履行合同的风险。

另一个困难是,好多合同项目并不是及时准备就绪的。如修建一条公路,就需要进行设计研究,相应地,工程就会推迟,可能会出现有经费而延迟花费的情形。尤其在欧盟方面,好多项目申请到大量经费,如果花不完,欧盟就会将经费收回去。法国国家会不会将经费收回去呢?理论上也是可以的,但实际上法国政府通常是在事情做完后才付钱的。

最有效的方式,是所有人皆同意参与使用公共资金,与地方政府形成协商、合作伙伴的关系,而不是像过去那样,只是由中央政府单方面说了算。

第五章
合 同 化 管 理

第一节　公共行政的合同化*

一、引言：公共服务与合同化现象的出现

　　合同与合同化是两个不同的概念。合同乃是一项法律行为或文件，而合同化则只是一种行为的方式、决策的方式，在合同化中双方可以结成伙伴关系，可以朝着合同的方向发展，但并不意味着最后的结果就一定是合同。合同化现象，对合同本身是有利的。公共行政中的合同化问题，如果放在20年前加以讨论的话，完全是不可能的，如果有教授谈论此问题则会被认为脑子有毛病，而时至今日则是必须要加以思考的问题。在今天的公共行政活动中，行政活动的方式已发生了非常明显的变化，这种变化突出地表现在：行政行为越来越多地需要有其他合作伙伴的同意。这种变化的起点，当然是行政合同的存在，但行政

---

*　本节内容根据法国行政合同系列专题讲座的第四讲的记录整理而成，原题目为："公共事务管理技术的合同化"，在编者看来也许改换成"公共行政的合同化"更为适当。主讲人系国家行政法院审查官岱利·奥尔松（M. Terry OLOSON）先生。

合同由来已久,而行政的合同化则是一个新问题、新现象。行政部门历来就可以签订行政合同,几百年来出现了各种重要的行政合同,如军事采购合同(如军队服装、食品、药品的采购等)、道路建设合同等。在法国,军事采购合同,100年前就为行政合同;道路建设合同,200年前就被规定为行政合同。这些行政合同在法国国家建设中发挥了重要的作用。几百年来法国在整个国土上修建了畅通的道路交通网,这是国家通过合同来满足自身需要的表现,也是行政合同这一方式的贡献。国家一方面利用合同,另一方面在这些领域并不完全市场化。为了使公民平等地、经常性地使用公共基础设施,就必须制定公共服务的规则。在铁路、能源等一些公共服务领域,国家在很长时间内都是通过合同将其委托给私人公司经营的,但是将它们置于公共服务的框架之下。这些私人公司后来被国有化而成为国有公司,法国大型国有公司如铁路公司就是如此演变而来的。可见,国家经常通过合同来完成并组织公共服务,这种情形仍将继续存在。

最近一段时间以来,已经历了几波私有化浪潮。这一私有化进程的形成,主要是由于原来由国家垄断的一些领域正走向开放竞争。当然,如果这些领域完全走向市场的话,就完全可以适用市场规则来解决,也就没有讨论的必要。因而,引起讨论的支点是:公共服务不因其面向市场而消失。为了达到不影响公共服务之目的,就需要有双重的价值取向:既要保证这些企业或公司为公共服务,同时又要保证市场竞争环境的形成。目前,这一双重价值理念已在电讯、航空领域得以实现。未来几年,电力、燃气领域也将出现私有化转变并同时保证公共服务的实现,今后铁路运输等领域也将朝这一方向发展。在这些领域,竞争开放的程度越高,国家与企业签订合同的重要性也就越来越突出,但国家对这些企业或公司所从事的公共服务进行监督也是十分必要的。因而,我们完全可以认为,国家利用合同形式的情况不仅不会消失,而且会越来越突出和重要。在此,我主要谈的是合同的方法,即合同化问题(至于合同的种种类型则由他人作专门介绍)。

合同化,当然有若干不同的表现形式,其中主要的表现形式是行政合同,有时也会存在民(商)事合同,而有时则表现为不具有法律效力的、只是近似于合同的方法。合同化看重的是方法、过程,而不是合同结果。当然在合同化中,最后的结果可能是合同,其中主要会表现为行政合同。合同化的最新趋势就是,不同的公法人相互之间签订合同。当然,并不是所有的领域都适用合同或近似于合同的手段。简略地说,在涉及国家主权的领域是不得缔结合同的。

二、历史文化的溯源

合同化,在于政府在政治、经济、文化等方面进行管理不是通过单方性的手段,而是借助协商、谈判等手段来达到管理的目的。合同化主要是基于这样一种考虑:通过双方谈判达成的协议或意向,其执行效果较之单方行为更好。合同化从根本上来说,是权限及其手段的分配问题,它与社会中的权力行使方式相关。权力应该被分享,这种分享既包括不同公法人间的权力分享,也包括政府与人民对权力的分享。

谈判、协商等合同化手段,并非法国文化所固有。法国的体制具有中央集权制的特点,这种威权式的国家概念是与国家的单方行为联系在一起的。偏重单方行为,主要有两个方面的原因:一是历史的原因,二是观念上的原因。从历史角度而言,这与传统密不可分,因为传统具有连续性、代代相传的特性,这可以溯源到王权帝国时代。在王权时代,实行的就是中央集权,但并不单一化。尽管国家是统一的,但在整个王国内并没有单一的统一的规则,各地适用的法律规则并不相同。大革命时期,一方面保持了中央集权化,另一方面又在整个国土上实行统一化、单一化。这种统一的最重要象征是,拿破仑制定了统一的民法典、刑法典(至今仍称为"拿破仑法典")。到19、20世纪,由于交通、通讯的发达,中央很快就可以作出决定,从而客观上使得中央集权制得到了强化。例如,在18世纪,案件从马赛到巴黎的往返时间至少需要20天,但后来这种案件的传递时间则大为缩短。与之相应的情况是,行政行为的方式也表现出单方性,体现的是行政部门的单方意愿,这种单方意愿本身即具有法律效力,"法律具有许可或禁止的功能"。行政行为的作出也主要集中在巴黎(中央行政机关),适用规则皆由中央机关决定。在这一体制之下,地方政府只是作为中央的政策实施者、监督者,其作用也只是为中央作出决定而作准备,中央决定后地方再实施或执行。这一处理国家与地方关系的观念,也强化了中央集权制及中央政府的单方行为:国家是强大的,地方的权限有限且应受中央监督。现在则是对过去的观念进行反省,对过去的威权国家概念进行质疑,因而合同化趋势的出现也是适应时代、观念变化的需要。

三、合同化的形成原因与过程

法国政府的行为,从中央集权及中央政府的单方决定过渡到合同化,有多方面原因。

1. 观念上的变化

新的观念是,现代中央政府不再是强大无比的,它必须与地方政府分享权力。过去中央政府的威权,是基于国家享有至高无上的地位、国家是唯一普遍利益的代言人并总是合法的这一观念,因而在相当长时间内,政府的单方行为并未引起多大争议与质疑。但在法国的一些邻国尤其是德国,则表现出不一样的情形。由于纳粹的原因,国家失去了相当多的威权,人们对国家权力及权力选择提出了质疑。例如,绿党组织在德国产生影响与作用,比法国的绿党早25年,如果法国的绿党组织与德国的绿党组织同时发展的话,法国的核电站就不可能有今天的发展。可以说,"二战"后的30年是法国国家发展的黄金时期。但现今已发生了变化:一方面,中央机关的威信下降,国家的选择越来越受到争议,人们不再认为国家对国家利益拥有垄断权,社会团体或者其他成员也是以普遍利益的名义在发言。例如,环保组织反对将核燃料埋在地下时,也是作为普遍利益的代言人。因而,普遍利益概念现在变得难以确定了。现在所谓的普遍利益并不一致,甚至可能发生冲突,如德国在绿党的压力下已放弃了核电的发展计划,但法国却没有。可以说,核电发展与绿党组织的要求都反映了普遍利益,法国本土要保持能源的独立性而不受石油、煤炭价格等世界市场因素的影响,发展核电是一种良好的途径,绿党则从环境保护的角度出发,从源头上防止核污染的发生。

2. 地方分权运动

地方分权运动客观上对合同化起到了推波助澜的作用。法国从20世纪80年代即开始了地方分权运动,这一运动主要产生了两方面的结果:一是相关权力、资源从国家转移到了地方政府;二是国家结束了对地方政府行使的托管权,即目前中央政府只对地方政府行为的合法性进行监督,而对其机遇性选择(如投资是否影响公益、是否值得投资等)不再行使权力。但地方分权运动也带来了一些问题,如:地方政府的决定是否一致、是否合理(即合理性问题)。这就需要有一种机制来防止其不连贯、不一致、不合理情形的发生,即保证地方政府的决定朝一种正当的方向发展。合同化的目的,就在于保证所有的公法人所做的选择能够保持连贯一致。可见,合同化适应了地方分权运动的客观需求。

3. 合同化本身的效果

通过协商、谈判而形成的决定比单方决定更能获得双方的认同,从而其执行效果较之单方决定更好,因而,无论是行政部门还是私法人都倾向于通过谈判、协商、合同等方式来解决和处理问题。

法国的合同化进程分两个阶段:20世纪80年代和90年代。20世纪80年代的合同化,主要是从地方分权中得出的教训;90年代的合同化,则是从1992年开始在不同的行政部门实行合同化。

1982年的地方分权法规定,将国家权限转移给地方政府。在这一进程中同时开始了合同化的过程,其间发展了一种很重要的合同——"国家与大区间的合同"。这种计划合同,发生在国家与大区之间。例如,关于基础设施、高速火车线的建设,在目标上达成一致的意见,其内容主要是关于投资方面的比例规定。此时,也开始出现了"城市合同",即不同的市政府之间协商对某些街区进行重新建设。在90年代之后直到现在,合同被推广到其他可以合作的领域。这种合同形式各种各样,涉及经济、文化等众多领域,但它们都有一些共同点:在集中建设资源上达成条件、目标的一致以及确立评估机制(对原先的目标是否达到进行评估);这些合同所适用的领域也极为广泛,如健康领域(如关于食品卫生、饮用水是否符合标准)。合同被用来调动各行政部门的资源,例如,在治安领域为实现治安的好转,就通过合同将相关行政部门甚至行政部门以外的机构的资源都动用起来。另外,这种合同化在法律领域也引发了技术上的变化。合同化以后,并不是通过法令而是通过协议来规定法律的实施方式,这一现象是一种法律实施方式上的巨大变化。从法国法域来看,这反映了一种全新的理念。现在,达成协议是法律实施的前提条件。这对法国人来说,不可不谓是一种奇怪的现象,因为它业已打破了原有的法律文化传统。

四、合同化的局限性

当然,合同化也存在一定的局限性,其适用范围也会受到一定的限制。合同化,尽管不存在宪法意义上的障碍,却存在法律上的障碍。并不是所有的领域都适宜采用合同化手段,那些不适合合同方式的领域主要是主权领域(主权事项范围):军队、警察、税务等行政领域以及司法领域①。在这方面,强制性看管,实际上是国家的权力,只有国家才能行使,不能委托给私人行使。国家对人力资源(主要是公务员)的管理,由法律或法令来规定,而不能通过合同来设定双方的权利义务。如在私人企业中,企业对雇员的聘任,在合同中即规定权利义务以及相关条件,雇员与企业是在双方的共同意愿下签订合同的,而公务员则由公务员身份条例来确定,并不需要签订合同。换言之,公务员的权利义务,是通过法律或法令来规定的。私营企业解除雇员,须雇员同意;但对公务员而言,则不论公务员是否同意,行政部门皆可解雇之。在公务员的管理方面,国家行政法院认为需要改进,尤其是需要引入私人部门

---

① 不过也有人认为,对监狱可以委托给企业管理,如监狱的修建、食堂的管理,但对服刑人员的监管职能不能委托出去。

管理的技艺。例如,在遵守法律、法令的前提下,由行政部门与公务员签订合同来进行培训,在合同中规定相关条件、培养计划、定职等内容。这样,公务员在其职级的晋升上就并不只是抱有一种希望,而是可以通过合同约定来实现:一旦达到某种条件后,即应晋升。简言之,公务员的人力资源管理,目前不可能一下子就实行合同化,但应该引入合同化的机制,以调动公务员的积极性。

五、简短的结论

综上所述,合同化现象是一种文化上的进步。它从强调意愿的单方性转向通过协商合作,来达到公共行政的目的。合同化的目的,主要是使公共行政活动变得更加具有认同性、减少其强制性。在"大棒"与"胡萝卜"之间,更多地利用"胡萝卜"。合同化是非常有意义的方式,但这种方式的应用应保证国家财政上的权力。国家为保持目标资源,应在财政上有一定的权力。现在,欧洲其他国家的地方分权运动早已走在法国的前面,国家大规模地将财政等权力分权给地方,最后很可能造成国家没有什么资源可以调动和支配。例如,西班牙、意大利、德国等,它们的分权运动非常彻底,以致其没有全国性的统一政策而只有地区性政策。对这种情形,法国已有一种比较得到认同的观点:国家应保留一定的权力以保持和维护公共利益,应拥有对地方政府权力行使的监督权。

最后的结论是,不应将公共行政的合同化看作是单方行为的敌人,而应将它们视为相互辅助的手段(就如同船上的两个螺旋桨一样),两者不可偏废。比如,单方的惩处权还是必要的,不能因为有了合同就认为单方行为可完全弃绝之。因为,法定的惩处权与约定的惩处权,其法律意义是不同的。在单方性手段与合同化手段之间,应根据具体情况加以选择,或者选择适用单方行为或者选择适用合同化手段,或者两类手段同时并用。合同化并不是解决一切问题的灵丹妙药,但它是公共行政中的一种很好的技术手段、技巧或方法。

第二节　合同化在公共管理中的具体应用
　　——以公务人员的管理为例*

一、引言

　　有关合同化在公共管理中的应用，主讲人将主要结合本人所从事的工作来讲授。经济财政与工业部现有18万工作人员，其中，一万人在中央（巴黎）工作，本人所从事的工作是对高层管理人员进行管理，旨在帮助高层管理人员在人性化工作中学会如何定位或重新定位。合同化（或者说合同主义），不仅仅是指法律上的合同，而且还包括道义上的合同（即君子协定）。换言之，合同化不限于法律意义上的合同。根据法国法的规定，在法国的公职部门，公务员的工资上涨应通过与工会签订协议来进行，这种协议不只具有法律效力，而更多的是具有道义上的约束。假若工会与国家通过协议共同决定给公务员增长1%的工资，而国家由于财力的限制只增长了0.5%，这对国家而言就是没有履行合同，但工会却没有办法因国家违约而向国家行政法院提起诉讼。但是，在私营部门则另当别论。如果老板没有按约定给其雇员涨工资，就会面临因雇员起诉而受到法院判决其违约并承担责任的后果。大致说来，合同化的发展可以分成两个阶段（或两种形态）：一是集体层次的合同化；二是个人层次的合同化，这是一种新的现象和趋势。

---

*　本节内容根据法国行政合同系列专题讲座的第八讲的记录整理而成，主讲人系经济财政与工业部行政与人事现代化司职业生涯个性化跟踪管理工作组负责人克洛德·巴莱（M. Claude BARREIX）先生。该讲内容主要涉及合同化在公共管理中的应用现象及其发展：① 集体层次的合同化及其演变；② 个人层次合同化的趋势。前者如行政机关与公务员集体（工会）通过谈判签订协议，后者如行政机关的首长与公务员进行"评估谈话"。

二、集体层次的合同化

1. 演变

自1946年公务员条例实施开始,就出现了通过谈判来形成集体性合同的趋势。那时,设立了由工会与行政部门的双方代表组成的专门机构。这一机构有两种:一种是对等行政委员会;另一种是对等技术委员会。对等行政委员会,主要负责解决与公务员个人相关的事件,也对公务员集体予以一定的关注。在与公务员个人相关事件的处理中,对等行政委员会关注的是公务员的利益分配、晋升等问题,同时也关注其纪律的执行问题。这一机构的设置及其活动,体现了合同化的色彩。行政部门作出有关公务员的决定,须征求对等行政委员会的意见。不过,其意见是否被采纳则是另外一码事。也就是说,对等行政委员会即使不赞成,行政部门仍然可以作出自己的决定。与对等行政委员会主要处理公务员个人相关事务相对照的是,对等技术委员会主要负责处理涉及公务员集体组织的事务,其合同化的程度也相对较高。每当行政部门要制定与公务员集体组织相关的法令时,行政部门须事先征求设在该部门中的对等技术委员会的意见,而且还必须听取和采纳其意见。这一点与行政部门和对等行政委员会的关系不同,行政部门只是须征求对等行政委员会的意见而不一定听取或采纳其意见。不仅如此,在每个行政部门中都设有对等技术委员会,因而所有与公务员集体组织相关的事宜都必须征求对等技术委员会的意见,但对等行政委员会只在每个公务员职系里才设有。在案件范围上,对等技术委员会主要负责卫生、安全等案件。

1983年,新的公务员条例又重新明确规定了这种专门机构,从而使得对等行政委员会与对等技术委员会成为了真正的法定机构。对等行政委员会与对等技术委员会追求的是与行政部门的共识,在它们与行政部门的关系上体现的是一种道义上的关系。1968年以后,法国发生了"文化大革命",在这一"文革"时代,到处都弥漫着对政府的不满之声,罢工活动此起彼伏。这一状况,也促使协议的适用范围得以扩展,行政部门在两个委员会之外也签署了大量协议。正是从这样一个年代开始,出现了最初的工资协议,这种工资协议往往具有道义性质。从1981年开始,合同化进程又有了新的发展,合同化的主要目的是为了寻求社会的安宁与和平。因而,公务员条例的制定,就需要吸收工会参与。有关工会权利行使的法规文件、旨在改善工薪阶层待遇的文件、对在行政部门中工作的非公务员转正为公务员的法令草案准备以及部分实质性工作的安排等文件的制定,都须有工会代表参加。不仅如此,合同化的发展还具有新的动力。1989年行政部门与工会又签署了在职技术培训协议,分别在1989年、1996年和1999年签署了三项与公务员培训有关的协议,这些协议的内容已大大超越了过去的培训范围和方式。在1989年以前,公务员的在职培训非常落后[1],其只是一种初始培训,主要是在学校进行。而这些新的协议内容,却涉及任职前、任期中以及晋升前或换岗前的多种培训,还涉及诸如增加培训费、公务员必须参加培训的义务以及方便女性参加培训等规定。1990年还签署了一项主要是为了改善公职人员生活待遇的协议。这方面的例子不胜枚举,如2001年通过了缩短工时的法令,将工时从原来的每周39小时缩短到每周35小时,这一规定并不是政府单方面作出的强行性规定,而是行政部门与工会通过谈判之后的协商结果。这一规定并不只是一个简单的缩短工时的问题,它还涉及工作的安排,即如何在新的时间段内组织和完成好工作而又不另外增加雇员。当然,在这些协议中,也有一些工会对之不满的协议。如在退休协议上,只有一个工会组织参与签署协议,这种协议就只是一种道义上的协议。

---

[1] 在职连续培训在20世纪80年代末出现了转机,行政管理部门对在职连续培训投入了大量的人力物力投资。1989年行政部门与工会代表签署了一协议框架,并且又在1992年将其延续。1991年,国家公共职能部门全体人员的3.6%均接受过在职连续培训。但是,从整体上而言,在职连续培训却仍旧是一种随意行为,这就为培训机构在组织安排上带来了很多困难,因为公务员的要求并非完全与培训中心的计划安排相符合。另外,在职连续培训的发展也成为职业发展生涯个性化的一个组成部分。职业发展的个性化主题,就在于个性化的项目、每年的评估会谈、对个人努力的考虑。参见 Luc ROUBAN 著:《法国公共职能》,La documentation Francaise,2000年版,第48页。

当然，在这些集体性协议中，工会发挥着重要的作用。在法国，工会复杂而多样，最大的工会是法国公务员联合会（这一工会的成员大部分是教师，因为法国的教师多，国民教师有 120 万），第二大工会是全国劳工联合会，第三大工会是工人力量工会（这一工会在经济财政与工业部系统的力量较大），还有诸如统一工会，等等。在法国有一个比较奇怪的现象，就是公务员有罢工的权利①，但罢工权的行使是受到规范和约束的②，公务员不能突然罢工，其必须在五天前申请，且可以罢工但不能罢点（罢点即怠工，如今天工作两小时，明天再工作两小时）。也有一些公务员是不允许罢工的，如警察、高级民选官员，这是基于公共服务不得中断的理由而禁止其罢工的。

2. 集体性协议的缔结

集体性协议，主要发生在行政部门与其公务员集体之间，但现在已扩展至整个行政部门系统内。法国的行政组织具有中央集权化的特点，但现在已越来越倾向于将权力交给中央设在地方的代理机构，即在地方上代表国家的公务员有更多的权力和更大的责任。中央集权存在的主要问题是，许多事务通常由中央决定并做出安排。财政部的机制是对财务开支的检查比较多，这种情形被称之为责任中心主义或权力中心主义。现在是给某些单位更大的权力，使其拥有更大的自主权以支配资源来决定其预算的使用，即在事先取得财政部许可的情况下，行政部门或地方上的代理机构可以自主决定财政预算的用处，由财政部

---

① 在这一点上，法国表现出很大的自由主义特色。而在德国、丹麦、爱尔兰都禁止公务员罢工。但是在后两个国家，罢工的进行也并不受惩罚。在有些国家，罢工有时还是合法的举动，而无需一条法律特别给予解释说明，例如比利时或英国的情况。参见 Luc ROUBAN 著：《法国公共职能》，La documentation Francaise，2000 年版，第 16 页。

② 直至 1983 年 7 月 13 日涉及公务员的权利及义务之法律的出笼，才使得罢工权从立法角度被加以论述（第 10 条关于"公务员在遵守有关法律条件下行使罢工权"的规定）。在 1987 年 7 月 28 日的一项决定中，制宪议会也承认将管理罢工权利的措施制度化，以便能够在"以罢工作为手段的职业利益捍卫，以及在国家总体利益之间进行必要的调解"。参见 Luc ROUBAN 著：《法国公共职能》，La documentation Francaise，2000 年版，第 15 页。

对其所取得的绩效进行检查和评估。此外,还须在两个委员会之外征求公务员的意见,以便让所有的公务员都参与到改善公共服务的过程中来,这一做法源于日本丰田经验的启示。日本丰田经验,即将所有的工人调动起来参与改善生产线。行政部门借鉴这一经验而将之应用于行政领域以改善公共服务,在法国的省里常常可以看到此种现象。在行政司法领域也可见到此类现象,如司法部长与省长签署协议、与财政部长签署协议(每一项目都牵涉金钱)。大学里也有相近的体制,如财政部给予大学经费(国家给大学的经费通常与其招生人数、校园规模及所设课程等相关)、大学从地方政府获得部分支助,都可以通过协议进行,然后由财政部每年进行评估。现在,整个公职部门都有朝这一方向发展的趋势。2001年8月通过了一项法令,对预算制度做了改革,使原来的开支文化向绩效文化转移,以后不再按项目来划拨每项经费(如20世纪90年代以前,财政部给予大学的经费是依据学校从教育部接受的项目来划拨的),而是按计划来划拨经费。作为交换,对经费的使用可以有很大的灵活性。同样地,以前是按年度划拨经费的,现在则可以按多年度(如3年、5年等)分配经费,这是一种真正意义上的革命。财政部已就此展开了多项培训,以使这一新的制度正常有效地运转。在法国,以前是由议会投票决定经费的分配,但议会若想对经费的使用情况进行有效地检查监督却很困难。议会对经费的拨付是通过每个部来表决的,但部里却经常挪用经费,而议会却难以行使监督权。新的机制则可以通过确定双方是否达到计划目标,来确定经费的使用是否得当。

三、个人层次的合同化

个人层次的合同化,主要适用于对公务员的考核评估。对公务员的考核评估,是一项经常受到关注的事情。1946年,在公务员条例制定时就有关于谈判的规定。而关于谈判的规定中,却只有考核概念而没有评估概念。按考核的要求,行政部门每年都必须给公务员打分(不同于评分),这在一定程度上也体现了评估的意义。每个行政部门都建立了一套考核制度,考核分数从0分到24分,还要加上一些评语。在这些考核栏目里,评估项目主要包括公务员行为,只要找到相对应的评语就打个"√",每年的考核打分对公务员的晋升有重要的影响,得分越高,其晋升机会就越多。但考核打分制度很快就失控了,打分与实际情况相差甚远而显得毫无意义。为了保持行政的安宁,行政首长往往给每个公务员都打高分,文字评语等也都一样,这种评语实则演化成了一种"加密的语言",因为在每个评语中几乎都不可能说被考核人是一个坏公务员。这种"加密语言"是何意思?比方说,某一公务员的工作"尚可"(或者说正确、可以)就表明该公务员的工作表现坏;工作"不错"即指工作马马虎虎;工作"较好"实则只是一般;只有使用"杰出、卓越"等类语言,才能表明该公务员工作出色。在这种评语中,表明词语并不是其本来意思,它是一种经过膨胀的、带密码的语言,主管人员一看就知道该公务员的表现好坏。但这种做法主观性太强,它只涉及对公务员个人的评语,而与其工作无直接关系。

与此同时,在私人企业的管理中也出现了评估制度。在20世纪70年代至80年代,评估制度得到了快速的发展。在法国,大型食品超市"欧尚"是最早运用该评估制度的企业。这种评估,不仅是对人的评估,而且也是对工作的评估。企业里的工作比在行政部门中的工作更易衡量,通过评估可以将员工的工作与报酬紧密联系起来。在企业里,员工的工作目标较易衡量,绩效差的将被首先裁员,对员工的评估是对其工作绩效而不是对其行为本身进行的评判。从1989年开始,行政部门也开始关注行政的现代化,行政部门开始推行改革,其中包括对评估制度的引进。但无论何种方案,都不能取代公务员条例所规定的"考核"制度,而只能以此为基础进行改革,比如在其外加上评估制度。工会也参与到了这一改革之中。同时,工会对评估制度总有戒心,但也没有真正地加以反对。这一制度在政府装备部进行了很多试验。同时,这种试验也在各地省政府以及许多大学中得以推行,我本人也经历过这样的试验。试验一般先从管理干部开始,为管理干部制定目标比为具体执行或者从事操作的公务员制定目标来得容易,这也可以克服普通公务员的恐惧心理。尽管在确定具体目标时有困难,但也可通过渐进比较(如以前是每天处理 10 个案件,现在规定其目标是处理 12 个案件)、考察用户是否满意(可以通过表达不满信件的减少或增多来判断)等办法来操作,其中主要是要善于听取公务员的意见(如反映物质条件不足的意见),从而了解公务员的需求(如培训的要求)。上级官员对下级官员的评估,是通过平等的评估谈话来进行的,而不是基于领导或命令上下级关系。这种评估谈判,与契约活动很近似,关于聘任、报酬的要求,与工作目标的要求相一致。在评估谈话中,被访谈者可以提出调动、提拔、晋升、培训等方面的要求。每一项评估谈话都要形成书面记录,双方都要签字,因而近似于合同形式(如果对谈话记录有不同意见,怎么办?对谈话记录,一般双方都要签字,如有不同意见可在旁边加注意见)。在书面记录中,首先对其职务情形作出描述,明确地说明其承担的任务、工作性质、公务员是自主执行还是在监督之下执行并完成任务、所拥有的资源包括物质上、人力(干部)上的资源,还得说明公务员为了改善工作而提出的建议,从而根据公务员的建议改善工作,这与日本的丰田经验很相似。第二年的谈话内容是对前一年工作的总结,前一年总结的往往是公务员的长处或缺点,这样第二年的谈话记录就可与前一年的谈话记录作对照,看工作目标是否达到;也可作解释性的说明;当然双方还可以讨论一些事情,如下个年度的目标、工作量、日期、期限等;同时也可以讨论确定为了实现既定的目标或者为了增加资源而需要开展的工作内容,如配备秘书、与人力资源管理相关的内容等。

最新的动态是,整个公职部门将从 2004 年 1 月开始推广评估谈话。以前,评估谈话与考核打分是分别进行的,以后则要根据评估谈话的内容给予考核记分。为了实现预算改革计划,行政部门必须完成目标并达到相应的绩效,每个部门又须将每个公务员必须要达到的目标具体化。因此,由部门负责人与每个公务员签订的合同是整个国家大计划下的最小环节,此即集体性合同与个人性合同间的关系。

评估谈话记录,是一种双方愿望的记录,将这一书面记录交给人力资源管理部,人力资源管理部可根据公务员的要求来考虑工作安排,从而让"相互间有信诺的人一起工作"。

第六章
行政合同的争讼与责任

第一节 行政合同案件的司法管辖*

行政合同案件的司法管辖,也即由哪些法院对行政合同诉讼案件行使管辖权。所谓管辖权,是指法院受理案件的权限分工。由此定义就可推知,确定哪些法院对行政合同案件享有管辖权,就必然要涉及两个方面的问题:一是不同法院的权限分配问题;二是法院或法官是否具有裁判案件的能力问题,即行政法官在案件的裁判上享有哪些权力。司法管辖权演变的趋势,改变了行政法官的职能。就行政合同案件的司法管辖问题而言,须关注如下三个基本要素:权限分配、行政合同案件、行政法官的职能及其强化。

一、司法系统与合同案件的受理

法国的司法系统分为普通法院与行政法院系统,可简单地图示

---

* 本节内容根据法国行政合同系列专题讲座的第十讲的记录整理而成,讲座题目原为"行政合同诉讼的有管辖权法院",主讲人系法国里昂上诉行政法院第四庭庭长让-皮埃尔·儒格来(M. Jean-Pierre JOUGUELET)先生。

如下：

```
司法系统 ┌ 普通法院系统 ┐
        └ 行政法院系统 ┘ （冲突）→ 权限争议法庭
```

其中行政法院系统由行政法庭、上诉行政法院和最高行政法院构成，可简单地图示如下：

```
行政法院系统 ┌ 最高行政法院
            │ 上诉行政法院（6个）
            └ 行政法庭（31个）
```

法国司法体制有自身的特色，其形成历史可以追溯到法国大革命时期。法国的司法体制，存在着两套司法系统——普通司法系统（普通法院）和行政司法系统（行政法院）两套格局。由于存在两套法院系统，因而，对一宗案件的审理，首先就面临着一种态度上的取舍：不同的法院和不同的法律（公法与私法）适用，其展开思路是先确定法院，再确定适用什么性质的法律。由于合同存在着行政合同与私法合同之分，因而在因合同引发的争议中，也面临着同样的问题：不同的法院与不同的法律适用。由公法人签订的合同，也可能受到私法规制，由普通法院行使对案件的管辖权。在这里，由哪个法院系统对合同案件行使管辖权，问题的关键在于，明确界分公法人或行政部门签订的合同，哪些属于行政合同的范畴，哪些不属于行政合同的范畴。合同是否属于行政合同的范畴，其判断的基本标准有两个：一是缔约一方是否为公法人；二是合同是否包含普通法之外的条款，即民事法律（私法）所不能规定或者其禁止的内容。公共服务合同、公用或公产占用合同、与公共工程有关的合同、法律规定属于行政合同的合同、所有根据公共采购法所签署的合同、公务人员招聘合同等，皆为行政合同。属于行政合同性质的诉讼案件，一般由行政法院管辖；属于私法合同性质的诉讼案件，则由普通法院管辖。不过，由于案件的复杂性，一个事件也可能引起多种性质案件的发生，这就涉及不同法院或法官对不同性质案件的管辖权问题。

二、行政法院有权受理的行政合同案件——与普通法院管辖的合同案件相对照

行政合同不仅会引发针对合同的争议，还有可能引发刑事案件，因而在有关行政合同案件的受理方面，应注意厘清行政法院（行政法官）与刑事法院（刑事法官）间的管辖权限；同时，由于行政合同与私法合同既存在一定的联系又存在一定的区别，因而还必须关注与之相关的普通民事法院（民事法官）对合同案件的诉讼管辖及合同仲裁途径。

1. 刑事法院（刑事法官）受理的因行政合同而发生的刑事案件

行政法院（行政法官）不能对自然人进行审判，刑事法官则可以在不征求行政法院法官意见的情况下对自然人予以判决。故，在实践中，民选官员往往害怕刑事法官，而对行政法官则并无畏惧之感。在行政合同的缔结方面，可能会出现两种犯罪情形。

（1）徇私罪。在与公共服务、公共采购相关的合同缔结中，如果公务员或民选官员给予合同另一方某种没有理由的优惠，而这种优惠又不符合公共采购法的规则，就可构成徇私罪。例如，公务员或民选官员在不清楚法典的情况下将某项目给予某企业时，就可能构成徇私罪（这种犯罪最多可判处两年刑期）。因而，民选官员往往最担心的是公共采购法是否得到了遵守，其行为是否触犯刑律，至于合同是否存在违约情形或构成赔偿，由于其责任归属于行政主体，因而民选官员并不担心行政法官会如何裁判。徇私罪，不是一种故意罪，其主观过错形式不限于故意，过失亦可构成该罪。无论公务员或民选官员是否熟悉公共采购法的规则，只要他们违反公共采购法，即构成徇私罪。

（2）行贿受贿罪。利用金钱或有价债券行贿以便得到某种合同，行贿方和受贿方都可能构成该种犯罪。在实践中，可能导致刑事犯罪的，往往是与公共采购（或公共工程）有关的案件。刑事法官有权裁定某项公共采购的合法性。由于公共采购的简约化，以后由刑事法官裁定公共采购合法性的案件范畴会越来越广泛。对这类案件的审理，受

刑法和公共采购法的规制。

2. 普通法院(民事法官)或仲裁机构受理的合同案件

因合同引发的私法案件、与自由私产相关的合同案件，均由普通法院管辖。即，公法人依据私法规则缔结的合同，属于私法合同范畴。换言之，当某项合同体现了权力色彩时，即属于行政合同；如果与行政特权没有任何关系，就属于私法合同。实践中，权限争议法庭经常就公产与私产的性质问题进行裁定。在对公产与私产可否仲裁的问题上，存在着差别：对公产不能进行仲裁，对私产可由"私人法官"(由双方当事人共同选择)进行仲裁。通过仲裁途径解决纠纷，有两个突出的特点：① 当事人双方自己选择裁判官而不是由法院指定法官；② 仲裁裁定不公开。在某些情况下，仲裁不仅仅基于合法性进行裁决，还要考虑裁决的合理性。公立公务机构所签订的与自由私产相关的私法合同，一旦发生纠纷，也可通过仲裁途径来解决。

3. 行政法院受理的行政合同案件

行政法官审理行政案件，是一种传统的权力，而这种传统权力的行使在行政诉讼(尤其是行政合同诉讼)的实践中，不仅面临着困难，而且正在发生着变化。

依照传统的权力，行政法院事实上履行着三种裁判职能：① 对越权行为的裁判；② 对行政决定的合法性裁判(包括有效性裁判)；③ 对行政部门的单方面决定予以撤销的裁判。在这几种传统的诉讼中，当事人可以基于行政决定违法或权利受到侵害之理由提起诉讼，即与作为诉讼标的的行政决定具有某种利害关系的人皆可提起诉讼，起诉人的资格比较宽泛。而行政合同诉讼则不同，在行政合同诉讼中，必须受双方当事人以及合同效力的双面限制，合同双方以外的第三方则无权要求撤销该合同。在有关行政合同的裁判中，行政法官只有在当事方提起行政诉讼时，才受理此类案件；对合同的履行，法官只能就履行合同的赔偿责任进行裁判，而不能对正在履行或已经履行完毕的合同，判决强制行政主体履行合同或者判决撤销；因行政机关作为或不作为而造成损害后果的,行政法官可以判处其给予受害当事方赔偿。在行政合同诉讼中,这三项裁判职能之间是有一定界限的。行政合同之诉,只能由合同当事方提起诉讼;诉讼请求只能是要求行政法官撤销合同。

在行政合同诉讼中,国家行政法院发明了"可与合同相分离"的概念。对于行政部门单方面在缔约前的准备行为,国家行政法院认为其属于"可与合同相分离"的单方行为,缔约当事人或利害关系人可对之提起越权之诉。如在公共采购合同中,竞标是由合同招标委员会决定的,对该委员会的决定就可单独提起越权之诉。这种无形的"可与合同相分离"的行为,也许是地方行政部门首长在脑子里的想法,行政首长有权选择签字,也有权选择不签字。市议会的讨论决定、招标委员会的决定,包括行政首长的签字行为,都构成了行政合同行为的一部分,但这些决定行为本身又是可以与合同相分离的行为。因而,落选的投标者、当地的纳税人或反对党成员,都可以就此向行政法院提出越权之诉。起诉到行政法院后,由行政法官判决是否予以撤销。在越权之诉中,"可与合同相分离"的行为可以因外部的原因(违反外部规则)被撤销,也可以基于内部的原因(违反内部规则)被撤销。例如,可以因招标公告未经广而告之或未遵守其他法定的公告程序之理由被撤销,也可因招标委员会作出决定时未达到法定人数之理由被撤销,还可因合同标的本身不合法而被撤销。另外,在越权之诉中,还可要求撤销议事机构的决定,如可基于因没有遵守议事规则(譬如召集开会的通知发得太晚)而要求撤销该议事机构的决定。"可与合同相分离"的行为,可因与行政合同本身不相关联的理由而被撤销。这些"可与合同相分离"的行为,包括招标委员会的决定、批准该合同的议事机构的决定等,对这些"可与合同相分离"行为的审查,除了审查其合同的批准决定是否作出以及如何作出外,还要审查这些决定是否遵守了地方法典的规则。

现在面临的问题是:如果"可与合同相分离"的行为被撤销,而行政合同本身仍然存在,这就出现了行政合同本身的效力如何确定的难题。行政合同的效力,之所以难确定,主要有两个方面的原因:① 从法律效力角度来看,当"可与合同相分离"的行为被撤销后,关于合同是否还有效的问题就存在着困惑;②从权限角度言之,如果合同不合法或者无效,由何种法官来撤销或确认?前者涉及行政合同的有效性问题,"可与合同相分离"的行为被撤销,是否构成导致该合同被撤销的必要性;后者则涉及行政法院的体制和行政法官的职能变化问题。

要解决"可与合同相分离"行为被撤销后的行政合同有效性问题,还需从越权诉讼中撤销判决的效力特点进行分析①。行政决定一旦被撤销,即意味着该行政决定不存在,行政部门就必须重新启动程序作出新的行政决定。但是,从越权诉讼中撤销判决的效力来看,行政决定的撤销并不必然导致行政合同的自动取消。这种状况,不仅使行政决定在一定期限内处于一种不确定状态,而且还会使行政合同的效力亦处于一种不明确的状态。

"可与合同相分离"概念及相关的行政诉讼制度,将一些地方政府行为推进到了某种不确定之中。为了解决行政合同的有效性问题,就出现了第四种裁判职能——履行裁判。承担此项裁判职能的法官可被称之为"履约法官"(或"执行法官"),由其专司行政合同的履行(或执

---

① 由于越权诉讼是一种传统诉讼且并非针对行政合同本身,因而,主讲人只是简单地有所提及。为便于读者理解,现根据王名扬先生有关越权之诉判决效力的论述作如下简单介绍。

　　行政法院对越权之诉可以作出不受理、驳回起诉和撤销行政决定的三种裁判。其中,所谓撤销行政决定,是指行政法院判决消灭原来的行政决定及其所产生的一切效果。撤销行政决定的判决具有溯及力、对世力和消灭根据被撤销的决定而采取的行为的效力。一般而言,溯及力,即被撤销的行政决定认为自始没有存在,追溯到其开始时就丧失效力,被撤销的行政决定不能发生任何效果。对世的效力,即对一切人有效,不限于当事人之间(因为越权之诉是一个客观的诉讼,主要目的在于维持法治,而不在于保护申诉人的利益,所以撤销的判决具有对世性质)。消灭根据被撤销的行政决定而采取的行为,即不仅被撤销的行为自始没有存在,根据被撤销的行为而采取的行为也应完全取消。但是,如果行政机关不采取措施消灭根据被撤销的行为而作的行为时,行政法院不认为撤销一个行为的后果,自动地撤销其他行为。其他行为只在具备两个条件之下才被撤销:一是其他行为必须和被撤销的行为有密切联系,是被撤销行为的结果;二是作为被撤销行为结果的其他行为,只在和被撤销行为一起受到攻击,或者在可以提起撤销之诉期间内受到追诉时才被撤销,不是当然消灭。具体内容,可详见王名扬著:《法国行政法》,中国政法大学出版社1988年版,第704—706页。

行)裁判之职,从而保障行政合同得到执行。在行政合同诉讼中,争议的解决措施是多种多样的,合同法官可以裁判撤销行政合同,这种撤销具有溯及力,可以追溯使原合同自始至终不存在效力。即使该合同已经履行,双方还可以通过和解或者交易来解决纷争。

三、行政合同案件的起诉

概言之,对于一个试图消灭行政合同的人来说,他必须向承担三个不同裁判职能的行政法官(可能是同一个法官,但其裁判职能不能限于一个而是多元的)提起诉讼,由承担这三个不同职能的行政法官进行审理:① 对"可与合同相分离"的行为提起越权之诉,由传统的"越权(裁判)法官"(合议庭)来作出撤销违法单方行为的裁判;② 向"履约法官"(执行法官)提起履行之诉,由其负责判决行政合同的执行;③ 向合同法官提起撤销合同之诉,由合同法官(合议庭)进行审理。在行政合同诉讼中,"越权法官"无权受理撤销行政合同的案件,他只能撤销"可与合同相分离"的行为。目前,有关行政合同的诉讼,正处于变化的前夜,很可能在撤销合同之诉中,开始允许第三方提出撤销行政合同的诉讼请求。目前,只出现了一个允许第三方要求撤销公务人员招聘合同的相关例子。个人可要求行政法官撤销公务人员招聘合同,因为在大多数情况下,这类合同实质上是一种"假合同",即合同的条款不是通过谈判来签订的,而往往是行政部门预先拟定好的格式化合同。

合同法官可受理三种对行政合同的起诉。

(1)要求对合同进行解释的诉请。在对行政合同进行解释的起诉中,行政合同虽然尚未发生争议,但为了排除可能的争议,应将行政合同提交给合同法官,由其对合同进行解释。合同法官对行政合同条款进行解释,主要是寻找合同双方签订合同时的共同意愿。如,在有关公共服务的委托合同中,合同条款对服务价格的审定的规定不明确的,行政法官可针对不明的条款作出解释,以避免将来发生争议。

(2)要求确认合同无效的诉请。在这类案件中,起诉人不是要求请求赔偿,而是就合同本身存在的问题提起诉讼,行政法官可以自动作出确认合同无效的判决。如果行政法官确认合同有效,合同缔约当事人就应执行合同;如果法官认为合同无效,双方可以行政责任为由而重新起诉。

在1996年之前,地方政府签订的很多合同实际上是非法的,这种情况的出现主要是由于合同的签署最后需要由省长签字,否则即不具有效力。根据相关法律的规定,合同缔结后,应呈交给省长签字,只有省长才有签字权,省长签字后,合同才具有效力,即合同在送交省长签字之前皆无效力。但实际上,通常是地方政府已作出了决定,然后交省长签字。因为市长无权签署,所以省长授权的签字,不能对过去已经发生的合同行为产生效力。因而会出现如下情形:一旦省长的签字晚于合同生效时间的话,该合同就自然违法,其原因在于内政部曾经颁布过一个政令。1996年后这种情况已得到改变。

市长无权签署行政合同,行政部门也无权签署行政合同。如果签署了行政合同,即属于越权行为。对于越权行为,行政法官自然会判定其无效。换言之,对于这种本无权签字的越权行为,即便当事人没有对行政合同是否有效的问题提出请求权,行政法官仍应要求签署合同的行政部门具有签字权限。

(3) 要求给予赔偿的诉请。在与合同双方当事人相关且合同有效的情况下,法官可以对因合同所致损害的赔偿请求作出裁定。与公共工程相关的合同,一般都包含有关工程延误的罚则。如果延期交付工程,地方政府就要实施合同规定的罚则条款,削减相应的价格。在这种情况下,缔约当事方可以要求行政法官裁定迟交工程是否正确。这类诉讼案件是提交到行政法院的案件中数量最多的案件。行政法院最常见的案情是:一个企业为了得到某项公共采购项目,往往报较低的价,最后的实际支出却高于当初的报价,于是就向行政法官提出请求,要求地方政府增加支付价款。因而,这类纠纷主要涉及增加合同金额的付款问题。

对于公共工程合同,假如发现授权签署的决议迟于合同的生效日期,那么有关公共工程承担的决议就被视为不存在。在此种情况下,承揽工程的企业就可以转换起诉思路——可提起两种不同的诉讼。一种诉讼是,合同违法,而地方政府却因此不当得利,企业可提起赔偿之诉。企业可因利益受损而要求赔偿,其原因在于企业虽然得到了工程却未得到政府应支付的工程款项。第二种可能的诉讼是,按通常的责任构成,政府有过失就应承担责任,企业则可基于此而提起赔偿之诉。一个地方政府可以签订无效合同,但它却要承担责任,当事人有权得到赔偿。当然,地方政府也可就责任的承担问题行使抗辩权。如果有证据证明对方也存在过错,地方政府的责任就可以相应地减轻,如,企业必须要检查地方政府的文件传递日期却实际未予检查,企业就存在一定的过失。

四、行政合同案件的审理

行政诉讼程序,是一个发展的过程,这个过程包括从起诉开始经过预审进入判决、结束审判的全过程(当然案件判决以后,还存在当事人可能不服判决的申诉和判决的执行问题)。除作为一般程序的正常程序外,还增加了一个紧急程序或暂停执行受攻击的行政决定的程序。对行政合同案件的审理,除一般程序外,还有两种新程序:紧急程序和暂停执行程序:

1. 紧急程序

紧急程序是相对于一般程序而言的。行政合同案件审理的紧急程序,是根据欧盟指令确立的。该程序适用于标的额超过 300 万欧元的合同,法国法将这一程序拓展到了所有的委托经营合同(包括公务服务经营合同)领域。1993 年的法规定,案件由一个独任法官进行审理,对行政合同进行紧急审理的法官,可以中断行政合同进程来进行审理,法官可以在签署合同之前作出终审裁定。同时,法官有权责令行政部门重新开始合同缔结的相关程序,在这里主要是要求行政部门遵守公告(广而告之)的程序。由于法官十分看重程序,其往往要求行政部门重新开始与合同标的相关的公告程序。这些公告程序的规定,往往与行政合同尤其是公共服务委托经营合同或公共采购合同有关。对法官所做的紧急裁定,不可向行政法院提起上诉,或者只可向国家行政法院提起最终的上诉。这种审理程序的困难之处在于:行政首长会在法官作出裁定之前即已匆匆签字。

2. 暂停执行程序

所谓暂停执行,是指行政法院在作出判决以前,根据当事人的申请,裁定暂时停止执行受攻击的行政决定的程序,这也是一种临时措施,不影响行政法院的最终判决①。为了解决行政合同在紧急审理程序中面临的难题,行政法庭可以根据当事人的申请绕过紧急审理程序,进行暂停执行程序的审理。但是,行政法官并不具有暂停执行的裁判职能,暂停执行的裁定只能由行政法庭的庭长作出。当初,设计该程序的目的并不是针对公共采购合同,而是为了避免行政决定的执行可能产生无法弥补的后果。暂停执行程序,现也适用于行政合同案件的审理。当事人为了撤销行政部门签署的行政合同,可以请求行政法庭庭长作出暂停执行的裁定。作出这种裁定,须满足如下两个条件:① 紧急性。这也是符合紧急审理程序的一个条件。② 有证据可以表明合同的合法性受到了严重质疑。该程序适用于行政合同方面,起诉方就可基于"可与合同相分离行为"的概念,要求暂停执行行政合同。在这里,要求符合紧急性条件的目的,是为了阻止该合同的签字。如果行政合同有严重的可质疑之处,庭长即可作出暂停执行的裁定。暂停执行的裁定,还可附带下达"不作为禁令"。从 2000 年以来,行政法庭通过对这种"可与合同相分离行为"的暂停执行程序,可以阻止合同程序的进行,暂停执行裁定的效力,可以一直延续到越权之诉的法官作出相关裁定。作为结论,通过暂停执行程序,行政法院的法官可以干预行政合同本身,行政法官的职能已得到强化;但与普通法院的法官相比较,行政法官的职能范围尚不及普通法院的法官,因为普通法院的法官还具有撤销合同的权力。

---

① 王名扬著:《法国行政法》,中国政法大学出版社 1988 年版,第 646 页。

问与答

1. 刑事法官在审判因合同而引发的刑事犯罪时,对合同问题如何处理?

刑事法官在判决因合同而引发的徇私罪和行贿受贿罪时,如何对待合同,这应视合同的性质而定。如果该合同是私法合同,刑事法官可以对合同作出撤销的判决。如果该合同是行政合同,则只能由行政法官来裁判。另外,在刑事法官与行政法官之间,并无自动转化机制。

2. 行政合同案件判决后,如何执行?

在实践中,绝大多数案件(约占 3/4 的案件)通过和解就已经解决了,而不需要进入到最后的执行或者强制执行阶段。行政法官作出判决后,如果当事人没有上诉,就由该行政法庭执行判决。

3. 第三方认为合同违法,却不能就行政合同提起诉讼,那么,是否还有其他的救济途径或方式呢?

合同只约束缔约双方当事人。一般来说,在行政合同诉讼中,第三方与诉讼标的并没有利害关系,因而不具有起诉资格。但正如上文所讲述的,第三方可以对"可与合同相分离"的行为提起越权(撤销)之诉,但不能针对合同本身提起诉讼。如果第三方请求撤销行政合同,可以找省长寻求救济。省长代表国家可以对地方政府签署的行政合同进行结果监督。如果省长认为行政合同违法(或者行政合同存在越权或者其他违反法律规定的情形),可决定向行政法院提起撤销行政合同的诉讼。因此,在实践中,第三方如要阻止行政合同,就一定要说服省长该行政合同是非法的,向省长阐明将该案提交给行政法院的机遇和必要性等因素。省长在两个月期限内作出是否起诉决定。对于省长不提交行政法院的决定,如果第三方不服,不能起诉。但是,省长决定不将行政合同案件提交给行政法院,如果构成重大过失的话,就可能涉及国家责任承担问题。

第二节 行政合同诉讼制度*

一、引言：行政法院的相关职能

国家行政法院，一方面是中央政府中最重要的咨询机关，负有为政府提供咨询的职能；另一方面是最高行政审判机关，是全部行政法院共同的最高法院，负有相应的审判职能，并指导下级法院的工作。与之相对应，在行政合同方面，国家行政法院亦承担着两种职能：① 咨询。在行政合同主要是公共采购合同与公共服务委托合同的缔结方面，为政府提供咨询服务，这一部分职能也是国家行政法院的特色。国家行政法院设有财政庭，专门为政府提供此类行政合同的咨询服务。② 审判。在行政合同案件的审理方面，包括三个方面的案件。一是与合同签订有关的案件；二是与合同执行有关的案件，三是与合同终止解除的案件。

行政法院在受理和审理行政案件方面，与普通法院法官受理和审理私法案件不同。对于私法案件的审理，普通法院的法官们之间并没有区分；但对于提交给行政法官的案件，则区分不同的案件种类，分别由不同的行政法官审理。对于越权之诉，由传统法官受理，传统法官可以在越权之诉中撤销行政决定。传统法官通过越权之诉的审理，在合同签订方面扮演着重要的角色。紧急（干预）审理法官，则处理紧急审理案件。合同法官，负责审理有关合同本身的案件。竞争法官，是根据竞争法对行政合同的总体经济状况进行把关的法官。这四个职能不同

---

* 本节内容根据法国行政合同系列专题讲座的第十一讲的记录整理而成，由国家行政法院审查官菲岱里克·莱尼卡（M. Frederic LENICA）先生主讲。该讲的讲座地点设在国家行政法院。我们一行六人在菲岱里克·莱尼卡先生的陪同下参观访问了国家行政法院，之后，由菲岱里克·莱尼卡先生作了有关行政合同诉讼的讲座。由于让-皮埃尔·儒格来先生在上一讲中已对行政合同诉讼问题有所涉及，因而，讲座的内容可能有所重叠。

的法官,在合同的不同阶段对合同进行干预。负责越权之诉和紧急审理的法官,主要在合同的签署过程中发挥作用;合同法官主要在合同的履行、终止过程中发挥作用;竞争法官则可在合同的任何一个阶段对合同进行审查。这种状况表明,对行政合同的审理,具有法官职能多元化、干预时间多段化的特点。行政法官最感兴趣的合同,主要是公共采购合同、公共服务合同这两类合同,公务人员招聘合同起诉到行政法院的案件较少。

二、行政合同诉讼的法律适用

由于在行政法院出现的行政合同争议,主要是公共(采购或服务)合同,因此,有关行政合同诉讼的法律适用,就主要结合这类合同案件的法律适用进行分析。行政合同诉讼所适用的法律,可分为两大部分:一是所有行政部门在合同签订过程中都必须遵守的法律规定,如,关于公告(广而告之)、竞标程序;二是所有与竞争相关的法律规定,这是一个新的领域,这一领域的法律以规定市场竞争为特征。

(一) 普遍适用于行政合同的法

关于招标投标、公告、竞标的规则,如果按效力等级来分类的话,主要有三种类型。

(1) 欧盟指令。这些相关的指令是于20世纪90年代初公布的。这些指令主要涉及公共工程合同、服务采购、供货采购合同的管制,同时也涉及部分公共服务合同的内容。这些指令,主要涉及公共工程委托方面的事项。如,委托某私人企业承建一项公共建筑,完全由私人出资建筑,作为补偿,承建人收取相应的用户使用费,这是一种典型的工程租让合同。在这种承揽项目中,国家不投资。如,法国高速公路的建设就采取了这种形式——高速公路使用者向建筑者付费。所以,在法国人的思维中,高速公路使用者交费给公路建筑者是正当的。

(2) 国家法律。有一部1993年通过的法律——萨帮法律(以提出此项法案的部长命名),对公共服务委托经营合同的公告作了规定,这一规定在效力层次上属于法国国家法律。

(3) 条例①。与公共采购相关的条例,即公共采购法典,在2001年3月进行了全面的修订。公共采购法典强制性地规定了公告(广而告之)和竞标程序。

如果根据这些规定的内容来区分的话,大体可作如下简要的概括:一是关于公告(广而告之)的规定。对于合同标的额较小的(如金额在10万欧元以下的)合同,行政部门可完全自由处理,无需经过公告竞标程序;金额在10—20万欧元的,必须在法国国家范围内公告;超过20万欧元的,须在欧盟范围内公告。公告,是签署行政合同必须履行的义务。所谓公告,要求有关招标投标的公告文件刊登在全国性的公告报上或欧盟的专门公告报上。二是关于竞标的规定。竞标也有关于合同标的金额底限的规定,10万欧元以下的,也规定有招标程序、应有几个投标人。这些规定适用于国家、公立公务机构及地方政府,尤其应适用于地方政府缔结行政合同(因为不乏地方政府腐败)。最近有很多争论,建议将标的金额底限提高,因为被排斥在竞标之外的人越少、标的金额底限越低,地方政府的自由余地就越多。2003年6月,宪法委员会作出了一项裁定——有一项变动标的金额底限额的法被提交到宪法委员会,宪法委员会裁定将合同签署中的公告与竞标的规定扩大化,并将其提升为宪法原则。这一原则的确立,实际上是从《公共采购法典》第1条关于公共订购的规定中引申出来的,也可以说是从《人权与公民权利宣言》(1787年法国大革命的基础性文件)中引申出来的。宪法委员会的裁定意味着,现在所有的机构都不得违反这些原则。因而,基于有关标的金额大小的合同是否遵循公告和竞标规则的争论,就到此告一段落。宪法委员会的裁定,至少可使该问题在未来几年内不再被

---

① 在法国,条例,是指行政机关制定的普遍适用的规则,类似于我国的行政法规和规章。由总统和总理所制定的规则称为"命令",其他机构所制定的规则称为"规定"。一般用语把这种普遍性的命令和规定称为"条例"。还有一种称为"法令",是指法律特别授权时所制定的特别条例,或者总统在紧急情况时所制定的某些紧急条例。相关内容可参见王名扬著:《法国行政法》,中国政法大学出版社1988年第1版,第139页以下。

争论。

(二) 适用于行政合同签订的法

在行政合同签订中应遵守的法,是那些所有与市场竞争有关的规则。如将某项工程分配给某企业,就必须注意,该企业不得在该行业领域寻求垄断地位,核实该企业与其同业企业之间在竞标中是否串通一气。这种规定,主要是为了反垄断和防止不正当竞争,是为了向"卡特尔"作斗争。在这方面,一些企业是相当精明的。譬如,有关公路这一公共工程承包的三个合同,有三家企业参加投标,在第一号公路的投标中,三个企业,有两个报高价,另一个报低价;当第二号公路投标时,还是两个企业报高价,一个报低价,但与第一号公路投标时的报低价企业不是同一个企业;当第三号公路投标时亦是如此。但每次报高价或低价的企业都不一样,市政府每次都将工程交给最佳报价的企业,与之签订合同。但是,最佳报价只是相对于企业而言,而不是相对于市政府而言的。所以,在实践中就要注意防止出现此类串通现象。在行政合同案件中,竞争法官就要对这种情况进行审查,从而对此种现象加以抵制。但在实践中,企业还有更狡猾的做法。如,三个企业都报高价,市政府无法在三个投标中分标,这样就迫使市政府必须增加合同的金额,企业却因此可增加盈利额度,这种盈利的程度甚至超过市政府的想象,从而使得正常运转的市场秩序受到严重扭曲。基于此种情形,就需要有竞争法官从合同的签订阶段开始,对这种扭曲市场竞争的行为进行制裁。有关市场竞争方面的规定已收入商法法典第四册,这类规定是适用于行政合同鉴定阶段的法规。

三、法官对行政合同签订案件的处置

(一) 行政合同诉讼的新发展——关于行政合同的撤销问题

根据法国行政法,不能在越权诉讼法官面前要求撤销合同本身,这是 1905 年的一项判例确立的规则,我们可以大胆地推测,这一判例所确立的规则即将消失,但该判例至今还在引用,这是基于遵守先例的传统——即在传统的越权诉讼中,当事人不能要求撤销合同,但是可以要求撤销"可与合同相分离"的行为(或文件)。这种行为或文件,可以是招标委员会关于分标的决定,也可以是市议会关于签署合同的决议(允许市长签署合同的文件)。这类决定或决议,在法国是一种可与合同区分开来的行为。实践中,行政法官还将这种与合同相区分的行为规定得更为细密,而且还将无权签字的行为视为"可与合同相分离"的行为而予以撤销。所以,行政法院存在不少要求撤销"可与合同相分离"行为的案件。行政合同不可撤销,但与行政合同相分离的行为却可以撤销,这使得行政合同效力问题在理论和实践上都存在着困扰。故而,1905年的这项判例确实应该被废止了,而且,行政审判实践业已一步步地向撤销合同靠近了。

现在,行政法官已经可以撤销行政合同中的规章性条款。规章性条款可对合同当事人以外的人(即第三人)产生效力或影响,如,关于时间上的条款规定(如公交运营时间)、关于工程可使用材料的品质规定等。但定价条款不具有规章性效力,定价条款纯属合同双方当事人缔结的条款。因而,合同双方以外的第三人可针对合同中的规章性条款起诉,要求撤销这些规章性条款。

第二种可要求撤销合同的情形,也是大量出现的撤销合同的情形。这种情形与省长有权提起行政诉讼相关。在20世纪80年代的法国,国家包揽一切,从1989年开始,国家将权力下放,将原由中央行使的权力转移给大区和地方(当然,此种改革并不影响法国国家的性质,它依然是中央集权的国家而不是联邦国家)。一个具体的明证就是:在地方上,代表国家的省长具有向行政法院提起诉讼的权力。在这一提起诉讼的权限中,不仅具有越权诉讼的提起权,而且也包括对行政合同本身提起诉讼之权。私人或企业无权要求行政法官撤销行政合同,但省长却有权要求行政法官撤销合同。不过,在行政法官的眼里,省长要求撤销行政合同的起诉,事实上仍然是一种越权诉讼。当然这也面临着一个问题:假如省长要求行政法官撤销合同是一种越权之诉的话,那么,其他人(因为其他人皆可以提起越权之诉)也可以向行政法院起诉要求撤销合同。因而,不宜将省长提起撤销行政合同的诉讼作为越权之诉来看待。

行政合同被撤销，可以基于如下一些理由：

(1) 不遵守公告和竞标规则。

(2) 合同的有关条款违反公序良俗。当然，在这里公序良俗是一种广义上的概念，其目的在于使经济正常运行。

(3) 违反程序性或权限性规则。这一原因往往非常诡异，它反映了国家与地方、私人之间的微妙关系。这一原因主要与合同的签署权限有关。省长代表国家，对地方政府签署的行政合同有权进行检查监督。如，一项有关工程的合同，要经过公告、投标招标、招标委员会(市议会下的)对投标人的情况进行审核、选择投标人、市议会开会讨论决定、之后作出一项授权市长签署合同的相关决议等过程。但是，经历这些过程还不够。因为，让市长在合同上签字，也就必须让市议会签署相关的文件，但这一文件必须先提交给省长，省长可以据此审查相关的公告、招标投标程序等是否得到了遵循。当然，这是理论上的程序。实际上，在省政府中，设有专门负责合同合法性审查的机构，这一机构忙得不可开交，但仍不能对全部行政合同进行全面细致的审查。如果严格按这一程序进行审查，还是可以发现行政合同中存在的若干问题的。

(二) 诉讼程序上的应对

在越权之诉中，法官可以作出撤销判决。但是，其撤销的是"可与合同相分离的"行为，而且由于诉讼程序的原因，往往要等到一两年后才可判决撤销，但是此时行政合同早已执行。可见，"可与合同相分离"行为的撤销，很难发挥对合同进行干预和审查监督的作用。如需要在马路的两边安装路灯，合同签订后，突然有一天有人起诉，但是合同已开始执行，路灯也已安装了一部分，等市议会的合同授权签字决议被行政法官撤销后，我们可以预测这一判决会带来什么后果？因为撤销判决具有溯及力，决议被视为自作出之日起即不具有效力，因而合同也会被归入无效。那么，此时总不至于拔掉路灯吧？所以，为了解决这一难题，在行政法院的体制中设置了两种新的法官，以紧急审理方式受理案件。

这种以紧急审理方式开展审理的法官,包括合同前的紧急审理法官与暂停执行的紧急审理法官两种。二者之间的差别在于:合同前("预合同")的紧急审理法官,不对合同内容的合法性进行审查,只对程序上的合规(章)性进行审查,其受理的案件范围不及越权诉讼法官受理案件的范围宽,裁定所援引的理由也相对较窄。但是,紧急审理法官却是有完全管辖权的法官,他不仅有裁定撤销、驳回的权力,而且还有修正(变更)权。当受理合规性之诉时,可审查合同中的具体条款,对于合同中的那些不合规(不符合规章性规定)条款,可以予以取消,但是整个行政合同的其他程序还可继续进行。这种权限,无论是对投标人还是对落标人而言,都有好处。因为,取消那些不合规章的条款后,剩下的就是符合规章的内容。

作为另一种紧急审理的暂停执行法官,与越权之诉法官相比,其无权撤销"可与合同相分离"的行为或者合同,却可裁定中止合同的执行。与合同前的紧急审查具有共同点:与前者相比,都是紧急审理法官,程序简略;二是权力行使到合同签署之后,裁定一直延续到越权法官作出撤销裁定。合同签署之后,则进入到越权之诉法官审理程序。因而,两种紧急审理程序,都必须要求在程序上快捷,而且必须在合同签署前作出裁定。

四、法官对行政合同执行及解除案件的处置

一般来说,行政合同只针对合同当事方,因而有关合同执行的案件的起诉,合同之外的第三方无权要求执行合同。有关合同执行的措施,既不能被撤销,也不能被暂停。唯一与合同执行相关的措施,就是支付赔偿。换言之,对于合同执行案件而言,不能通过撤销的方式结案。

由于行政主体不仅是作为合同缔约一方,而且还是行政主体,拥有与其地位相应的行政权能。因此,基于公共服务的连续性(不间断性)原则等理由,法官可以承认行政主体单方面改变正在执行中的合同的权力。但是,另一缔约方当事人拥有获得补偿的权利。即使在法规没有规定或合同文本没有规定的情况下,也应赋予企业享有补偿的权利,

否则，就可能导致合同上的经济财务不平衡。尽管行政部门可以享有单方撤销合同之权，但即便行政部门没有过错，行政部门也同样需给予另一缔约方当事人补偿，因为缔约当事人有获得补偿的权利。

问与答

1. 国家行政法院作为终审法院如何审理行政合同案件？

国家行政法院作为行政案件的终审法院，其审理仅限于行政合同的法律适用问题，而不对事实问题进行审查，故而在国家行政法院对案件的审理中，当事人不得提出新的证据。国家行政法院对上诉行政法院的裁判可判决撤销，但一般情况下，国家行政法院只是将案件发回重审。在国家行政法院，由第七庭负责对行政合同案件的审理。

2. 国家行政法院既是最高行政审判机关，又是政府的咨询机关，如何才能做到公正审理相关行政案件？

行政法庭的职能越来越司法化，上诉行政法院也只具有唯一的司法职能，但国家行政法院仍然保留着双重角色：既是建议者，也是法官。如何处理这种双重职能的冲突与矛盾呢？在国家行政法院内部，应尽量避免二者出现矛盾。譬如，关于公共采购法典，是经过国家行政法院咨询后提出的政令。为了避免可能发生的不公正，在咨询阶段，对于未来可能涉及案件审理的人员，就不让其参加到咨询之中。不过，对这种情况，不知道欧洲人权法院是什么态度，是否会认为国家行政法院保持了中立性？目前，尚无人就国家行政法院的这种双重职能的冲突与矛盾诉诸到欧洲法院。

3. 何为"利害相关"？

譬如，家庭卫生部长发布一个有关避孕药的携带与使用的通令，该通令只针对女生，那么女生的家长就可起诉，而男生的家长就是无利害相关人。又如，对全国性的政令，纳税人无权起诉，但纳税人（因是处于该地域中的人，因而就具有"利害相关性"）对地方议会关于纳税的决议则可以起诉。这没有理论上的理由，只是实践中的做法。若市长不对议会的政令提起诉讼，公民可代为起诉。

4. 判决书的构成部分及相应字数？

行政法院的判决由三部分构成：第一部分，法律援引的列举（大概1页）；第二部分，理由，即法官的推理（从5行到2页不等）；第三部分，主文，即裁定的内容（大概三行字）。判决书大约2—3页。行政法官的判决确实简短，陈述理由部分也很简略，法国的判决书与欧洲人权法院的判决书很不相同（欧洲人权法院的判决书的理由部分可多达80页纸）。

第三节 行政合同与责任制度*

一、引论：责任制度的多样性

在大革命之前,"国王不能为非"的原则盛行于法国。因而在王权时代,政府是没有责任的。但是,从 19 世纪开始,政府开始承担责任。这是由一个很小的案件引起的。这一案件是由一个小孩被国有烟草公司的车撞伤所引起的案件。基于该案件,当时权限争议法庭裁定,确立了国家的一般责任。该裁定是在 1873 年由布朗特法官(他是行政法方面的创始人之一)所作的裁定,该裁定包括三条原则：第一条原则是关于公务员过错的国家责任；第二条原则是国家责任属于一种公法责任,而公法责任不同于私法责任；第三条原则是这些问题都应在行政法院的管辖范围内予以解决。自此以后,行政部门逐渐承担责任,有责逐渐替代了无责。

一般情况下,行政部门有过错就应当承担责任,但在某些领域是需要有严重过错才承担责任的,如警察、税务、急救、消防和医院的某些护理领域。除这些特殊领域,在其他领域只需要有一般过错就应当承担责任。自布朗特裁定到 20 世纪初,地方政府开始采用合同方式,在合同领域中适用准过错责任(即由于对合同理解错误而造成过错的责任)。

在此之后,除过错责任制度外,又开始出现了无过错责任制度。国家行政法院在 1895 年的卡媚裁定中确立了无过错责任原则。卡媚裁定是国家行政法院在卡媚案(Cames, CE 1895 年 6 月 21 日)中所作出的裁定——国家应对公共服务领域的风险承担赔偿责任。卡媚是一个

---

* 本节内容根据法国行政合同系列专题讲座的第十二讲的记录整理而成,主讲人系巴黎上诉行政法院"政府专员"维克多·哈伊姆(M. Victor HAIM)先生。

国家兵工厂的工人,在工作中发生了一次意外事件,手部遭到粉碎性骨折,但过失不在于其他任何人。最高行政法院允许这个工人向国家提起赔偿请求,并认为国家对公共服务领域的雇佣风险负有赔偿义务。这种无过错责任制度,起初的思路只是国家应为其雇佣的人承担责任,后来扩展到公共服务甚至是自愿服务领域,再后来则是通过1919年的一项裁定①确立了因危险作业产生的国家风险责任制度——如果一个政府行为导致了所谓的"周围地区的异常风险",那么一旦风险实际发生,政府就必须准备支付赔偿费。再后来,基于承担公共负担平衡原则,在Couiteaspvs案(CE 1923年11月30日)中确立了这样的责任制度:国家应给予为了公共利益而承担了特别牺牲(即为了公共利益而承受了额外负担)的人提供损失赔偿。

另外,无过错赔偿责任制度的确立也与法律的规定有关。如1983年一项法律在第92条中规定,因行政部门拒绝提供人权保障而导致的损害,由国家承担责任。

二、责任与赔偿权利

民法典中规定的责任制度,既适用于公法人又适用于私法人:① 有过错的责任,① 无过错的责任。无过错责任制度可适用于有合同或者没有合同的情况。民法典的有关责任制度的规定如何适用于公法人呢?这有两种途径:① 明确规定本条款适用于公法人;② 法官适用相关条款及其所引申出来的原则。

在确认合同的责任问题上,应注意行为的合法性与过错责任的关

---

① 这是一项在"一战"后作出的裁定,起因于 Regnault-Desroziersp 案(CE1919年3月28日)。在第一次世界大战期间,军事当局在巴黎郊外的一个居民区旁设置了一个军火临时供应站,1915年该军火临时供应站发生爆炸,造成了相当惨重的生命和财产损失。国家行政法院认为,安置和管理军需品临时供应站使周围居民区中的居民陷入一种异常风险中,因此,没有必要对受害者确立任何的过错。相关内容可参见〔英〕L·赖维乐·布朗、约翰·S·贝尔著,〔法〕让-米歇尔·加朗伯特协助:《法国行政法》(第五版),高秦伟、王锴译,中国人民大学出版社2006年版,第186—187页。

系。责任,由于有过错的事实或者某个违法的行为(或文件)的存在而成立。这种有过错的事实或违法行为,是指由行政部门作出的决定或者由于某个行政合同而形成的文件。在涉及合同的条款项下,对有关责任承担的确认相当困难。根据合同的效力特性,合同只与双方当事人相关,如果合同的签署对第三人构成影响,根据法国法,所有的违法行为皆为过错,但有过错并不一定导致赔偿责任的发生。因此,当事人获得赔偿的权利取决于如下与损失相关的条件:① 必须存在损害结果,即不仅存在违法的行为,而且该违法行为还造成了一定的实际损害。违法行为,并不一定导致实际损害,对于没有实际损害的违法行为,法官甚至可以拒绝对这种不合法行为进行裁判。② 存在与行政决定或过错相关的损害事实。这种损害,或是财产上的损害,或是精神上的损害,但损害必须能够被量化。③ 过错与损害之间存在直接的因果关联。在出现过错的情况下并且符合上述条件时,当事人就有要求赔偿的权利。不过,这种赔偿的权利可能会因为某种法定的事由(如不可抗力)而受到减弱或削弱。根据法国法,不可抗力的判断标准是不可预见、不可抗拒且外在于当事人意志。

三、责任的专属性与合同的吸引力

(一) 行政合同与非合同性责任

责任的归责方式具有多样性,有准过错责任(或者说接近过错责任)、风险责任(如因公共场所的爆炸而承担责任)、合同上的责任、法上的责任(即因法的规定而导致或产生的责任)等。有关合同责任的原则,是必须与合同相关联并只能在与合同相关联的范围内寻求赔偿。如果与合同不相关联,由法律规定而应承担责任的,则属于非合同责任范畴。如,对交通道路上的乱挖行为可给予罚款,这种处罚手段可以对国家公产起到保护作用,如果因此而对道路交通造成混乱的,则应给予相应赔偿。关于这种责任承担,假如肇事方是缔约人,就要承担合同责任;如果没有相关合同条款规定要求必须修复造成的光缆损害,则必须承担罚款责任。例如,邮局与施工单位签订有关铺设地下电缆的合同,一工人在开挖时破坏了原光缆,行政法院认为这应属于合同范围内的责任事项。如果不是根据合同而是根据公产法予以保护的话,对造成的损害必须赔偿,这属于法上的责任。有些公产则受到双重保护,如果对公产造成破坏,不仅要承担赔偿责任,同时还要受到制裁。

合同责任只涉及因合同联结在一起的当事人,法上的责任是因法律规定所引起的法律责任,它不属于合同责任范畴。假如这种规定涉及合同责任问题,只能以不了解合同为理由要求承担责任,而不能以其他事由为理由。

行政合同中涉及的责任并非完全是合同责任,还存在非合同责任。在合同签署之前,只能以"准过错责任"为理由要求承担责任,对法官而言,重要的是要判断合同是否存在。诸如,从何时开始当事人与合同捆绑在一起?谁签字?这涉及权限规则问题;合同如何签订?尤其在公共采购合同中,有专门的程序规则问题;合同签署的是什么内容?有些事项不能作为合同标的,如警察的任务。如果有一项已经签字的合同,但却不是以合法的形式签署的,那么该合同属于无效合同,不产生任何效果,其责任的根源在于它是一种"准过错"。

对于行政合同的非合同责任,有两种可能发生的诉讼:① 想签署合同的人及那些已签署并执行合同的人,都有获得赔偿的权利。对于曾是竞标的候选人来说,主要考虑其获得赔偿的范围问题,他有权要求赔偿为投标而支付的开支费用;假如曾是投标人且将来可能获取标的,其亦可要求赔偿可预期利益。对于已经履约的人来说,其可要求赔偿所得到的好处及预期利益。这是针对合同签署而言的诉讼情形。② 合同之后的诉讼情况。在行政合同中,即使在义务履行完毕之后,还可约定合同之后的责任问题,从而使合同对未来也产生效力。另外,民法典规定了承建商在完成工程之后对其工程承担担保责任。合同完成之后有专门的验收程序,合同可规定在验收之后其继续产生拘束力。验收后,合同还可以存在,因为它有一些保留性条款。工程的维修期限最长可达 30 年,合同在工程完成后还可以继续存在,同时还可产生民法典规定的责任。根据民法典的这种规定,小型工程的担保期是 2 年;楼房和大型工程的担保期是 10 年。因此,在实践中,需要区分对违反合同规定而引起的各种不同责任。如是违反了法定责任,只要确认这种损害发生即可。如果这种责任规定是在合同范围内,法定责任就不起作用。立法者作了专门关于公共工程的规定,法定期限从验收后开始生效。

(二) 行政合同与合同性责任

合同责任,是一种过错责任,而且责任的确认标准非常明确——即是否满足了合同的义务要求。在合同责任范围内,责任是严格的。如在工程合同中,按合同的规定,即使出现少一个螺钉或者油漆脱落等简单过错,也要承担责任。但在法定责任范围内,情形却不同,如建筑工程中,要出现墙体开裂而使建筑物不能使用的情况,才属责任范畴。在合同范围内,只涉及合同责任问题。在缔约前,面临的责任问题是确立合同是否存在;在缔约后,面临的责任只有一个——合同继续存在和履行的问题。总之,只要在合同范围内,就只涉及合同责任。

非合同责任与合同责任并非截然分离,而是存在一定的联系。有些义务尽管合同中没有规定,但如果自然与合同相关,那么,对这种合同没有规定的义务的违反,也可能属于合同责任范畴。例如,在公共服务合同中必须规定相关公共服务的内容以及相关的执行期限,但不一定必须规定有与安全、卫生相关的义务(如不一定规定要遵守公共要求的义务),即便合同中没有规定,按职业伦理的要求也有相应的咨询义务。对行政相对人而言,要遵守超越文字规定的义务(与合同相关的义务),若不遵守就要担责。对于行政部门而言,担责的问题更为复杂。例如,在双方契约中,行政部门也有相应的义务,行政部门所负的义务远远超过合同规定的范围。总的来看,在一个合同中,行政部门有支付的义务,企业有提供服务的义务,行政部门除了合同规定的义务之外还有指导义务。同时,行政部门不仅仅是作为缔约一方当事人而应履行义务,而且还有作为行政主体角色对合同履行有影响的其他合同义务情形。如,国家可对税收进行调整,可以决定某类车辆晚间不能通行,可以运用警察权或者对经济进行干预,从而可能对合同造成影响。所以,行政法官可以对行政部门的指导、决定和执行等方面进行干预,也可对合同的改变、验收等情形进行干预,从而让行政部门承担责任。在行政合同的执行阶段,对价款的支付,行政部门也要担责。除此之外,行政部门还应按其他角色(行政主体)担责。

实际上,行政部门的合同责任可以因如下两个方面而产生:一是过错,不遵守合同规定。二是无过错,如果是由于国家或行政部门的决定而对合同产生影响,就要承担无过错责任。

谁能对行政合同提出诉讼,谁应承担合同责任?显而易见的是:一是行政部门,二是当事人。能向对方提出责任请求的人,是利益受损方。当然,在实践中,并不必然都如此。如,对行政部门来说,可能因法定的原因或者是权限转移的原因(地方分权),来行使起诉权。在1982年、1983年就将有关初高中事务分别转移给了省和大区,这是有法定权限的转移,对合同双方都有效力。又如,创建新城市这种情形在巴黎周围常出现。一些小市镇往往联合起来处理一些共同的公共事务,如签订与垃圾收集有关的合同,这样由于市区区划的变动权限转移于另一个市政府,从而对合同产生影响。行政部门可以一种合同方式将某项工作委托给第三者,此时,受托第三人替代行政部门来行使某项工作。如,公共采购合同委员会属于公益性质机构,其作用相当于采购的合作社。若签订某项公共采购合同,行政部门可以到其处订货,而不需要通过公共采购,从而可以达到节约的目的。又如,承包业主的委托业务,要求地方政府完成交易,由于小的市镇在法律上无能力承担业主的管理,就将这种管理事务委托给国家,那么承担责任者不是委托方(市镇)而是受委托的交易人(国家)。企业也存在同样的情形,企业可形成集团和联合体,可以作为行政合同的对话者。因而,诉讼或责任,既可产生于行政部门,也可产生于企业。另外,还有法律规定的代位责任,造成损害的由保险公司担责。合同一方因另一方而受损的,由保险公司提供赔偿,然后再由责任肇事者赔偿。

哪些人受合同责任制约?一般来说是行政部门或缔约当事人。但有时情况很复杂,如一个公务人员是合同的实际缔约人,同时他还是行政部门中的一个成员,但他不是能够独立担责的负责人,那么他就不受合同责任的约束,合同责任只能由负责人承担。如果缔约当事人是行政部门的供货商,谁是供货商谁就是责任承担人。

在这里,主要想说明的情况是,一些与合同条款相关的义务,如公共服务的履行,应在规定期限内且按现行的规范标准来加以履行,这些规定都是通过合同的附件加以明确的。只有相关人与该义务履行相联系时,才成为承担合同责任的人。如建造某公共建筑物,涉及建筑设计师、行政部门、参与建造(如基础设施、管道安装等)的企业等多方当事人,对于每一个与合同相关的企业来说,都可将其事务转包给第三方(如对于供货和服务等事务而言,可以有几家企业参加,还可分包)。如果该建筑是在同一个建筑设计师领导下,并由所有参与的企业以及分包商共同建造而成的,假如该建筑物存在不当之处,就可以对其中的一方或者两方(设计师与承包企业)都提出担责请求;假如因建筑设计师设计或领导不当,就由建筑设计师担责。对于承包商来说,如负责水管安装的企业可能将安装暖气的事务转包给了第三方,而行政部门发现工程质量存在问题的部分正好是应由供暖企业负责的,在这种情况下,行政部门能否对这些负责基础工程的企业追究责任?还能否向这些分包企业追究责任呢?对于这种情形下的责任追究,是依据合同的规定进行追究的。承包商与分包商还受到私法的制约,如果损害是由分包商造成的,则先由行政部门追究承包商的责任,承包商可再向私法法官提出追究分包商责任的请求。

四、赔偿

(一) 赔偿与报酬

行政合同的赔偿原则是,对造成损害的后果有过错的,必须予以全部赔偿,不能以别人的损害行为为自己应承担的责任开脱。只有在以下两种假定的情况下,才可构成免责的理由。一是过错可归咎于另一方当事人;二是能证明外在的不可抗力,且该不可抗力与损害后果存在因果关系。不可抗力,即不可预见的障碍。如果因不可抗力而导致工程工期延误的,行政部门还必须予以相应补偿。

对于损害后果,行政部门不能放弃对任何缔约当事人进行赔偿与补偿的主张,或者说不得拒绝应获得的赔偿与报酬补偿。这里所说的行政部门是指地方政府和公益机构,而不包括国家,国家可以放弃针对损害后果的相应赔偿与补偿的主张。

(二)赔偿方式

无论是在公法中还是在私法中,因违约而承担责任的形式均体现为金钱赔偿。赔偿,还有两种变通方式:① 做(履行行为义务)而不是付钱,但这只对企业有效,对建筑设计师则不适用;② 提供补偿作为抵销(对价)。

赔偿涉及若干方面的问题:诸如本金利息问题;可预期利益的赔偿问题,可预期利益也属损害赔偿的范围;还需要厘清各种各样的损害情形,从而确定是否赔偿——如损害必须实际存在、必须可以量化;是直接损害还是间接损害;是物质损害还是精神损害等。

问与答

1. 在行政合同中,是否可将法定责任也规定其中?如果这样的规定被违反,是属于合同内责任还是法定责任?

在行政合同中,如果合同将有关法定责任具体规定其中,那么,合同内责任与法定责任之间就存在重合之处。对于这种情况,行政法官必须选择其一。律师可能选择以一个责任为主而以另一个责任为辅的思路,这样就可以通过两种规则来解决责任问题。如建造高速公路,法规规定担保期10年,而合同规定15年或20年合同责任,就存在一个重合的问题。

2. 对行政合同中的损害如何确定?

当在行政法官面前向对方主张赔偿时,要确定发现损害(如工程缺陷)的日期。行政法官裁判时,在损害问题的考量上较为简单,其只考虑涉及合同当事人的损害,但普通法官则要考虑到各种损害。对行政法官来说,损害的情况可以是确定的,除非合同双方有根据(如发票)且能够无异议地对损害情况加以确定,损害情况由专家来评估。损害的评估专家要根据实际损害和可能的损害两方面进行评估,而且还要考量因执行不当所导致的开支增额。

3. 精神损害的赔偿是如何确定的?

精神损害的赔偿由以下几个参数决定:行政法官的理念;恰到好处的赔偿(因为赔偿的金额属于国家公款,而公款是不能随便花费的);结合整个案件的情况,考量当事人是否真正受到了精神上的损害;在当事人的赔偿请求中,精神损害赔偿部分是否已经考虑于其中。作为行政法官,维克多·哈伊姆对精神损害赔偿采取如下态度:当事人对精神损害的赔偿如果要少了,而法官认为则应该多给些,但是在判案时法官仍然会按他的要求判付赔偿;相反,如果当事人的要求高了,法官则可能少判些给他;如果他没有提出精神损害赔偿要求,法官可能适当判付一些给他。精神损害是无价的,金钱的赔付只是使其减轻痛苦的方式。精神损害的赔偿并不是某个法官独自判决的,它是集体合意(在上诉法院至少有三个法官,每个人的感受不一样)的产物,这样可以淡化可能存在的主观上的原因。赔偿的数额并无法定的标准,但大体的标准是一致的,因为行政法官判案是以先例为依据的,不同的法官在作出精神损害赔偿判决时都可能与先例接近。

4. 在中国有所谓的"执行难"问题,在国家赔偿上同样也存在着金钱支付上的难题。那么,在法国,赔偿是否也存在执行难的问题呢?

在法国,不存在赔偿支付上的难题。赔偿判决作出后,赔偿金即交与公共会计,由公共会计直接将赔偿金额转到被赔偿人的账上。对于法人来说,赔偿金的来源并不是问题,有问题的是国家尤其是地方。如果地方无钱赔,省长可以命令地方通过提高税收来赔偿当事人,这是一种筹款方式。但税收来源于纳税人,其筹集受时间限制,因此,为了赔付受损害人,通常先由地方借款支付,后用税收偿还。赔偿款项如何划到受损害人的账户呢?国库中有个专门的单一账号,由公共会计负责管理,用于国家的赔偿支付,地方也委托公共会计管理。通过公共会计先将赔偿金支付给当事人,如果赔偿款滞纳,银行会自动增息。

5. 公法合同与私法合同存在哪些主要区别?

公法合同与私法合同的本质区别在于:私法合同的本质是契约自由,而在公法合同中,合同在作出之前可强求行政部门必须做出一些程序，而不强求企业；间接的区别在于：公法合同由行政法官行使裁判权，不过，在法律适用上也许可能适用同一个法（行政法官可适用私法，普通法官也可适用公法）。

6. 撤销行政部门作出的决定，是否导致因此而形成的合同也自动被撤销？

在当事人请求下，法官可撤销具体的行政决定，但这并不意味着其所根据的法律文件或合同自动失效，法官也可要求行政机关撤销所依据的法律文件或其他依据。

下 编
法国行政合同实务

行政合同之一:
关于休闲娱乐中心的设计、建设和经营的特许权协议

埃纳省议会

L'Ailette 游乐场
关于休闲娱乐中心的设计、建设和经营的
特许权协议

公用事业委托书（参照地方行政机构基本法典
自 L.1411-1 以后的条款）
2003 年 9 月 9 日　星期二

（封面）

目 录

第一章 总则
第1条 授权目的
第2条 授权定义
第3条 授权期限
第4条 未来授权中规定的土地、建筑物、设施、设备安装及相关器材
第5条 授权产业的所有权条例
第6条 总指挥委员会

第二章 工程授权后的设计方案
第7条 研究工作的实施
第8条 研究工作的交流
第9条 预先研究工作实施的期限

第三章 工程授权后的实施
第10条 技术档案
第11条 工程的实施条件
第12条 工程期限
第13条 工程验收
第14条 开放日期

第四章 养护工作·房屋维修工程与场内设施的更新·工程开发中授权的设备与器材
第15条 新型设施在休闲娱乐中心开发过程中的安装
第16条 场内设施的保养及维修,授权开发中必需的设备与器材
第17条 设备和器材的更新
第18条 开发过程中特许权享有人制定的工程条款
第19条 授权开发的场内设施的外观、周边环境及附属建筑物

第五章 工程开发
第20条 总规章及治安条例
第21条 运行

第22条 发展

第23条 新闻报道和广告

第24条 内部规章及价目表张贴

第25条 分包

第26条 合同的放弃

第27条 特许权享有人的责任

第28条 保险证明

第29条 开发条件的变更

第六章 财务规定

第30条 特许权享有人的融资

第31条 授权委员会费用分担

第32条 特许权使用费

第33条 门票费用的确定

第34条 税费

第七章 审核

第35条 工作报告

第36条 授权委员会审核

第八章 制裁

第37条 经济制裁

第38条 强制制裁

第九章 委托书的终止

第39条 撤销

第40条 失效

第41条 公司的司法清理

第42条 省议会收回授权财产

第43条 省议会收回特许权享有人权利的约定

第十章 若干条款

第44条 命名

第45条 职位

第46条 人员的续用

第47条 争端的调解

第48条 （为履行协议）住所的选定

简　介

　　为了满足人们在休闲娱乐及体育活动方面的需要，埃纳省议会决定参照地方行政机构基本法典自 L.1411-1 以后的条款，实施一项公共事业委托程序，以保证 l'Ailette 游乐场内特殊设施安装工程的完成。

　　在这项工程中，授权委员会所追求的目的主要在于：

> 埃纳省国土资源的经济发展。

> 埃纳省国土资源的旅游发展，并力图使该发展规划体制化。

为了迎接源源不断的客流，本游乐场有责任发展成为本地区、整个大区内，乃至全欧洲范围内的旅游胜地。

　　省议会希望即将实施的该项规划能充分体现埃纳省的美好愿望，即埃纳省将被建成著名的旅游目的地并获得由此带来的全部权益。

　　为了取得经营管理上的最佳结果，该规划活动应当由在该领域有切实丰富经验的法人来组织和管理。

　　为此，省议会于 2002 年 12 月 20 日审议了关于将 l'Ailette 游乐场建设为度假村的发展方案和方针。在经过了 2003 年 2 月 17 日议会审议及 2003 年 1 月 24 日技术委员会的会议讨论后，议会确定了授权管理的原则。在这项原则下，该休闲娱乐中心的设计、建设及开发工作将在未来的度假村选址处展开。

　　遵循地方行政机构基本法典自 L.1411-1 以后的条款的规定，埃纳省议会于 2003 年对该公用事业委托程序进行了招标。参照地方行政机构基本法典 L.1411-1 条款的规定，授权委员会与前来投标的 PIERRE ET VACANCES 公司展开了洽谈。

　　根据 2003 年 11 月 30 日议会审议的决议，PIERRE ET VACANCES 公司的投标工程获得了通过。该公司在提议中所描绘的休闲娱乐中心的基本特点受到了授权委员会的青睐。

　　考虑到该工程的规模以及建设公用事业的目的，还需要一笔政府投资以保证休闲娱乐中心在财务上的持久平衡。

议会的拨款将用于这样一个优质的休闲游乐场所的创建,在埃纳省所选择的优良场地也证明了这一决定的正确性。

以最有利于接待游客的到来为原则来制定开放时间和时段,公用事业部门据此制定每日游玩和暂住的方案。

省议会希望以授权的方式,使这项由 PIERRE ET VACANCES 公司承担开发工作的公共事业能够依照议会制定的标准,有能力满足使用人对于旅游和体育运动方面的需求,而并不仅仅局限于休闲中心的娱乐性特点。

为了最合理地使用政府投资款项以保证今后几年中休闲娱乐中心的协调开发,省议会希望通过这项协议,在预定的期限内以预先商定的方式向 PIEERE ET VACANCES 公司托管该中心在 l'Ailette 选址处的设计、建设和开发工程。

根据指示,休闲娱乐中心的开放预计在 2007 年 1 月 1 日。

在签字人之间，

　　埃纳省议会，位于 Paul Doumen 大街，LAON 02013 Cedex，由现任主席 YVES. DAVDIGNY 先生代表，依据议会的审议于 2003 年 11 月……日正式被赋予法律能力。

　　下文称为"省议会"或"授权委员会"或"特许委员会"
　　一方当事人

　　和 PIERRE ET VACANCES 公司，公司资金 34 005 000 欧元，注册于巴黎 RCS 316580869 号，总部位于 L'Artois. ESPACE PONT de Flandre，Espace Pont de Flandre，巴黎 Cambrai 街 11 号 Cedex 19，邮编 75947，由董事长兼总经理 G'erard BREMOND 先生代表，依据管理委员会于……日的审议

　　下文称为"特许权享有人"或"受托人"
　　另一方当事人

　　下文将二者合称为"双方当事人"

下文中已确定：

第一章 总　　则

第1条　授权目的

1.1　埃纳省议会授予特许权享有人独家经营权来设计、建设和开发该休闲娱乐中心。该休闲中心邻近水泽，游客们全年都可前往，那里特别包括：

- 娱乐和休闲设施。
- 体育运动设施。
- 商店及其他餐饮设施。

授权委员会希望将该中心建成为一个以娱乐和体育运动设施为特色，广大民众愿意前往逗留一天或几天的场所。

1.2　在遵守以上条款的同时，有关授权的概念性内容将于授权协议书签字的八个月后，亦即在休闲娱乐中心的设计研究和内容确定工作完成之后，按照双方当事人的约定，以办理附加条款手续的方式补充完整。

该项附加条款将使埃纳省议会就此概念达成的协议形式化。若附加条款内容中没有达成任何协议，那么现有的这份协议将可以在任何一方当事人的提议下正当废止，且任何一方都不能要求相应的赔偿金，除非能证明有一方当事人在本次附加条款协商中缺乏诚意。

今后，双方当事人可以通过办理附加条款手续的方式对共同协议中的概念进行更改。

1.3　特许权享有人承诺将把度假村建成享誉整个地区、全国乃至全世界的旅游胜地，而休闲娱乐中心应当成为未来度假村中最吸引人的地方。

第2条　授权定义

议会在向特许权享有人授权 l'Ailette 休闲娱乐中心的设计、建设和开发工程的同时，也承诺向其交付所有不动产的支配权（附录1）

现行协议中规定，在若干情况下行政部门有控制权，授权委员会保留该控制权。并且授权委员会可以从特许权享有人处获得所有必要的信息,以实现其在未来合同中规定的权利和义务。

负责休闲娱乐中心设计、建设和开发工程的特许权享有人依据合同进行操作。特许权享有人被准许向公用事业使用人收取酬金,以补偿其由于投资、开发及承担的所有义务而支出的费用。特许权享有人提供经过授权的服务并独自承担一切风险。

第3条 授权期限

现有合同的期限为:自"国家代理人"通告生效之日起往后推算的30年,以后期限的延长必须在与地方行政机构基本法典 L.1411-2 条款不相违背的前提下才可实施。

第4条 未来授权中规定的土地、建筑物、设施、设备安装及相关器材

4.1 在不与下文第5条相冲突的情况下,将被纳入授权范围的有:

(1)现有的土地及纳入度假村周边区域的属地。记载该项目的清单将被列入未来的协议中(附录1)。

特许权享有人在以下情况下才能接收土地:预先获得主管委员会作出的土地调查结果,埃纳省议会对该调查的技术性结论提供担保,同时还保证在符合有关方面规定的前提下,休闲娱乐中心能够获得具有普通接待条件的房屋建筑许可。

根据规定计划保证特许权享有人必须无一例外,完全地接受这些土地,除非在调查中发现有以下不可补救的问题存在:可能存在的瑕疵、疏忽和/或不完备的因素。特许权享有人将单独负责与该地建筑批准相关的其他具体性调查的结果,并且亲自负责该事务,这对于符合该休闲娱乐中心用途的设施的建设也是必要的。

授权委员会将向特许权享有人交付以下文件:

➢ 土地丈量员测绘和地形标图。
➢ 与该地区相对应的地役权及城市规划规章。
➢ 由 PLU 起草的预测到的各种因素。
➢ 土地的定界。

> 进入休闲娱乐中心的价格标准。
> 表面施工前准备工程所需的条件(该地区与各电网的连接、污水排放系统、饮水系统等)。

授权委员会交付这些土地的所有权,被理解为特许权享有人使用权生效的开始,它必须发生在以上所有内容被交付之后。所有权交付的同时,还规定,工程的发展过程中必须考虑到地势和自然的因素。如果授权委员会有意,那么一份关于授权给特许权享有人的土地的状况说明文件将被起草,费用由授权委员会承担,并于文件取得之日以双方对审的方式被拟订,随后列入现有协议中(附录2)。

(2)记录有建筑物、设施及设备安装的清单将被列入附录(附录3),清单记载的项目将在中心建设和扩大的过程中由特许权享有人购得,转入中心内,搭建或安装于固定地点。

与此相关,在中心对外开放前,双方当事人须共同承担费用,经由行政机构有关程序,提供土地状况说明和财产说明清单,并最终列入现有协议中(附录4)。土地状况说明和财产说明清单需在相同条件下于中心开业后的第8年、第15年、第20年、第25年及第29年被更新。如果协议被废止,那么在废止后的下一个月被更新。

4.2 土地所有权的交付

所有权的交付将于特许权协议签订之时生效,但预计省议会希望保留控制权直至2005年9月,以保证在游乐场内现有地势上实施的工作能持续进行。

如果由于某种原因,中心建设所需的土地不能于以上预定的期限前交付,未来的特许权享有人将能够正当地废止现有合同。

授权委员会必须就此向特许权享有人交付一笔赔偿金。只要特许权享有人能够证明赔偿金额的合理性,那么赔偿金额就应与特许权享有人截至协议废止之日投入的全部开支及各种直接和间接费用相当。

4.3 进入通道

授权委员会向政府及国土管理委员会承担和实施所有的项目,以便于中心开放之日,政府有权从预留通道进入,并拥有相应的公路信号以保证其在协议期间的自由出入。

第 5 条 授权产业的所有权条例

5.1 返还的产业

现存于现有协议附录中的土地仍保留由授权委员会所有并被视为授权产业和返还产业的组成部分之一。

土地被视为授权终止时无偿返还给授权委员会的对象。

5.2 收回的产业

被视为收回的产业有：建筑物、设施、安装的设备和器材。

➢ 在现有协议存续期间由特许权享有人购得、运入、搭建或安装于指定地点的。

➢ 特许权享有人为所有人。

➢ 专门且仅与授权的公共事业有关。

➢ 根据现有协议，无论今后发生何种情况，以上产业在授权到期后仍将必须用作上文第一条中规定的公用事业用途。

只要受托人在协议期间遵循委托协议附件中的规定，按协议预期那样，逐步以至全部收回收资，那么，不论有何原因，在将来协议到期时，以上收回的产业将必须无偿归于授权委员会所有。

未收回投资的建筑物、设施、安装的设备和器材将由授权委员会按预先估算的与它们剩余价值相当的一笔赔偿金收回，如果有必要，授权委员会还将考虑给予一定补助。

在授权协议正常到期的前一年，双方当事人将经全体一致同意而拟订一份有关收回产业的清单。

第 6 条 总指挥委员会

总指挥委员会将在协议期间由双方当事人组成，目的在于保证有规律地跟踪检查和缔约双方间经常地交换意见。尤其在需要办理一项许可或要征求授权委员会意见的时候，会议至少半年召开一次，以定期评估工程进展并商讨有关现有协议的总体事宜。

所有经双方委员会认为值得听取意见或吸收加入的合格人员都可以参加该委员会会议，对有关休闲娱乐中心的设计、建设或开发工程的具体问题提出建议。

为此，双方当事人都必须于会议的 15 天前向对方交付一份会议当天需要阐述的要点安排并确定需要交换意见的有关文件。在特殊的紧急情况下,若双方当事人一致同意,也可召开其他非常规会议。

第二章　工程授权后的设计方案

第7条　研究工作的实施

特许权享有人自付费用实施全部研究工作。不论有关哪一方面,只要对于中心设计,对于中心设施的安装、建设,对于授权地域范围内的开发和发展有必要,尤其是围绕工程主题的研究、土壤研究、工程学研究、中心治理和建筑等相关内容,都必须遵守现有协议的第一条规定。

当某些研究工作涉及专一所有权问题特别是发明专利权,并且对特许权享有人或第三方有利时,在现有协议到期时,特许权享有人或第三方仍需无偿同意省议会继续使用该研究成果,以确保公共事业的持续正常运营。

第8条　研究工作的交流

8.1　在现有协议签字后,授权委员会向特许权享有人交付其所可能拥有的所有文件和研究结果,以体现对于授权范围内休闲娱乐中心的开发和发展工程的关心。

8.2　受托人承诺定期向授权委员会提交以下文件:

➤ 有关双方当事人共同出资的工程、建筑、日程表及草案,如果没有草案,就出具保存前的建筑许可文件。

➤ 如若涉及由特许权享有人单方面出资的工程,省议会的建议只在提交草案时有效。授权委员会应该在接受上述文件后的一个月内,提出可能的谨慎的意见和观测报告。除非在参照现有协议第一条规定时,某些工程出现漏洞需要补救,以上意见和报告必须被特许权享有人采纳;一般情况下只需作为参考措施对待。若超过一个月期限,特许权享有人的提议将被视为默许而采纳。

研究工作和可能的观测报告的提出都是以机密的形式进行,双方当事人须承诺不得将内容泄露给第三方当事人或向他们提供过帮助的机构。这是双方当事人共同的义务。

第 9 条　预先研究工作实施的期限

现有协议规定了研究工作实施的时间表。（附录 5）

特许权享有人负责所有项目的实行以保证在预定期限内研究工作的实施，并且承诺无论如何，研究工作实施的期限确定将足够靠前，以保证休闲娱乐中心最迟在 2007 年 1 月 1 日起正常开放。

第三章　工程授权后的实施

第 10 条　技术档案

休闲娱乐中心的建设所需的技术性规定的总和，即是由双方当事人建立的描述性档案，并被命名为"技术档案"。这份档案将由以下要素组成。

由授权委员会收集的档案和信息：
- 土壤研究
- 城市规划档案

由特许权享有人收集的档案和信息：
- 建筑日程
- 冲击力考察
- 草案
- 建筑许可申请书文件

从已安装好的设施上的以上各种技术因素将最迟在休闲娱乐中心对外开放的半年后，由特许权享有人交付给授权委员会。对于那些在中心开放之后才可能安装的设施，样本将在安装完毕半年后交付。

第 11 条　工程的实施条件

中心内所有工程的建设必须自建设之日起，参照现行规章，按照指定的技术规定来实施。

在工程实施过程中，授权委员会（或其代表）可以在其认为有必要的时机前往现场实地考核，并事先安排妥当以免干扰工程建设。

授权委员会（或其代表）只能向特许权享有人提出考核后的建议，

而非直接告知工程建筑承包人或建筑工头。

建筑工程（或有可能是现有建筑物的拆除）将由特许权享有人实施，并自负一切风险。特许权享有人将以个人名义与建筑师，工程师及承包人签订所有合同。

当工程建设中出现可能由施工造成的损失时，特许权享有人面对授权委员会如同面对第三方当事人一样，以业主的身份单独承担责任。对此，特许权享有人承诺签署一系列必要的保险合同以保证承担此项责任。

如果授权范围内的一系列工程都由特许权享有人负责，那么省议会将承诺在授权范围的边界处牵引与工程开发配套的各种网络系统（饮用水，污水排放，电……）。

第12条 工程期限

预期的建设工程已列入现有协议（附录6），其中还按规定包括了工程开工的日期，今后开工的日期将在协商草案时确定。

第13条 工程验收

在工程验收过程中，特许权享有人应该特别邀请授权委员会参加，不搞形式，参加与否取决于授权委员会。无论基于何种理由，特许权享有人都必须向省议会提供一系列必要的材料。材料需对实施的工程有充分的说明（研究和规划的详情，设备安装的说明，附属建筑物和附录等）。

在中心对外开放的两个月前，特许权享有人为授权委员会组织一次对该休闲娱乐中心的技术访问。

第14条 开放日期

特许权享有人承诺最迟于2007年1月1日起对外开放该中心，但如经双方当事人协商，该期限也可通过签订附加条款而被推迟。

当不能遵守最后期限时，除非是不可抗力的情况，或者不能归咎于特许权享有人的情况，特别是在期限的延迟是由于省议会推迟交付土地的情况下，责任人将被按规定处以每月总额达500 000欧元（税外）的罚款。如果超出最后期限10个月，授权委员会依据第40条，将宣告特许权享有人丧失现有协议中规定的所有权利。

第四章　养护工作·房屋维修工程与场内设施的更新·工程开发中授权的设备与器材

第 15 条　新型设施在休闲娱乐中心开发过程中的安装

对于这些设施的安装,同样应遵循上文第 8 条,包括档案协商和授权委员会意见表达的方式。

特许权享有人必须在授权期间,根据现行的卫生和安全标准,根据授权实施必要的维护或重建工程。

第 16 条　场内设施的保养及维修,授权开发中必需的设备与器材

根据现行的卫生和安全标准,并且遵照由现有协议第一条而衍生出必要措施的规定,所有休闲娱乐中心开发所需的设施、装备和器材都必须由特许权享有人出资,保证其正常运转,并负责维修。

以上所述的这些工程,通常都是直接与授权事业开发相关的养护和维修工作。

协议规定的期限内,所有授权设施的大型维修都由特许权享有人负责,并遵照民法第 606 条进行。

本条款规定的这些工程还特别包括:

➢ 密封工程及屋顶维修。

➢ 有关授权不动产大型工程的因素(墙体与房梁、地基等)或休闲娱乐中心的专门设施。

➢ 所有大型养护和维修工作都标记上"园圃和绿阴"标志。

第 17 条　设备和器材的更新

特许权享有人承诺,遵循第一条的规定,在认为必要或适当的时机,更新休闲娱乐中心设施,使之适应新的需要,以便保持和提高中心的吸引力,引来更多的游客。

第 18 条　开发过程中特许权享有人制定的工程条款

18.1　工程的预先许可

凡有关协议第 16、17 条工程的资金数额等于或大于 1 000 000 欧元的,都将按上文第 8 条规定的方式和条件,预先征询授权委员会意见。该金额为税外金额,并且将在每年的财务年度之初按照国家建筑行业 BT01 全国指数的变化重新估价。协议签订之日使用的参考指数被视作最新的数据。

18.2 工程的实施与考核

本项工程同样遵循现有协议第三章的规定。

第 19 条 授权开发的场内设施的外观、周边环境及附属建筑物

在一年中的任何时候,在休闲娱乐中心范围内,特许权享有人都必须保证该中心良好外观的保养,所有授权设施及周边环境、附属建筑和公共交通网良好状况的保持。

第五章 工 程 开 发

第 20 条 总规章及治安条例

特许权享有人在授权设施的开发和维护过程中,须遵守有关立法和规章条例的规定,凡涉及公用设施,尤其是涉及接待公众的设施的开发和维护都必须遵照治安和安全总条例。

第 21 条 运行

保留单一特许权享有人在经营管理和开发中作出的决定,保证尽可能地使向公用事业使用者提供的休闲娱乐中心的接待设施和器材在数量上最多,并且遵循第 24 条中内部规章所规定的日期和时间的安排。

第 22 条 发展

在最低投资约定之外,保留经济和财务强制的权利,特许权享有人需承诺在保持休闲娱乐中心主题,并遵守现有协议第一条规定的前提下,发展中心内部设施,以吸引更多游客。

10 年内的投资预期表列入附录 7。

第 23 条 新闻报道和广告

出于经营管理的迫切需要并自负一切风险,特许权享有人承诺采用一切必要方式来提高休闲娱乐中心的知名度,此举措同样旨在提升埃纳省形象。

由特许权享有人组织,采用海报张贴、分发传单方式(做广告),都必须遵守国家现行的有关规定,并由特许权享有人单独承担费用。

省议会承诺采取一切可行的办法,在埃纳省各地国土资源委员会的旅游文件中进行宣传活动。

第 24 条　内部规章及价目表张贴

在遵守现行各规章的前提下,特许权享有人制定内部规章计划,以制定与休闲娱乐中心的运转、使用及装备相关的主要规则。本规章旨在保证游客安全并提供最佳服务,将出现在适当的广告张贴中。(附录8)

现行的价目表将醒目地张贴于休闲娱乐中心入口处,便于游客观看。

在遵守现行各规章的前提下,关于规定安全条件和安全疏散的条例也应提交到建筑规章和内部规章中。

第 25 条　分包

本项授权协议基于人的关系而商定达成。

没有授权委员会的明文示意,特许权享有人不得以任何方式,将现有协议中包含的设施、安装设备及器材以分包的形式开发及因此征收相应的公用事业定期费用。

一些从属性的行为(餐饮、商店、游戏……)可以由特许权享有人负责,并预先通知授权委员会,而后在特许权享有人和私人经营者之间达成专门的协议。

第 26 条　合同的放弃

合同的部分或全部的放弃,无论何种方式,根据现行法律的要求,必须事先取得授权委员会的许可,否则立即终止;如果经授权委员会判定认为适当,则可不交纳赔偿金。

授权委员会将同意能够提供资金担保,并有意保证公共事业建设继续进行的新的特许权享有人公司承接工程的开发。

第 27 条　特许权享有人的责任

特许权享有人亲自承担并处理来自工程开发中的风险和争端。

在任何情况下,当特许权享有人在经营管理中出现争端时,都不能追究省议会的责任。

当出现任何形式的事故或损失,面对第三方当事人时,特许权享有人都是唯一责任人。由特许权享有人签订各种保险单,以防范以上各种风险和开发活动中的一般风险,特别是开发遭到的损坏以及特殊的示威游行造成的风险。

授权候选人在其保险金报价中:对于人身保险总数不得低于10 000 000欧元;由于事物或动物造成的损失,保险总数不得低于3 000 000欧元。保险单对动产和不动产都予以保险,并规定了在遇到火灾、雷击、各种爆炸和水灾受险后,保险金必须达到根据折旧率对财产进行更新所需的数额。同时还对于可能出现的租赁风险和针对邻居或第三方当事人上诉的情况提供了保险。

出现损失后,由保险公司赔偿的保险金必须全部用于设施及附属建筑和设备的更新。受损工程的恢复由特许权享有人负责,因此,保险金的清算需由特许权享有人处理,并且不能丝毫影响设施在受损前的价值估算。

受损工程的恢复工作应当在灾害后尽快展开。

第28条 保险证明

所有由特许权享有人签署的保险单,附加条款及保证金证明都应当在正式由保险公司签字后,在签字的当月或更新后的当月,呈交给授权委员会。

授权委员会还可以在任何时期,要求取得周期性保险费交付的证明。

但是,若灾害发生后,保险的程度或金额明显不足时,情况呈报后不能追究授权委员会的责任。

第29条 开发条件的变更

休闲娱乐中心开发条件的变更需通过与省议会的紧密合作而确定。如有必要,根据地方行政机构基本法典L.1411-1及以后条款,与此相关的附加条款将被追加到协议中。

第六章 财务规定

第 30 条 特许权享有人的融资

特许权享有人保证休闲娱乐中心建设和开发所需的全部融资,主要包括:

➢ (技术的、财务的和规定的)研究费用;

➢ 授权范围内必要的土地整治工程,包括公共交通网和各种网络的连接以及与外界网络的连接;

➢ 休闲娱乐中心及附属建筑和设备系列的建筑与安装工程,包括授权范围内的进入通道、进入通道的有关装置、停车场;

➢ 财务费用;

➢ 养护和维修工程;

➢ 整个授权区域内所有公共交通网、各种网络、马路或建筑物覆盖区域的地表的治理和维护;

➢ 平地、草皮铺设、花坛、花园、栽种、栏杆、围墙及其他委托书中规定的建筑与设施周围景致的管理和维护;

➢ 土地与植物栽种的恢复。

第 31 条 授权委员会费用分担

省议会承诺以最高额为 2 590 000 000 欧元的必要投资分担费用,以保证休闲娱乐中心的建设。这笔由协议规定的投资用于设备安装的补助。省议会的费用分担将伴随工程的进行直至中心的对外开放。

根据特许权享有人出具的附带有已支付发票的工程财务状况证明,分担的费用将按季度支付。按照双方当事人最初确定的投资总额,授权委员会规定了应分担费用所占的比例。分担费用支付时按照规定的比例对出具的已支付的发票进行相对应的偿付。这笔补助费用将于已支付发票出具以后的一个月内,以行政汇票的方式进行支付。

考虑到在行政管理规定的期限内,特许权享有人可能遇到周转资金不足的情况,现有协议签字的 60 天后,省议会预先支付 10 000 000 欧元,以保证事先研究工作阶段的展开。

在实施工程研究阶段,这笔预付款最高可调整到 50 000 000 欧元;在工程施工阶段,预付款可高达 400 000 000 欧元。

当出现特许权享有人没有按时交付分担费用的情况时,应付的这笔费用将来还须加上由法定费率规定的缓期支付利息一同支付。

应当提醒注意的是:当由于某些原因,省议会将不能每年向特许权享有人支付保证工程运行和均衡的费用时,由省议会承担休闲娱乐中心经营中的一切风险。

第 32 条 特许权使用费

特许权享有人须向授权委员会缴纳每年的特许权使用费。费用的计算方法和操作如下:

- (在授权地理区域内进行的所有活动产生的毛营业额－由受托人征收的因分包行为产生的各种形式的公用事业定期收费)×3%。

- 第一次缴费将在开发工程的第一个民用年,即使不到一年时间,金额为:(在授权地理区域内进行的所有活动产生的毛营业额－由受托人征收的因分包行为产生的各种形式的公用事业定期收费)×1%。

- 第二次缴纳的费用将达 2%,随后的若干年费用为:(在授权地理区域内进行的所有活动产生的毛营业额－由受托人征收的因分包行为产生的各种形式的公用事业定期收费)×3%。

费用将依据与公用事业相关的财务年度来缴纳,时间在每个财务年度中六月的最后一周内。

第 33 条 门票费用的确定

该休闲娱乐中心对所有公众开放,特许权享有人专门为此实施相应费率政策,因为省议会还希望能够为追求高质量服务的客户群体发展相应的旅游服务。

出于开发计划在资金方面的可行性考虑,特许权享有人将向公用事业使用人提供一种与先前提出的活动,服务及每日进场游玩相比更特别,更适合当地环境的短期或中期旅游服务。

进场费将直接由特许权享有人从公用事业使用人处收取,或者直接在每天进场时收取,或者从休闲中心提供的游玩服务中收取。

每年的费率将由特许权享有人决定并将在费率实施以前呈报授权委员会批准；授权委员会将有一个月期限来以明文规定的形式批准这项费率，逾期即视为默许。

考虑到以下因素，进场费可以由特许权享有人进行调整：

- 提供给公用事业使用人的服务增加了，即由于更换了设施或增加了设施数量，导致预计的或已得到证实的中期旅游服务需求增加；
- 如果出现由于上文第 30 条中所记载的预期的投资或费用增加，而导致进场费不再能抵偿投资费用或不能有效支持开发工程的情况。

特许权享有人还可以收取由于第三方当事人在开发或补充开发工程中使用、居住或租赁休闲娱乐中心内的一处或几种场所、设施或安装的设备而产生的补偿金，公用事业定期收取费用或租金。

上述费率的审核条件以及资金状况的复查将通过一致协商，以附加条款的形式确定下来。

第 34 条　税费

34.1　所有由国家或国土资源委员会制定的，与休闲娱乐中心建设和开发有关联的税费，还包括授权中规定的不动产的土地税，都将由特许权享有人单独支付。

34.2　授权免除增值税，如有必要，在实施现有协议时，按照税务基本法第 216 款第四条附录的规定，授权委员会将授权开发商免除增值税以增加投资。

第七章　审　　核

第 35 条　工作报告

35.1　原则

为了保证休闲娱乐中心开发工作的审核顺利进行，特许权享有人将在每个财务年度末，5 月 31 日前，向授权委员会提供一份包含技术报告和财务报告的上一财务年度的工作报告。

按照约定，财务年度的最后一天定为 12 月 31 日。

此外，特许权享有人还将制作一份评估贸易跟踪检查和休闲娱乐中心市场研究的工作报告。

如果由于未在上文所规定期限内出具上述文件而导致违反合同规定的过失出现，那么将按照现有合同第三章规定的情况予以制裁。

35.2 技术报告

在休闲娱乐中心的开发工程正式启动期间，特许权享有人必须至少就以下指示提供有关上一个民用年开发工程的技术报告：

- 服务人员编制及其资格水平；
- 上一年度的开放天数；
- 已实施的维护工程；
- 总体上必要的改造及预计的工作。

35.3 财务报告

该报告将回顾在上一年度的开发工作中，参照业务领域而得出的总体经济状况；还将以会计报告的形式回顾上一年度工作的资产负债表。

报告包括以下两个要素：

（1）支出和收入的分析：该报告回顾休闲娱乐中心财务年度中开发工程的总体经济状况。它还明确以下两点：

- 支出：上一个财务年度费用支出的性质详情，包括中心运转费用（人事、维护……），投资费用，更新费用和发展费用以及各种费用的变化。
- 收入：上一个财务年度开发工程中的分类收入及其变化的详情。于此需要明确的是：从公用事业使用者处收取的费用[需按照税率的类型和具体活动（餐饮、商店）进行分类]。

（2）结算分析

特许权享有人制作先前各个财务年度关于公用事业开发总体活动的、已经核实的账目。

在上述账目中需使用会计财务制度中已规定的并适用于私人企业的结算账目概念。

该结算账目包括：

> 贷方：归特许权享有人所有的服务收益；
> 借方：专用于开发工程的费用，包括设施和器材的折旧。

开发工程账目的差额表现为工程的盈余或赤字。特许权享有人授权活动的账目应与其可能活动的账目区分开来。

第36条 授权委员会审核

授权委员会可以审核年度工作报告以及上文已述的开发工程账目里提供的有关资料。就此，授权委员会的代理人或授权委托人可以就审核工作要求必要的资料呈交。他们进行这项必要审核的目的在于保证工程的开发是在现有合同规定的条件下实施的，并且授权委员会的利益也得到了保障。审核工作的费用由授权委员会单独承担。

第八章 制　　裁

第37条 经济制裁

在以下情况中，如果在收到挂号信寄送的催告回执15天后仍无结果，除非发生偶然事件或不可抗力的情况，经济制裁及相关罚款将由省议会主席宣读，并收交给授权委员会：

（1）如果特许权享有人没有在预计的时间内向授权委员会偿清以上第30条规定的公用事业定期费用，授权委员会完全有理由按照法定利率增加其拖欠的利息。

（2）如果特许权享有人没有在规定的期限内制作第七章中要求的文件，那么在催告通知发出的第31天起，授权委员会可要求每月3 000欧元的罚款。

第38条 强制制裁

在特许权享有人对待上述规定仍缺乏严肃性的情况下，且在收到由挂号信寄送的催告回执15天后仍无结果的情况下，授权委员会可以采取一切必要措施保证授权公用事业开发的持续进行与安全，尤其可以采用政府临时经营管理的形式，费用和风险由特许权享有人承担。

无论出现何种原因，临时管理将在特许权享有人重新履行其义务后的24小时内中止。

构成严重缺乏严肃性的事实如下:
- 在没有取得授权委员会许可的情况下,出现连续10天或10天以上,反复性的公用事业服务全部或部分中断的现象;
- 长久忽视有关公用事业使用者安全的预防工作;
- 违反现有本合同第一条的声明。

第九章　委托书的终止

第 39 条　撤销

如果总体利益需要,省议会在任何时候都有权与特许权享有人商妥,宣告授权委托书的提前终止。在这种情况下,特许权享有人有权就遭受的损失要求赔偿。

第 40 条　失效

省议会有权与特许权享有人商妥,如果其严重缺乏严肃性(特别是特许权享有人由于自己的过失不能保证提供其依照未来合同规定所应提供的服务,并且时间超过一个季度),那么省议会将有权宣告委托书的失效。违反该项规定,经过相应的催告后,失效期限也不应少于15天。

如果由于可以证实的不可抗力或偶然事件的发生,导致特许权享有人无法履行其义务,省议会不能宣告委托书失效。

第 41 条　公司的司法清理

当出现对特许权享有人的司法清理的情况时,该协议将被正当终止。这种情况下,第三方当事人的权利予以保留,授权委员会将依据第42条规定,无偿收回交付特许权享有人使用的全部产业。

第 42 条　省议会收回授权财产

在不影响上文第5条的前提下,无论是协议正常到期,还是协议的提前终止,一旦协议到期,授权委员会将接管特许权享有人对于建筑物、设施、安装设备、器材以及其他必要的与工程开发相关或不相关因素的一切权利,并且,立即享有中心范围内将要建成的一切设施所带来的收益权。

特许权享有人应无偿向省议会交付：处于良好状态下的建筑物、设备、安装设备、器材和土地，以及已清偿过的完整的优先权、抵押权和物权。为此，在协议到期的一年前，双方当事人将确定和评估与全部授权设施的养护和修复有关的工程。如果双方当事人间没有协议，那么需通过签订协议的方式进行，费用由双方当事人均摊。在授权协议到期前，特许权享有人应该完成相应的工程。如果没有，相应的修复工程的费用将由特许权享有人支付，并且从可能的授权委员会提供给特许权享有人的补贴中收取。

第43条　省议会收回特许权享有人权利的约定

一旦授权协议到期，授权委员会将代替特许权享有人接管其所有权利，并且征收协议中规定的一切收入和盈利。

授权委员会继续履行特许权享有人的义务。范围包括：出租，交易，协议，合同，契约，许可证，即由特许权享有人按照法定程序商定或达成的，符合休闲娱乐中心开发利益的各种形式的义务。

第十章　若干条款

第44条　命名

休闲娱乐中心和度假村的命名，通过双方当事人商议，确定为"埃纳湖区"。

根据明文规定，命名不属于现有协议定义的范畴，省议会有权保留在现有协议到期之时，决定是否继续在中心开发过程中使用该命名的权利。

第45条　职位

应该受到特别注意的是：在工程实施和中心开发的过程中，很难再安插进新的工作人员，人员的进入必须根据国家就业政策的预先安排来进行。

第46条　人员的续用

在协议规定的到期日前的一段足够期限内，省议会和特许权享有人将密切沟通，以考察相关人员的职位和可能的续用。而且应当明确的是，就此必须遵循劳动法 L122-12 条款的规定或其他现行的法律法规的规定。

第47条 争端的调解

47.1 如果在授权委员会和特许权享有人间出现纠纷,并且在授权委员会内部没有达成共识的情况下,原告一方当事人要在诉状中阐述纠纷的缘由,以及原告认为由此造成的管理技术和财务上的后果。诉状将通过带有回执的挂号信传达给另一方当事人。但是,即使有纠纷的存在,在任何情况下,特许权享有人还是必须履行现有协议中规定的义务。

47.2 从收到诉状之日算起的一个月期限内,另一方当事人需向特许权享有人提出调解纠纷的建议。在此期限内,若对方没有回音,则被视作拒绝此建议。

47.3 如果一方当事人不满意于另一方当事人提出的建议,他应当在此决定作出后的一个月期限内,以暗含或明示的方式,向三人组成的调解委员会请求审理此纠纷。

47.4 就此,双方当事人均有一个月期限各自委任一名调解人。如果在此期限内没有任命,那么,一个或一个以上的调解人将按照申请最频繁的一方的要求,由相关的辖区的行政法庭庭长任命。由此命名的双方调解人要在15天内协商一致,任命调解委员会主席。如果在此期限内未协商一致,同样由相关的辖区法庭任命调解委员会主席。

47.5 委员会一旦组成,就有一个月期限调解双方当事人的纠纷,依法向双方当事人获取所有的相关信息,并向他们提出有书面和解规定的解决办法。

47.6 如果在向双方提出解决纠纷的建议后的一个月内,调解委员会没有得到双方当事人的赞同,或者在一个月期限内,调节解委员会没有提出调解建议,纠纷将按照申请最频繁的一方的要求,呈报给辖区的行政法庭。

第48条 (为履行协议)住所的选定

特许权享有人(为履行协议)选定的住所在休闲娱乐中心内。

成文于 LAON,一式三份,2003年11月30日

埃纳省议会   PIERRE ET VACANCES 公司
主席: 董事长兼总经理:

行政合同之二：
关于拉德芳斯区供暖网与空调设备特许经营权的公共服务委托协议

2001 年 12 月 21 日

拉德芳斯区城市供暖混合工会
关于拉德芳斯区供暖网与空调设备特许经营权的
公共服务委托协议

（封面）

目 录

第一章 总体结构和合同期限

第 1 条 合同的构成

第 2 条 合同的目的

第 3 条 期限

第 4 条 特许经营方的责任

第二章 特许经营权的范围

第 5 条 现有工程的验收

第 6 条 工程的确立

第 7 条 服务经营

第 8 条 特许经营权的范围及需确立的工程

第 9 条 关于特许让与范围或工事计划的修订

第 10 条 服务的专营权

第 11 条 供应用户的义务

第 12 条 特许经营权工程的附加利用

第 13 条 公用或私人道路的使用及收购

第 14 条 合同初期现有设备的交付

第 15 条 合同期间设备的交付

第 16 条 网络的分级

第 17 条 能量来源

第 18 条 流体的种类和来源

第三章 工程

第 19 条 基本原则

第 20 条 维护及重大修理工事

第 21 条 更新和现代化

第 22 条 首次工程确立

第 23 条 特别扩展、连接、交付站及计量器

第24条　新工程的计划
第25条　新工程的实施计划
第26条　实施期限
第27条　工程确立的条件
第28条　公共道路下的工程
第29条　属于工会的工程更改（不包括在特许经营权内）
第30条　属于第三方的工程更改
第31条　对特许让与工程的更改
第32条　一致性设置、安全、环境
第33条　工会对工程的控制
第34条　工程的接收
第35条　实施工程的方案
第36条　私人网络的一体化
第37条　特许经营方的控制权

第四章　服务经营

第38条　经营的基本原则
第39条　预定要求和服务条例
第40条　供应义务
第41条　预定体系
第42条　供应订户措施
第43条　计量器的核实与数据记录
第44条　供应能力的选择
第45条　热冷资源的使用
第46条　特许条件下的供应
第47条　服务的基本条件
第48条　服务的特殊条件
第49条　工程的维护及更新
第50条　能源的使用
第51条　工会实施的控制
第52条　与第三方的服务合同

第53条　人事法规

第54条　特许经营方的代理人

第五章　财政规定

第55条　公共产业占用费用

第56条　控制费用

第57条　使用费

第58条　电热同产运转的分红费用

第59条　借款、贷款、租借购买

第60条　特许权让与方对由 CLIMADEF 公司因维修交付给特许经营方的设备而支付的赔偿金的使用

第61条　连接费用

第62条　特别扩展的缴费

第63条　更新和重大维修的计算

第64条　向外部购买冷热供应

第65条　基本费率

第66条　价格折扣和平等对待用户

第67条　价格的计算

第68条　保证金存款·开票据

第69条　用户向工会缴纳费用

第六章　计数生产和审核合同

第70条　特许经营权的控制

第71条　技术和财政条款运行的核实

第72条　技术的环境报告

第73条　财政报告

第74条　季度报告(技术和财政)

第75条　经营账目

第76条　工会的监控

第77条　制热、热冷能源费率结构的审核

第78条　审核程序

第79条　税

第七章 处罚、诉讼

第 80 条 不可抗力和类似情况

第 81 条 经济处罚：罚款

第 82 条 强制处罚：由官方临时执行

第 83 条 解除特许权处罚：收回特许经营权

第 84 条 选定住所

第 85 条 合同争议的裁决

第八章 特许经营权的终止

第 86 条 特许经营权的让与

第 87 条 特许经营权终止时服务的继续

第 88 条 因公共利益而解除特许经营权

第 89 条 设备的交付

第 90 条 收回财产

第 91 条 特许经营权的回购

第 92 条 特许经营方的员工

第 93 条 用户文件及工程计划的交付

第九章 其他条款

第 94 条 合同附录材料

甲方：拉德芳斯区城市供暖混合工会（SICVDEF）

由其现任主席作（法人）代表，工会委员会通过2001年11月16日和12月10日的商议正式赋予其权利。

甲方在本合同中的地位是特许权让与方，在本合同内称为工会。

乙方：ENERTHERM公司，(S.A.S)在巴黎R.C.S最初注册资本为30万欧元，其（银行）账号为：R.C.S. PARIS B439008343（20001B13669）

由其总裁Bernard FORTERRE先生作（法人）代表。

乙方在本合同中的地位是特许经营方，在本合同内称为特许经营方。

第一章　总体结构和合同期限

第1条　合同的构成

根据地方行政机构基本法典（C.G.C.T.）从L1411.1到L1411.18的法律条文的规定，经过1999年12月9日工会委员会审议讨论后，拉德芳斯区城市供暖混合工会（以下简称工会）决定为出让拉德芳斯区热能生产及公共分配服务权而开始相关的咨询工作。

经过2001年11月16日和2001年12月10日的商讨，同时依照地方行政机构基本法典L1411.5条的限制性规定，工会委员会授权工会签订此合同，特许经营方同意在本合同规定的条件下负责被出让的供暖服务。

第2条　合同的目的

ENERTHERM公司承诺：

・按照以下所规定的条款，自出费用并自担风险，负责特许经营权范围内的现有工程。

・确立并完成工会研究采用的计划所规定的工程。

・按照本合同规定经营热能（冷热均含在内）生产、运输及分配的公共服务。

1. 工程的确立

特许经营方是工程实施者,且自出费用自担风险负责确立所有服务所需的必要工程,并在同样条件下保证工程的更新。

在合同的最后 15 年内,若特许经营方不同意第 88b 条所规定的赔偿条文(设备的交付),考虑到首次工程确立将继续对其构成财政负担,工会可以根据一个共同协议已作出的限制性规定要求特许经营方对工程提出竞标。

特许经营方可向用户收取本合同确定的一定费用以特别回收其所负担的投资费用。

2. 经营服务

特许经营方,即服务运行的负责人,按本合同规定自出费用并自担风险,行使经营权,并可用向用户收取的本合同确定的一定费用用于回收其负担的经营费用。

特许经营方向用户无偿收取其应付给工会的由下面第 55 条和第 56 条规定的使用费。

工会保留对让与服务的控制权,并应从特许经营方得到所有有关经营者行使权利和履行义务的必要资料。

第 3 条 期限

本特许经营权的合同期限定为 25 年。

合同从 2002 年 9 月 1 日起生效,从现在起,特许经营方便可进行初步研究,制定计划,并就建立一些新的发电站及它们之间的联系做一些准备工作。

第 4 条 特许经营方的责任

特许经营方对本合同规定范围内的服务项目及工程负有责任。

特许经营方须以其(所签)保险单对一个明显具有清偿能力的公司负全责,且应把保险单告知工会。特许经营方必须在所签保险单上注明保险公司或注明告知工会担保条款中所有取消项或主要修订内容的代理人。

保险费用计算在特许经营权费用内。

特许经营方尤其应签署:

行政合同之二：关于拉德芳斯区供暖网与空调设备特许经营权的公共服务委托协议

- 一份工地风险保险单；
- 一份保险工程及工地所有建筑工人的总保险单；
- 一份民事责任保险单；
- 一份损失保险单。

且一般说来，特许经营方还应在附录"特许经营方需签署担保总纲"里列入一些担保。

特许经营方承诺：保证工会不为特许经营权四处奔走求助，除非工会没有履行本次特许经营权合同规定的义务。

第二章 特许经营权的范围

第5条 现有工程的验收

现有工程应按如下规定，于2002年9月1日验收。

- 关于ALENCON这一工程点，特许权让与方无偿将工程整体、现有设备以及用于安置它们的土地于当日交付给特许经营方。
- 关于Noël PoNs这一工程点，在接收工程及设备之前，特许权让与方先将土地交付给特许经营方，且特许经营方须按本合同第57条规定交付特许权使用费。

其他所有工程现有设备及相应安置地皮要无偿交付给特许经营方，现有工程、设备及相应安置地皮将列入由双方签字的交付使用证明书上。

第6条 工程的确立

本次特许经营权的经营对象包括特许经营方进行生产、回收、应急生产、运输、储存及拉德芳斯区冷暖气分配的所有经营工程确立和工程更新。

在此范围内，特许经营方承诺：

- 按第5条规定接收现有工程及设备；
- 按第60条的限制性规定接收由特许权让与方交付的工程与设备。

特许经营方在首次工程确立上：

179

·自出费用并自担风险,在 ALENCON 工程点上完成对现有工程及设备的改造以使其职能恢复并达到正常状态。

·自出费用并自担风险,在 Noël PoNs 工程点建立一个新发电厂以满足热能生产及通过电热同产来生产电能之需要。

·建立两个生产发电站的连接,两个发电站由与电线相连的地下沸水管道互相连接。

·在现有冷暖供应网络上建立两个生产发电站的连接。

第7条 服务经营

本次特许经营权的对象除了完成如上面第 6 条指明的工作外,还包括开发经营由本合同尤其是第二、四、五章规定的如前面一条所规定的公共服务部门的工程整体。

在经营上,特许经营方承诺:

·特许经营方自出费用并自担风险经营特许经营权范围内用于供应公共服务(部门)的全部设备和工程,且特许经营方须负责能源管理、保养、维修以及前面所述有关工程和设备的更新工事;

·按本合同规定分配制热和制冷能源;

·向用户收取由本合同确定的使用费;

·按本合同向特许权让与方缴纳费用。

第8条 特许经营权的范围及需确立的工程

1. 热能的公共分配服务按照本合同所附计划在划定范围内提供。

2. 特许经营方在该特许经营权内取得或创造的利益和工程以及按照第 22、23、24 条规定实现的利益或工程都将归属于被让与方。

3. 合同初期的现有工程

从本特许经营权合同生效算起,在 6 个月期限内,双方要对让与给特许经营方的产业进行盘点并附在本合同内,该盘点将特别地细化工程年代及其技术状况,运行原则并注明需保持一致性的工程或设备的补充。

根据第 14 条,该合同还将涉及由工会交付给特许经营方但运转不良的工程。

4. 特许经营方确立工程

特许经营方自出费用确立特许经营权的新工程。随着工程的交付使用,特许经营方要及时进行上述盘点,一年内对新工程的盘点要记录到第 72 条规定的技术报告上。

第 9 条 关于特许让与范围或工事计划的修订

出于正当的技术或经济考虑,工会可以介入特许让与范围或在特许经营方咨询后,拒绝其进行本合同原本未规定的城市规划及建设的新操作。

除了在结束第 8 条所规定的盘点后所进行的那些可能必要的修订之外,修订服务范围内工事计划将导致双方按下面第 77 条规定审核合同的财政情况,但该审核并不会导致本次特许经营权合同最初结构的混乱。

第 10 条 服务的专营权

1. 特许经营方只有经营已让与工程的权利。

2. 特许经营方按照下面第三章规定的条款,同样在其(经营权)范围内,有在公用道路及其附属建筑物的上方或下面建设和维护所有工程和所有用于服务的必要热能分配管道的专营权。

在合同的最后 15 年内,(特许经营方)若不同意第 89 条规定的赔偿条件,考虑到首次工程确立的工程将继续对其构成财政负担,工会可以根据一个共同协议已作出的限制性规定,要求特许经营方对工程提出竞标。

3. 组成工会的各团体所实施的用于连接这些团体的所有关于公共事业的工程管道建设并不需要取得服务专营权(即它们做这些事不需要取得该专营权)。

实施该管道建设(工程)时应考虑到特许经营方的现有工程,若需对这些工程进行更改或转移,则由工会负责更改或转移的费用及其他事项。

4. 其他任何特许经营者或公共服务部门可以在工会的允许下,在特许经营权范围内借用公用道路或其附属建筑物用于输送全部用于供应该范围外公共分配的热冷能源。

但不能由此而导致任何不便,无论是为了目前特许经营权的良好运行,还是为了使用或维护先前所铺设的其他管道。

若工会、特许经营方和借用部门方之间不能妥善协商,那么借用的条件,有关维护和管理的限制性规定以及对应付给特许经营方的借用费的确定,将依据下面第78条(审核程序)的规定确定。

借用费包括通行费、为工会或借用方提供服务的费用以及由于借用可能给特许经营方造成损失的费用。

第 11 条　供应用户的义务

特许经营方根据下面第24条规定为建设新工程以发展现行网络,用户按下面第40条规定在现行或发展后的网络上相互连接。

在其他情况下,可施行以下条款:

如果工会或有关物主向特许经营方提供并签署的供应能力的担保,且按以下条款分担首次工程确立的费用,特许经营方应工会或有关物主的要求,实现管道网络的特别扩展或设备的全面优化。

- 一份连续10年有效的担保,且供热最小供应能力为350 kW(千瓦),供冷最小供应能力为100 kW。
- 承诺负担首次工程确立的费用R比率的用户,在此10年间,将依据所签署的最小供应能力范围付款。

第 12 条　特许经营权工程的附加利用

1. 输出

在所有合同规定的义务已履行的明确条件下,特许经营方于2002年9月2日可使用被让与的工程将热能出售给本次特许经营权范围之外的用户。

出售用于供应特许经营权范围之外新用户的热能需得到特许权让与方的允许。

工会自接到特许经营方关于这种供应计划的请求起一个月内必须作出同意或拒绝的答复,超过此期限,计划即被视为同意。

工会应特别按以下两条规定作出批准:

——对于这些面向特许经营权范围之外的供应,特许经营方在设备收回时,即要么在结束特许经营权时,要么通过回购方式或由于解除特许经营权时,应保留工会的权利。

行政合同之二：关于拉德芳斯区供暖网与空调设备特许经营权的公共服务委托协议

——特许经营方应在其所挖的坑道里接受其他公共部门的管道。

但不能由此而导致任何不便，无论是为了目前特许经营权的良好运行，还是为了使用或维护先前所铺其他管道。

若工会、特许经营方和坑道借用部门之间不能妥善协商，那么借用的条件，有关维护和管理的限制性规定以及对应付给特许经营方的借用费的确定，将依据下面第78条（审核程序）的规定来确定。

借用费包括通行费，为工会或借用方服务的费用以及由于借用可能给特许经营方造成损失的费用。

若特许经营方在几个配备了计量器的具体地点出售能源，并且，若外边的客户在 ENERTHERM 公司供应中断时愿意自出费用安装、供应其分配系统、应急设备以及得到这些设备的操作技术、财政和行政管理，ENERTHERM 公司可以不应低于以下说明的价格出售暖气或冷气。

关于暖气：价格为 $R1C^o$；关于冷气：价格为 $R1F^o$。

$R1C^o$ 和 $R1F^o$，是 2002 年 8 月 31 日确定的在特许经营权"CLIMADEF"中的价格。价格 $R1C^o$ 在实行时，对于住房将有 10% 的浮动，对于其他建筑将有 2.5% 的浮动。

作为指示，于 2001 年 8 月 31 日实行的现行价格如下：

$$R1C^o = 34.622 \text{ E/MWh}（欧元/兆瓦时）$$

$$R1F^o = 18.960 \text{ E/MWh}（欧元/兆瓦时）$$

这些价格将按照特许经营权中的价格 $R1C^o$ 和 $R1F^o$ 同样的标准计算。

若外边的客户不签署可中断的合同，他们将如同其他的客户（R1、R2 甚至 R3）一样不得不接受同样的开发经营价格。

对于在上述情况下所提供的冷暖供应，特许经营方在特许权让与方收回设备时，即要么在特许经营权结束时，要么通过回购方式收回时或由于解除特许经营权时，应预见到其权利义务范围内特许权让与方的代理作用。

2. 输入

为了服务的需要，特许经营方在工会同意后自费向第三方购买热能。

3. 特许经营方为了保证能源分配的安全稳定，可以与其他特许经营者签订协议来互联网络。

第 13 条　公用或私人道路的使用及收购

为了行使与工程建立、更新、经营和维护等相关的权利，特许经营方应遵守本合同的条文规定及道路管理局的规章制度。

应特许经营方的请求并由其承担费用，工会可以负责取得关于占用不属于工会的公用地产的批准。工会可通过与特许经营方签订协议，直接购得土地并行使地役权，并可将此权交由特许经营方使用，特许经营方将承担其中的费用。

第 14 条　合同初期现有设备的交付

工会将把现有设备整体交付给特许经营方，并将其归入被让与的产业内。任何时候因设备不良而不能使用以至于不能完成本合同规定的任务时，特许经营方将对其负责。工会也将在设备为其所有时就有关这些设备的规划及资料与特许经营方进行交流。

在本合同生效后，特许经营方为确保服务的顺利运转会再向工会，必要时向前任特许经营方购买原材料、计量表及各种必备物资。若在本合同签字前没有事先协议，这些原材料将根据专家鉴定购买。在工会同意后或特许经营方经相应计算而作出同意后，购买的总费用将由特许经营方在 3 个月期限内支付给工会或前任特许经营方。

交付过后，特许经营方须立刻且规范地确保服务的经营。

第 15 条　合同期间设备的交付

在特许经营权让与范围扩展时，合同期间设备的交付参照前面第 14 条的规定进行。

若工程交付没有按前面第 8 条规定进行盘点，一旦这些财政条款需要重新修订，将导致本合同财政条款的重新协商。

第 16 条　网络的分级

对连接义务的创建或修改将导致双方参照下面第 77 条第 4 款的规定对财政回报情况进行审核，除非该审核已按本合同第 9 条规定实施完毕。这种连接在合同期间，根据 1980 年 7 月 15 日第 80—531 号法令由热能公共分配网络的分级引起,而这种公共分配已被1996年12月30日关于大气和能源的合理利用的第96号法令更改。

第17条　能量来源

所利用的能源种类及由特许经营方负责的供应的一般情况如下：

ALENCON工程点：2号T. T. B. T. S. 燃料油或天然气都可使用,但二者不能同时使用；

Noël PoNs工程点：天然气将是唯一可使用的燃料。

应工会要求或经工会同意后,特许经营方可更改能源优先权的顺序或提出使用符合有关财政规划、原材料安全规划或环境保护的其他能源。

所有对所使用能源来源或关于冷暖气生产的优先顺序问题的更改将导致双方审核财政回报情况的发生。

第18条　流体的种类和来源

按照气候情况,热水从发电站流出时在110℃到190℃的温度范围中及一定压力下分配到用户,而冷水则处于平均温度为4.5℃的条件下。

第三章　工　　程

第19条　基本原则

特许经营方自出费用并自担风险按照本合同规定在预定计划规定的期限内负责生产、回收、应急生产、运输、储存、卫生冷水分配所必需的工程整体。

维护、更新及首次工程确立的工事按照下面第五章的规定通过价格R2得到回报。

连接工程根据本合同第61条确立的连接权得到回报。

第20条　维护及重大修理工事

根据下面第49条规定,所有让与的工程、设备和可经营的物资,包括计量器,都由特许经营方出资进行维修以保持良好性能及状态。

第21条　更新和现代化

1. 更新

有必要更新的工程由特许经营方负责按照原样更换。

2. 现代化

若特许经营方需要更换一种重要物资,则必须预先通知工会以便研究其能获得的利益,特别是考虑到技术的进步或能量来源的演变,特许经营方需要以基本设施或更能适应以后经营的优良设施取代需要更换的设施,这种行为不仅可持续到合同结束,甚至可延续到合同期满后。

考虑到实现现代化导致的费用支出,工会同样可在第24条规定的计划范围内要求实现所要能增加经营收益的设备现代化。

对于上面两种情况,如果物资更换明显地改变经营状况,将导致对本合同回报情况的审核。

相关工程需按照第8条(特许经营权的范围及需确立的工程)第4段的规定进行盘点。

第22条 首次工程确立

首次工程确立的工事,包括对特许经营权初期已出售的生产和分配设备的调整和建设。

特许经营方将参照施工技术说明书、必要投资及预先确立的完工日期确立一个所需工程的完工计划,同时需明确:所有设备在本合同规定的预先完工期限内必须能投入使用。这些资料都必须在确立扼要而又明晰的草案后3个月内由特许经营方交付给工会。而这些草案的确立则能够建立有关申请经营和建设执照的档案。

草案必须在本合同生效后5个月内最后定稿。

本合同还附录了有关工程工事的描述性概括。

更改后工程的筹资及完成或目前在役设备的调配统一都由特许经营方即工程实施方负责。工程的总体规划在确立以前必须得到工会的准许。若工会自接到工程总体规划起3个月内未表示任何拒绝即视为同意。

第23条 特别扩展、连接、交付站及计量器

1. 特别扩展

特别扩展只限于供应限量用户,且以后不能保证供应的中转。

2. 连接

以分配管道和住户处变电站供应热冷能源管道为对象的连接连同

交付站和计量器都是特许经营权不可或缺的组成部分。由此,它们都在用户的正常使用条件下由特许经营方建立并保养,保养的年度承包费用包括在 R2 内。这些连接应遵守现行规章条例,尤其是有关非易燃无害流体的运输管道的规章条例。用于建设变电站的场地应由用户无偿交给特许经营方使用,且该场地应符合规定安全标准。

(1) 连接包括:

·从主要运输管道到所供应的用户的变电站的原生流体管道系统。

·可使前述用户脱离原来管道线路,且能在所供应的住户外部安装用于切割线路的阀门。

(2) 交付站包括:

·从热冷交换器、计量器及其附件到二次设备的连接纽带,其中包括一个自动调整装置。该装置可进入二次网络的恒定温度为 90℃,返回到交换器的温度不能超过 70℃。

(3) 实际供应能力,根据外面温度变化并参照这一变化使该实际供应能力符合所签署的供应能力。

·至于空气调节、供应量限制装置、计算装置以及在变电站出口处的用于隔离原来线路的阀门,在设备以最大供应能力运转的情况下,凉水应以 14.5℃的温度排放出去。

特许经营方的代理人可以随便进入变电站抄录、核实、维修。在有危险时还可采取安全措施。

3. 计量器

计量器按连接的同等条件由特许经营方负责提供、安置、维修和更新。计量器属于特许经营权不可或缺的一部分。

第 24 条 新工程的计划

1. 特许经营方每 5 年就要把关于扩展工程的筹资和完工情况的预先计划呈报给工会审批。第一份计划于合同开始三年后呈报。

2. 每一年,特许经营方将以下资料呈报工会审批:

(1) 下一年需实施的新工程清单。

该清单于每年 11 月 1 日前确立。清单须列明工程的技术特征,且要附带一份工会辖区已知情的方案和一份关于特许经营方所作的规划设计的报告以履行公共事业部门的义务。

若清单需在年内修改,则修改必须和清单本身一样取得工会的同意。

(2)关于需更新或实现现代化的工程的清单,其确立、修改及批准参照新工程清单的情况进行。

3. 对于五年计划,若在三个月期限内未被拒绝;对于年度清单,若在两个月期限内未被拒绝,均视为得到批准。

工会保证依此确定的计划及期限得到遵守。

第 25 条 新工程的实施计划

即使第 24 条规定的工程计划得到批准,每一个项目实施计划在实施之前都必须得到工会的批准,不管该项目是否已被规定。

1. 工会可在两个月期限内查询各种相关服务并决定是否批准该计划。超过该期限,计划即视为被批准。如果在此期限内,要求对计划进行必要修改,特许经营方需就此调整更正其计划并在最多一个月内将计划提交工会,工会需在 15 天的期限内作出批准或者拒绝的决定,超过该期限,计划视为被批准。

2. 工会只对计划符合工程项目以及与其他网络的协调作出批准,工会不介入特许经营方的责任范围,特许经营方对计划的构思安排及实施承担全部责任。

3. 若一个计划的实施需紧急进行,以上规定的期限可在工会和特许经营方的共同协议下缩短。

4. 若特许经营方在通知工会并得到路政局必要的许可后,请求实施维修工程,则以上期限不适用。

5. 如前所述的计划得到批准后,特许经营方从与工会的协议确定的期限中的那一天起实施工程,即使是关于新工程的维护或修理工作,特许经营方在工程实施期间也应自担风险并负责采取所有相关安全措施。

第 26 条 实施期限

第 22 条所确立的首次工程确立的工程的进展包含在由特许经营方提出并被工会所接受的计划范围之内,该计划确定实施期限,即从特许经营权合同及已计划的各种工程开始实施那一天开始算起。

工会保证遵守期限并特别保证按本合同规定向用户供热、供冷及供应卫生热水。其中,首次工程确立的工程是为用户所计划的。

服务的滞后将根据第 81 条对其适用罚款。

关于维修、更新和现代化的工程的年度计划同样要在预定期限内,但这些计划只以指示的方式由特许经营方提供给工会,特许经营方在这些计划上按自己的预见决定所建工程的使用日期。

第 27 条　工程确立的条件

特许经营权的工程在如下条件下即视为已经确立,即：工程可以承担正当使用公共道路的后果,以及必要时承担如地役权条款已确定的私人地产造成的后果,并且能避免损失。

第 28 条　公共道路下的工程

若没有职能部门的批准,不能进行任何需在公共道路下开挖的工程,除非出现正当的紧急情况。

第 29 条　属于工会的工程更改(不包括在特许经营权内)

1. 特许经营方在实施给工会工程带来损坏的工程时,应承担维修费用。工会保留以特许经营方费用进行必要修理或要求特许经营方以其费用进行必要修理的权利。

2. 特许经营方在实施给工会工程造成转移或更改的工程时,应负责有关转移或更改工会工程的全部费用,但特许经营方若很好地修缮了被移动或更改的工程,则可向工会要求偿还这笔费用相应的那一部分(修缮费用)。

第 30 条　属于第三方的工程更改

若特许经营方移动了既不属于经营方,也不属于工会的工程,应对此承担责任费用。

若特许经营方很好地修缮了被转移的工程,可向第三方要求偿还相应费用。

第 31 条　对特许让与工程的更改

1. 属于工会公共产业的特许让与工程

若路政局或工会现有或将来的网络需要转移公共道路下本合同规

定的特许让与工程,转移费用由特许经营方承担。

2. 在工会公共产业外的特许让与工程

在任何情况下,职能部门要求并批准的工程移动不由工会负责费用。

第 32 条　一致性设置、安全、环境

设备,尤其是用于燃烧和燃料储存的设备,应遵守与已分类的设备、工程、卫生和安全相关的现行规章条例。

安全措施:如果把公共安全包括在内,特许经营方将积极主动或在特许权让与方的催告下毫不延迟地采取一切必要措施以预防一切危害。

若特许经营方没有理会这种催告,特许权让与方将采取前述紧急措施,费用由特许经营方承担。

环境保护:特许经营方应遵守相关的环境法,采取一切有效的预防措施以最大可能地减少烟尘滋生以及一般性限制排放物及有害物质。

特许经营方每年都要制定一份关于因设备的运行而对环境造成影响的报告。

特许经营方必须自出费用实施合乎规章的、必须的或属于必要补充的技术控制。

出于行政管理原因或由于以技术条例及行政条例设置工程的一致性而实施的工程,工程费用由特许经营方承担。

这些工程将导致按照本合同第 77 条的规定对价格进行的审核。

第 33 条　工会对工程的控制

1. 特许经营方在公共道路上面或下面或在私人地产上实施工程,需由工会进行技术和财政控制。为此,特许经营方将由工会在数量和价格上控制其工程以便利其开工。

工会对此控制所作的同意并不意味着免除了特许经营方对第三方的义务和责任。

2. 特许经营方在道路上施工,还要遵守道路主管人委托的代理人所作的规定。

3. (1) 对于所有总金额超过 100 万欧元（免税）（2001 年 8 月 31 日价格—按 R2 计算）的工程，特许经营方有义务将工程提出竞标。

(2) 对于费用超过 500 万欧元（免税）的工程和费用超过 60 万欧元（免税）的供应和服务，特许经营方要按 1993 年 8 月 3 日第 93—990 号法令的规定遵守广告条例并对工程提出竞标。

特许经营方在转达给工会的年度报告内应明确工程的移交条件。

第 34 条 工程的接收

1. 在一项工程已完工且准备投入使用时，特许经营方应通知工会并告知其检查结果、可能的保留意见以及要提出的补救意见。

工会根据一致性设置必需的期限来确定接收这项工程的日期。

在接收工程时，工会要让特许经营方明白其可能的保留意见。

2. 工会和特许经营方签署证明书落实工程接收后，工程即算作特许经营权的一部分。由特许经营方制定的接收证明书确定的性质、限制、完工及投入使用的日期以及所有有价值的说明。接收工程后，该证明书还需补全工会可能的保留意见。

第 35 条 实施工程的方案

工程接收后 4 个月期限内，特许经营方将已实施工程的方案寄给工会。

特许经营方经常更新设备方案，每 5 年就得交付给工会一份关于全部设备方案的样本，每年要交付一份年内公布方案的样本。

第 36 条 私人网络的一体化

私人领地整治工作者可经工会同意后，积极主动地完成可能要纳入到特许让与地产中去的设备的归并工作。私人领地整治工作者通过与特许经营方达成协议，将对工程的相应控制托付给特许经营方，同时在需要的时间内交给特许经营方必要的资金。工程将按本章规定的条文完成并接受检验。

第 37 条 特许经营方的控制权

根据第 33 条，特许经营方拥有不由其直接负责的所有工程的控制权，这种权利包括获得有关这些项目计划的信息。

特许经营方有权追踪工程的实施。由此，它可自由进入工地。一旦发现施工中出现可能对工程运转产生危害的遗漏或不合格,可以向领土整治工作者或工会口头指出并应在8天期限内以书面形式加以证实。

特许经营方将被邀请参加工程的验收并被准许介绍其检查结果,该检查结果将被记入证明书内。

若特许经营方在工地上没有向整治工作者和工会指出其发现的工程遗漏或不合格情况或没有在验收工程时介绍其检查结果,特许经营方不得拒绝接受和经营以下指明的工程。

验收工程后,工会将从整治工作者处接收工程并将其交付给特许经营方。三方将签署证明书以证实设备交付完毕。设备交付的同时还要将已实施的工程的规划方案交给特许经营方。

特许经营方对计划项目享有全部知情权,并可追踪工程实施。但不能在任何时候滥用处置权以逃避本特许经营权规定的义务。但是,特许经营方可直接向工会求助或通过工会协调,依照现行法律、法规向承包商和供应商要求提供帮助。

第四章 服务经营

第38条 经营的基本原则

特许经营方自担风险负责生产运输、应急生产、供热供冷及卫生冷水的分配,并由此承诺保证安全和特许让与工程的良好运转、维护、修理以及更新。由于很明显地对服务作了规范而系统的监督,一方面,限制频率和可能的中断期限;另一方面,把能源消费严格限制在需要层次上,同时尽可能保证最优质的服务。

特许经营方承诺继续努力探索新结构布局,尤其参照工会可能要求的经营措施,如有必要,可参照第77条规定(价格审核)。

第39条 预定要求和服务条例

所有必需的供暖、卫生热水的供应以及为住户空气调节所必需的供应都取决于用户在预定要求上的签名。对用户,将按服务条例办事。

预定要求和服务条例都附录在合同中。

预定要求和服务条例应遵守本合同的规定。特许权让与方不能在里面插入一些关于强加给特许经营方比前述条文规定的费用更沉重的费用负担的条款。

每个方案在介绍后两个月期限内若没有被明确拒绝，即视为特许权让与方已同意。

特许权让与方或特许经营方可以积极主动地修订典型要求或服务条件，只要这些修订不损害服务的继续和质量。

若特许权让与方发挥主动性，则特许经营方在两个月期限内同意或表达其反对意见，并修改条文或前面所对应的典型要求。

若特许经营方发挥主动性，方案在介绍后两个月期限内如果未被明确拒绝，即视为特许权让与方已同意。

第 40 条 供应义务

特许经营方应根据本合同条款，在用户所签署的供暖、供冷、供应卫生热水的最小供应能力内向用户提供必要的冷暖供应。

特许经营方可以在设备能力范围内供应用于除用户暖气、空气调节及卫生热水以外的热能。

第 41 条 预定体系

考虑到受托人给予的投资、投资回收的期限以所托付公共服务的特点，签署预定期限为 15 年，且每 5 年可自动更新直到特许经营权期满。预定取消的条件由工会委员会制定的服务条例确定。

审核条件由第 44 条（供应能力的选择）确定。审核须按用户的请求进行，并在每年预定合同的签署纪念日，在参照本合同第 11 条确定的条件下进行。

若用户将预定合同转让给第三方，必须提前一个月通知第三方。

第 42 条 供应订户措施

在变电站交付的热冷资源将由特许经营方已确定且特许权让与方已同意的一种铅计量器衡量，该计量器为特许经营权所包括。

计量器将由特许经营方提供，并由特许经营方负责其安装、维护和更新。计量器的保养费用不包括由一切因非使用计量器因素而导致的特别维修费用。这些特别维修费用由用户承担，用户有采取必要措施的注意义务。

第43条 计量器的核实与数据记录

计量器由特许经营方承担费用请一个得到测量工具部门批准的修理行进行保养,且至少每4年就要由测量工具部门或特许经营方和工会之间共同协议选定并由测量工具部门批准的机构核实计量器的精确度。

用户可随时要求测量工具部门或测量工具部门指定的机构核实计量器。

若计量器经核实无误,由用户负担核实费用。若计量器有误,则由特许经营方承担费用。不管何种情况,若计量器的测量错误超过1976年12月10日第76—1327号修订法令确定的所能容忍的最大限度,则被视为不精确。对于热能计量器,这种情况由1976年6月22日第76—631号修订法令确定;对于热冷水计量器,该情况由1976年1月29日第76—10号法令确定。所有不精确计量器需用核实后的计量器替代。

在计量器提供错误指示期间,特许经营方要用千瓦时或已计算的立方米的理论数据来替换这些指示,并增加可供消费量。该消费量将在计量器核实后按下面公式确定的纠正系数 R 由计量器反映。

公式为:$R=Ni/N$

其中 Ni 表示,在此期间,运转正常且指示正确的网络供应范围内其他同类建筑或设备的计量器所记录的千瓦时或立方米的总量。

N 表示同样的计量器在核实后所记录的总量。

在等待最后开具发票时,将开具与上一相应阶段发票对应的临时发票。

计量器将按服务条例确定的条件安放,且应方便特许经营方代理人取得。

第44条 供应能力的选择

1. 住户的供暖

签署的供应能力即特许经营方在基本外部温度下须交付用户使用的最大热能。

签署的供应能力至少应相当于：

• 持续服务过程中最大热能生产，即用户建筑供暖的热能需要、分配中的内部损耗以及与所选定的供暖方式相关的可能的特别损耗总量。

考虑到不同地点基本外部温度的热能需要，将按法国的现行标准计算。

• 在减少或停止供暖时，若需超额供应以恢复温度，则该超额程度由预定要求确定且不能低于 1.10，其值由用户性质及其使用安排决定。

签署的供应能力不能超过用户交付站的能力。

2. 空气调节

预定要求中签署的供应能力，即特许经营方在外部基本温度下应交付给用户使用的最大制冷能力。

该签署的供应能力根据在预定要求中确定的外部温度及湿度的条件确定，且应包括空气调节下降或停止后为恢复其工作状态所必需的超额工作程度。

签署的供应能力不能超过用户交付站的能力。

3. 一般规定

考虑到建设及建筑物投入使用的分期进行，用户可将其签署的供应能力限定在服务区这一供应能力水平。

情况一：用户要求进行一次对立的分析试验，若他认为没有支配签署的供应能力（须按用户要求核实）。

情况二：特许经营方要求进行一次对立的分析试验，若他认为用户要求了过多的签署的供应能力（须按特许经营方要求核实）。

情况三：用户要求进行一次对立的分析试验，若他打算第一年遵循最初的投入使用，然后每 5 年为一阶段，减少签署的供应能力（须按用户要求审核）。

对于这个按"一般技术条款备忘录"的第 CCO 号分册规定实施的从应用工程到气候工程的分析试验，一个记录初次供应流体释放能量的连续记录仪会暂时安放在用户的交付站上。若没有记录仪，则通过记录 10 分钟内能源计量器并合的指示，推断各期间的平均释放能量。

这些记录将在至少连续 24 小时的期限内进行且将确定分析试验条件所需的最大供应能力。

将从这个测定开始，在基本温度达到那一天计算所要求的连续服务的最大供应能力，并将通过合同性的超额供应程度增加最大供应能力以得到签署的供应能力。

对于应用户要求所作的核实（参考情况一），若由此确定的供应能力符合预定要求的规定，则由用户负责由此产生的费用。如果愿意，用户可更换其交付站的设备以及修改其所签署的供应能力。在相反的情况下，特许经营方应负担由此导致的费用并应如实交货。

对于应特许经营方要求所作的核实（参考情况二），若如此确定的供应能力比最初签署的供应能力或按以下一段规定审核的供应能力超出了 4% 以上，特许经营方可要求：

·或者用户通过一些可检查的物质措施将其耗费能量减少到签署的供应能力；

·或者其本身按实际确定价格调整签署的供应能力。

这两种情况中，分析试验费由用户承担，但若如此确定的供应能力与所签署的供应能力一致，则分析试验费由特许经营方承担。

对于应用户要求所作的审核（参考情况三），若如此确定的供应能力比签署的供应能力低 4% 以上，便要修改预定要求，并在从试验日期开始的发票中不溯及既往地考虑新价格。无论任何情况，分析试验费以及为适应新需要所作的更改变电站的可能工程，都由用户负责。

第 45 条　热冷资源的使用

热能供应给用户，是在特许经营方负责的初次供应流体和用户负责确定并提供的二次回流流体中转化进行的。在任何情况下，若没有特别协议规定的特许经营方的同意，初次供应流体不能直接使用。

相对地，对于供冷，初次供应流体在一套温湿调节器中可以使用，但必须以特许经营方关于这些设备相应部分的技术支配的许可为条件。

为了使特许经营方保证建筑的供暖及空气调节设备符合第 23 条之规定，用户在使用之前须将供暖与空气调节的技术资料传送给特许

行政合同之二：关于拉德芳斯区供暖网与空调设备特许经营权的公共服务委托协议

经营方。

特许经营方需要保证用户设备符合本合同规定且在设备投入使用后，通过访查保证其同意的设备没有作任何更改。

从变电站出口处供热二次供应设备和供冷初次供应设备的中断阀门的连接工具开始，用户对第三方、特许权让与方和特许经营方负全部责任。根据一般法律条款，还要对继此之后的连接及其设备负责。用户尤其要对连接工具及其使用造成的危害负责，除非错误是由特许经营方造成的。

用户以其费用：

·确保设备运行，并遵守特许经营方对其所作的指示；

·确保为变电站所需的必要供电和冷水供应以满足二次供应设备；

·确保在建筑物中，上述设备的调节、控制、安全以及管理和全部维护。

如果由于积垢堵塞，需对二次设备的转化器组进行必要清理和替换，则由用户出资，由特许经营方实施。

用户按上述确定要点可完全自由支配冷热供应。条件是：其行为不得导致任何网络管道的不正常波动起伏以及不得对其他用户的分配造成任何不便。

若用户自己的设备对特许经营方的设备造成重大干扰，特许经营方有权在告知特许权让与方后中断一切用户的热冷供应，甚至可毫不迟延地采取行动，但须在24小时内向特许权让与方汇报。

第46条　特许条件下的供应

1. 所有不同于第18、23(2)和45条规定的热冷供应都将被特许经营方拒绝。若特许经营方接受，则可要求用户承担可能由联接或经营导致的一切费用。在此情况下，所规定的价格将受到合理调整。特许经营方须就此向特许权让与方汇报。

2. 若用户提出要求，特许经营方在确保除了本合同规定并遵守竞争法案的必要给付之外，可任选下列给付：

·对二次供应设备的规划及调节系统的维护；

- 对用于供应卫生热水的冷水的处理；
- 对变电站电泵组的维护和更新；
- 对二次设备的维护(除了被包起来的管道)；
- 对热水辅助计量器的出租和维护；
- 对辅助计量器的记录、开具发票及相应现金兑现。

这些给付,将由用户和特许经营方双方之间通过自由协商的合同来决定。合同复印本须交给特许权让与方。对于签署的供应能力低于第11条规定的最小能力的连接也作同样要求。

3. 应建设者、发起者或用户的要求,为了建筑及建筑闲置的一部分的卫生,供热可以预热的方式进行。

该任意给付从预热的预定要求的签字开始一直实施到由用户签署的预定要求规定的供热投入使用那一天为止。所签预定要求须给特许权让与方提供一份样本。该任意给付同样以连接费用结清为条件。任意给付的供应能力可低于用户签署的供应能力。

需满足税率条件的特殊条件的报告,须确定如下标准：

(1) 对于开具发票来说,年度费用总额的比例份额,根据 $R2c$ 的 $1/12$ 计算;对于不完整月份,该比例份额根据 $R2c$ 的 $1/360$ 计算。

(2) 基本供热价格 $R1c$ 的上述成比例费用每月按变电站计量器的指示来计算。

第47条 服务的基本条件

冷热分配全年保证。但是,供暖及空气调节的正常期间分别为每年的10月15日至次年的4月15日与每年的4月16日至10月14日。

为了便利新的连接或保证较大的维护,在每年的供冷和供暖的正常期间以外,将中断凉水和热能的分配。对供暖的中断期最多为15天,对供冷的中断期最多为10天,日期将由与特许权让与方的协议确定并将告知用户。

若在供暖和空气调节的正常期间内,即使因需要进行维护、连接工程以及考虑到附近工程的安全而中断供应,这些中断也只能在特许权让与方同意后进行,但若情况紧急需立即中断供应,特许经营方可以在已告知特许权让与方和用户的条件下采取必要紧急措施。

对于所有这些情况,特许经营方应努力将中断降低到最低程度并能在最低程度影响用户的期间采取所有与工程需要不相冲突的措施而中断供应。

第 48 条　服务的特殊条件

1. 紧急中断

在需紧急中断的情况下,特许经营方应采取必要措施并立刻告知工会、相关订户并通过集体通告,告知相关用户。

2. 获许中断

在提前至少 48 小时通知用户且得到特许权让与方同意后,因设备维护而需中断供应可免去罚款。

在紧急情况下,特许经营方可自负责任采取所有必要措施,特许权让与方将按实际情况,决定是否暂时不实施全部或部分惩罚。

3. 供应的迟滞、中断或不足

以上述条文为条件,所有供暖、卫生热水供应及供冷的供应迟滞、中断或不足都将导致惩罚的实施。

4. 供暖和空气调节

在以下规定情况下的供应中断或不足,将导致以下为保护用户利益而对特许经营方实施的罚款。

若没有特许权让与方的事先同意,而对变电站中断冷热供应两小时或两小时以上,特许经营方将受到按前述变电站同样供应时间正比例计算费用总额的罚款,以及按所签署的供应能力中计时消费正比例计算的罚款。

如果是两小时或两小时以上的供应不足,罚款数目将等同于以上所计算数目的一半。若被考虑是供应不足的情况,用户在所签署的供应能力限定范围内不得要求满足其需要的供应。

若供应中断或不足发生在第 47 条规定的供应正常期间之外,则减免罚款数额的 75%。

5. 其他使用权

若被视为供应中断,即使是暂时中断,都不被预订合同所允许。

若被视为供应不足,即在低于预定保险单确定限度的供应能力及湿度和压力水平下供暖。

第 49 条　工程的维护及更新

1. 特许经营方的职责

特许经营方被视为完全了解其负责的工程。因此,它负责解决所有关于物资质量或工程实施的纠纷。

工会请特许经营方代理其所有与建设者、开发者及第三方关于设备不符的已有或将有的权利及活动。

特许经营方负责被让与设备的维护及安全。

已让与给特许经营方的设备的所有安全差错,不能由工会负责,包括燃气压力设备的安全差错。工会不能因特许经营方的过错或违法而受到直接或间接的指控。

2. 被让与工程的维护及更新

为维护工程良好运转而作的必要工事以及对设备及其附属物(公路、草坪、栅栏、建筑物……)损害的弥补及维修工事都由特许经营方负责。

这些工事一方面包括让与给特许经营方工程的各类维修,另一方面包括这些工程的更新和扩展。

在工程的更新上:

合同将特许经营权的工程的更新交由特许经营方全部负责。更新包括破旧、废弃或不符合规章条件标准而需对工程进行的相同或相似替换。设备必须符合关于分类设备、工程、卫生和安全的现行规章条例。从特许经营权生效之日起,未来的特许经营方将自出费用、积极主动地立刻采取一切必要措施以使现有设备趋于和谐并预防所有危害人身安全及由其负责的设备安全的危险,特许经营方由此承担全部财政及工程的危险,并可能需支付比当初预料总金额低或高的费用。在已遵守本合同确定的目标的条件下,特许经营方在合同结束时不能向特许权让与方索取任何赔偿。

为了使特许权让与方及其外部顾问能控制更新费用的使用,特许经营方有义务建立一个费用使用独立账目。该账目命名为"更新和重大维修的约定账目",并由特许经营方按第 63 条规定负责管理该账目。

若特许经营方需替换一种重要器材,它必须考虑技术演变及能量的来源以使用能更好适应日后基本的服务经营或性能优越的器材取代那些需要替换的器材。

考虑到设备现代化所需的费用,特许权让与方可要求进行一切可改善经营财政状况的设备现代化。

3. 用户设备的维护

用户对其设备的保养和维护,尤其对其设备的均衡负责。

特许经营方只对其行为给用户内部设备造成的损害负责。

4. 自由接近站点及设备

特许经营方代理人有权随时进入交付站,为此,特许经营方也可自由进入交付站。

测量工具部门的代理人有权随时接触规定工具和器材,并由该部门负责监管。

第 50 条　能源的使用

1. 燃料的选择

特许经营方在允许范围内灵活调整燃料的选择。参照下面规定:

ALENCON 工程点:可供选择的两种燃料为 2 号 T. T. B. T. S. 燃料油和天然气。

若需使用燃料油,则必须尽可能地由铁路供应,除非不能用铁路来运输,此时则用罐槽卡车来交付燃料。首先使用的燃料将由工会委员会负责决定,一切对燃料的改变都必须按照第 17 条规定并在得到特许权让与方书面批准后才能进行。

禁止同时使用上述两种燃料。

Noël PoNs 工程点:特许经营方应只使用天然气作为唯一燃料来生产能量。所有要使用燃料的改变都必须得到特许权让与方的书面批准。

2. 燃料油的安全储存

特许经营方应将已计算好的燃料从 10 月 15 日到次年 4 月 15 日储存在锅炉旁边以确保在连续最冷的 8 天内服务的正常运转。

3. 能源的使用

ALENCON 站点将是使用能源生产冷热的主要站点,另要明确指出的是,Noël PoNs 工程点应将燃气使用最优化以更好地运转电热同产。

第 51 条　工会实施的控制

工会或工会选出的代表可以随时确认特许经营方是否努力地提供了服务。

特许经营方应向工会提供帮助并提供全部必需资料和物资帮助以使其能完成控制任务。

第 52 条　与第三方的服务合同

在合同生效后,特许经营方将履行工会或前任特许经营方约定的所有关于服务管理的义务,且后两者都使特许经营方熟悉这些义务。

所有已由特许经营方与第三方签署的为服务继续所必需的合同都必须包括一条明确保留工会可在特许经营权结束时取代特许经营方权利的规定。

第 53 条　人事法规

特许经营方将在特许经营权生效后,接管 CLIMADEF 公司的全部职责。CLIMADEF 的员工身份及相关利益,都以和工会签订合同的形式来维护和保证,并不受劳动法及其第 L122-12 条规定的影响。特许经营方应将关于职责的法规传达下去。

第 54 条　特许经营方的代理人

特许经营方必须在拉德芳斯区派驻长期代表。

特许经营方将使其代理人宣誓保证分配的监管和合同的履行及其公正性。这些代理人都佩带专门标志并被授予确认其身份的称号。

第五章　财　政　规　定

第 55 条　公共产业占用费用

特许经营方必须为了工会的账目,无偿向用户征收一笔费用。该费用用于交还给合法集团以补偿对其产业的占用权。

这笔费用包括确定部分和按收入(不计税)成正比例计算的一部分。该收入来源于冷、热和电的销售,它是可以预料到的,而来源于特许经营范围内部或外部的其他各种销售则不能被预料到。

• 确定部分费用

年度确定部分费用从 2002 年 9 月 1 日起由特许权让与方确定为 46 000 欧元。

以后,该部分费用每年根据销售价格确定的系数 R2 变化。

• 比例费用

比例费用由特许权让与方确定,至少为特许经营范围内外部实现(预料到的和没预料到的)收入的 0.86%。

若这笔费用延迟交付,则其利息将被调整到法定税率,而未来特许经营方的支付方式由其本身提出。

特许经营权的工程占用公用地产需得到组成工会的法定集体的批准。特许经营方交付给特许权让与方的费用要交还给这些集体以补偿对其产业的占用权。

第 56 条 控制费用

为了使工会能保证对特许经营权控制费用的支出,工会应收到一笔 351 000 欧元的年度总金额。该金额表示工会实施控制的年度成本。该费用可应工会要求以及应每季度开头部分需要来支付。该费用以后每年都根据第 65 条确定的费用系数 R2 变化。

若特许权让与方在实行特许经营权的条例时需要外部顾问律师来为其控制工作提供帮助,特许经营方承诺承担其长期或短期费用,但最高限度确定为每年 150 000 欧元(2002 年 9 月价格),该费用以后每年都根据本合同第 63 条确定的费用系数 R2 变化。

第 57 条 使用费

特许经营方每年最迟 11 月 1 日须向工会缴纳 Noël PoNs 工程点的场地使用费。这笔费用的年度总金额等于工会需偿还得到该场地的借款所支付的金额。第一次支付须在 2002 年 11 月 1 日前完成,包括工会为得到该场地所缴纳的全部金额。工会所欠借款分期偿还计划附录在本合同内。

第58条 电热同产运转的分红费用

在关于电热同产方式生产的电的销售价格没有适当费率规定时,特许经营方已在其供应中提供了为安装包括功率为25兆瓦的燃气轮机的设备基本技术解决办法。

特许经营方可以安装一个比相当于兆瓦功率更大的涡轮机,并在RTE网络上提供大于90.600兆瓦时(即25兆瓦×3.624小时)的供应量,3.624小时表示11月1日期间的冬季税率区。

在此情况下,特许经营方应向特许权让与方缴纳一笔相当于实现额外收入一半的分红。每年的额外收入将依照协议按以下方式计算,即根据向外售电所得额外收入与相应额外费用的区别计算(所有收入都不计税)。

- 按照协议在RTE网络上售电额外收入相当于:

总售电量为:$(1-77758/M1)$

其中,77758表示在RTE网络上由一个25兆瓦的涡轮机理论上售电的兆瓦时数目。

M1表示规定期间RTE网络所交付的售电兆瓦时数目。

- 按照协议,相应额外费用将等于:$D1+D2+D3$。

$D1$=燃气预付款(TICGN且包括所有附加税)。公式为:$1-82.7\times h/M2$。

h表示目前涡轮机运转的小时数。

$M2$表示在规定期间内为所设功率的以兆瓦时PCS为单位所购买的燃料数量。

82.7表示一个25兆瓦的涡轮机一小时的理论消耗量。

$D2$,相当于功率为25兆瓦涡轮机对兆瓦功率(PMW)涡轮机的大小维护及更新费用的超额部分,该部分将由特许经营方证实。该总额将在每年7月1日通过合同第66条规定的确定元素R2的指数计算方式来审核。

$D3$,相当于功率为25兆瓦的涡轮机在12年内提供兆瓦功率(PMW)的投资额外资金每年筹措的金额。

第 59 条 借款、贷款、租借购买

工会、特许权让与方不能为特许经营方签署借款,也不能担保特许经营方所签署的借款。为了在特许经营权合同被撤销时能保护工会的利益,与特许经营方所签署的借款或与租借购买相关的合同应包括替代条款。

比如,由前第 22 条和其附条 2、3 引起的对于特许经营工程以及由特许经营方负责的工程的筹款,特许经营方负责的工程可以求助于第三方以担保以上所提资金的全部或一部分的筹款。

若特许经营方希望求助于一财政机构,它可通过银行贷款、租借购买、租金及其他一切解决办法来为工程担保资金。

根据 1980 年 7 月 15 日第 80—531 号法令的第 30 条规定以及 1986 年 12 月 31 日第 86—1317 号法令的第 87 条规定,对于通过租借购买筹资的情况,特许权让与方承诺为特许经营方提供一切帮助以便于租借购买合同的缔结,并在此结束后,承诺与特许经营方和财政机构达成一个三方协议,其样本即附录 9。

——财政机构在基础地皮上提供的资助,须遵守可实行租借购买筹措的法律、法规及规章条例。

——财政机构在整个租借购买期间对租借购买资助设备行使所有权。

——由特许权让与方发起,因为总体利益或其他原因尤其是因为特许经营方对特许经营权的丧失,而需要废除、撤销特许经营权合同时;由财政机构提起因为特许经营方没有尽到其中的任何一项义务,而需要撤销租借购买时,要决定租借购买资助的设备及上述租借购买合同的归属。

第 60 条 特许权让与方对由 CLIMADEF 公司因维修交付给特许经营方的设备而支付的赔偿金的使用

该赔偿金已在 2000 年 6 月 29 日支付要求的档案材料中被提及,其总金额为 1 亿法郎。

该赔偿金,其总额将由当前司法鉴定书来确定,将被特许权让与方用于资助全部或部分工程和设备,以维修 2002 年 8 月 31 日特许经营

权的预先工程。

为了特许权让与方的利益,这些工程和设备将由前任特许经营方或特许经营方来完成。

上述预先工程将无偿交付给特许经营方。

该交付将产生一式两份的说明书并记入第 8 条规定的盘点中。

若上述预先工程以与以上所提及总额相差 20% 以上的金额交付给特许经营方,双方应就特许经营权合同的平衡检查后果,并应查看本合同第 58 条规定电热同产运转的分红费用分配的条文。

第 61 条　连接费用

1. 连接费用

本合同确定的连接费用只能用于为能源生产、用户服务及更新和重大维护工程所必需的扩展工程的筹资方面。

用户在连接以前必须缴纳一笔按其签署的供应能力比例计算的承包费用,即连接费用。各发起人或建设人为了用户或继承用户的利益将为特许经营方调整连接费用。费用按以下方式缴纳:

- 在供冷供暖预定要求上签字,必须在设备投入使用前至少一年交付 30%;
- 在设备投入使用前 6 个月交付 30%;
- 在设备投入使用时交付 40%。

连接费用总金额由 2001 年 8 月 31 日生效的以下方式确定:

对于签署总功率(以千瓦计)供热情况:

用户住房:234.183 欧元(免税)

其他建筑物:260.357 欧元(免税)

对于签署总功率(以千瓦时计)供冷情况:

所有建筑物:817.736 欧元(免税)

信息中心的连接费用:

对于信息中心的供冷服务以及考虑到该供应的特点,连接费用可由特许经营方按情况灵活调整。

对于每一次调整要求,必须将其情况告知特许权让与方。

2. 按指数计算

以上确定的费用总额是基本价格,该价格将由以下确定的系数增多并在投入使用的那一天起开始计算。

$$Pn = Po(0.15 + 0.85 \times BT40/BT40o)$$

参数的设定如下:

BT40:由 B. O. C. C. 公布的"供应中心"的价格指数确定的最后值。

BT40o:表示 2001 年 8 月 31 日的最后价。

第 62 条　特别扩展的缴费

1. 在特许经营权范围内,本合同未规定的新建筑物的连接费用按第 61 条确定的连接费用缴纳。

2. 在得到特许权让与方同意后,特许经营权范围的可能扩展将成为被特许经营方视为双方都愿意进入的特别市场。特许经营方可以实行某种商业政策并按情况调整第 61 条规定的连接费用总额。

第 63 条　更新和重大维修的计算

除了要重视结果、总结及其附件外,特许经营方还需另建一个协议性的账目并命名为:更新和重大维修的协议账目。

这个更新和重大维修的账目包括每年按特许经营方需要并由工会同意所准备的保证金。这些保证金将在工会的控制下每三年调整一次。

特许经营权工程更新的预先账目应由特许经营方在本合同生效后一年内交给工会。

第 64 条　向外部购买冷热供应

特许经营方将向外购买的冷热供应合同传送给工会。

第 65 条　基本费率

特许经营方可以下面最大基本费率向用户出售热能和制冷能量。该最大基本费率包括本合同第 55、56、57 条费用及在热冷能量价格中的其他附加税费。

以下每一笔费用分别分解为元素 R1、R2、R3。

R1:比例要素表示燃料或其他在质量或数量上视为必需的能源的

费用。这些能源用于保证为住户所需的供暖和空气调节或如有必要为其他可能的能源使用的兆瓦时的供应。该比例元素还包括其他各种东西的费用,其消耗可视为与出售的热冷数量成正比。

R2:确定元素表示以下费用总额:

· 为保证原来设备的运行而必需的管理及维修费用;

· 一部分为保证原来设备运转而机械使用电能的费用;

· 设备更新费用;

· 连接及原来计量器的维护费用;

· 与自供资金和借款分期偿还或首次工程确立的租借购买相关的费用。

元素 R1、R2 本身即为一附加指数所确定。C 对于供热而言,f 对于供冷而言。

R3:对于空气调节的冷水供应量,按冷水的输送量比例计算缴给特许经营方的费用。冷水通过交付站且其输送量被能量计量器的指示器记录下来。

这些列入下面费率的元素的基本价格将在 2002 年 8 月 31 日的特许经营权 CLIMADEF 公司中得到证实。同时为了供暖,对于用户住房,这些元素用于其暖气设备 10% 的翻修。而对于其他建筑物,则只负责其暖气设备 2.5% 的翻修。

1. 供暖

用户须遵守以下已定价格。

热能出售价格的基本价格 R 由此公式确定:

$R = (R1c) \times$ 用户所消耗兆瓦时 $+ (R2c) \times$ 用户所签署的兆瓦功率

作为指示,基本价格的元素 R1c 和 R2c 在 2001 年 8 月 31 日即为以下价格:

对于用户住房:$R1co = 37.1182$ 欧元/兆瓦时(免税)

$R2co = 30.3380$ 欧元/千瓦/年(免税)

对于其他建筑物:$R1co = 40.2115$ 欧元/兆瓦时(免税)

$R2co = 32.8660$ 欧元/千瓦/年(免税)

2. 制冷

用户遵守以下规定的价格。

制冷能量出售价格的基本价格 R 由此公式确定：

$R = (R1f) \times$ 用户所消耗兆瓦时 $+ (R2f) \times$ 用户所签署的兆瓦功率
$+ (R3) \times$ 水的输出量(立方米)

作为指示，基本价格的元素 R1f、R2f 和 R3f 在 2001 年 8 月 31 日即为以下价格：

$R1fo = 27.957\ 0$ 欧元/兆瓦时(免税)

$R2fo = 44.536\ 5$ 欧元/千瓦/年(免税)

$R3o = 0.093\ 3$ 欧元/立方米(免税)

"长期使用价格"：用户可选择长期使用价格。作为指示，在 2001 年 8 月 31 日的基本价格如下：

$R'1fo = 21.230\ 7$ 欧元/兆瓦时(免税)

$R'2fo = 86.566\ 5$ 欧元/千瓦/年(免税)

$R'3o = 0.071\ 3$ 欧元/立方米(免税)

3. 由二次网络出售

若从由特许经营方负责维护和开发的二次网络出售热冷供应，各网络以上所有出售价格在特许权让与方同意后上涨一定百分比。

对于与商贸中心 BOIELDIEU - ALSACE CENTRE - ALSACE OUEST 和 LECLERC 网络连接的用户，目前的百分比为 20%。

第 66 条 价格折扣和平等对待用户

对于城市供暖和空气调节的公共服务，所有用户一律平等并因此遵守本合同同样的规定。

这一条对特许经营权以外的用户同样适用。

若特许经营方同意给予用户低于前款规定的价格，则对于公共服务而言，他必须在同等条件下给予用户同样的折扣优惠。

为此，特许经营方须建立并持续更新所有专门费用，尤其是本合同第 12 条规定的费率的统计表。这些专门费率在一定条件下实行。特许经营方须向工会和用户交一份本统计表的样本,并在预定时间内告知用户。

第 67 条 价格的计算

除了价格条例的相反规定外,列入在第 12 和第 65 条规定的出售价格里的价格按要素计算。

1. 比例要素(R1)

对于供热(R1C)

当热能生产由消耗燃料油的设备进行时(R1f):

$$R1Cf = R1Cf^o \times F/F^o$$

其中 F^o＝2002 年 8 月 31 日公布的含硫燃料油的吨数—1％- H. T. V. A. 出售价格。该价格由首要物质和碳氢化合物管理处确定(D. I. M. A. H. /D. G. E. M. P.——经济、财政和工业部长)以在同天增加 T. I. P. P. 和现有附加税。

F＝审核含核燃料油吨数的价格,且须为当天确定的最后价格——H. T. V. A. 出售价格的 1％,该价格由首要物质和碳氢化合物管理处确定以在审核日期增加 T. I. P. P 和现有附加税。

当热能生产由消耗天然气的设备进行时(R1g):$R1Cg = R1Cg^o \times (G/G^o)$。

G^o＝2002 年 8 月 31 日确定的 PCS 天然气兆瓦时价格——法国天然气公司的 STS 价格——交付给锅炉房以在同天增加 T. I. C. G. N. 以及现有附加税。

G＝审核 PCS 天然气兆瓦时那一天公布的最后价格——法国天然气公司的 STS 价格——交付给锅炉房以在审核书签字那一天增加 T. I. C. G. N. 及现有附加税。

即:$R1C = a/t \times R1Cf + b/t \times R1Cg$

t＝所生产的兆瓦时总量

a＝以兆瓦时为单位的由燃料油生产的热能份额,每月都通过一次专门计算入账

b＝以兆瓦时为单位的由天然气(包括电热同产)生产的热能份

额,每月都通过一次专门计算入账

对于供冷(R1F)

当供冷能力由消耗天然气的设备提供时(R1g):$R1Fg = R1Fg^0 \times (G/G^0)$。

$G^0 = 2002$ 年 8 月 31 日公布的 PCS 天然兆瓦时的数值——法国天然气公司的 STS 价格——用以在当天增加 T.I.C.G.N. 和现有附加税。

$G=$ 审校 PCS 天然气兆瓦时公布的最后价格——法国天然气公司的 STS 价格——用以在审核当天增加 T.I.C.G.N. 和现有附加税。

当供应能力由消耗电能的设备提供(R1Fe)、$R1Fe = R1Fe^0 \times Q$。

$Q = E.D.F.$(法国电力公司)提供给特许经营方的电能兆瓦的价格变化系数。

即:$R1F = c/t \times R1Fg + d/t \times R1Fe$

其中,$t=$ 所生产的兆瓦时总量。

$c=$ 以兆瓦时为单位由天然气提供的供冷份额,每月通过一次专门计算入账。

$d=$ 以兆瓦时为单位由电能提供(包括电热同产)的供冷份额,每月通过一次专门计算入账。

2. 确定要素(R2)

与系数 R2 相关的关于供冷供热的统一价格按以下公式根据劳动力成本,多种服务 C 成本的变化以及国家建筑业索引计算

$R2 = R2^0 \times 0.15 + 0.30 \times ICHTTS1/ICHTTS1^0 + 0.15 (PSDC/PCDC^0) + 0.40 \times (BT40/BT40^0)$

$ICHTTS1^0$:2002 年 8 月 31 日公布的 ICHTTS1 的初始值。

$BT40^0$:2002 年 8 月 31 日公布的 BT40 的初始值。

ICHTTS1:审核所有员工的小时劳动成本指数(ICHTTS1)那一天公布并刊登在 B.O.C.C. 上的数值。

BT40:审核中心供暖建筑的价格指数(BT40)那一天公布并刊登在 B.O.C.C. 上的最后数值。

$PSDC^0$:2002 年 8 月 31 日公布并刊登在 B.O.C.C. 上的生产和

多种服务 C 的指数的数值。

PSDC：审核生产和多种服务 C 那一天公布的最后价格。

3. 凉水的供应量

与系数 R3 相关的供应统一价格根据电能的成本的变化按以下公式计算：

$$R3 = R3^0 \times Q$$

其中，Q＝E.D.F.（法国电力公司）供给特许经营方的电能兆瓦的价格变化系数。

4. 价格变化的计算

价格变化的计算应在每次开发票时传达给工会。

不同的价格计算到保留五位小数并尽可能约成四位小数齐头数，若可约小数为数字 5，则按"不足"将价格计算成齐头数。

以最近公布的指数计算价格。

若在计算公式里其中一个参数的定义或结构需要修改或一个参数已停止刊登，则须在工会和特许经营方的共同协议中引入新的参数以按照双方意愿保持规定价格和经济条件的一致。

第 68 条　保证金存款·开票据

在预定要求签字时以及在设备投入使用之前，尤其为了分担建立燃料或备用零件的储存所投入的费用，并考虑到供应的交付使用及用户付款之间的变化，用户应预先就使用这些设备向特许经营方缴纳一笔费用，其数值不高于比例费用。

• 对于供热，以第 65 条确定的价格，相当于使用了用户所签供应能力 400 小时。

• 对于供冷来说，以第 65 条确定的价格，相当于使用了用户所签供应能力 250 小时。

保证金存款金额如同费用 R1c 或 R1f 变化不定。

保证金存款由特许经营方保留并于预定期满时归还。

一份特别账目即《保证金存款管理账目》要公布在特许权让与方的服务账簿上。

本合同存续期间由新用户缴纳的保证金存款总额应记录在《保证金存款管理账目》上。

以下(1)、(2)两项都要记入《保证金存款管理账目》。

(1) 预定期结束时归还给订户的总额。

(2) 在特许经营权让与范围内所涉及的用户交付的保证金范围内,所证实的某些用户的坏账总额。

特许经营方管理《保证金存款管理账目》的财务情况,即由用户缴纳的保证金存款所形成的顺差。这笔保证金不能得到归还或不能使用其来冲抵坏账。

因此,特许经营方每年应缴纳保证金存款所生的利息。这笔利息即为《更新和重大维修账目》中的额外收入。保证金存款按欧洲中央银行的贴现率计算利息。

支付用户对特许经营方的欠款

特许经营方开具的发票可按以下条件由用户缴费。

· 年度确定费用将以确定日期公布价格的审核的参数值对半支付。对于供热来说,即每个使用年份的9月30日至12月31日,对于供冷来说,即每个使用年份的3月31日至6月30日。若供应冷热季节需对签署的供应能力进行调整,那么将在季末查账。

· 比例费用以每月最后一天公布的参数值,根据消费价目表来支付以使每月的发票能原则上在供应期随后的一个月的上半月内交给用户。

用户自接到发票之日起履行付款的义务,须明确一点:用户不能以对发票提出任何异议为借口而拖延付款。用户对发票提出的意见公认为合法的,特许经营方应对发票进行纠正并重新计算。

在发票开出后一个月内未缴费,特许经营方在以挂号信及其回执催缴欠款后10天内中断冷热供应。

然后特许经营方须提前48小时以第二封挂号信及其回执正式通知用户其中断供应的决定,以便用户能采取应对供冷或供热中断的预防措施(比如,可能出现冻期)。

在前述两封挂号信已在规定期限内发给用户后,特许经营方对此造成的后果不负任何责任。

若供冷供热中断是按照以上所有规定程序进行的,该操作以及以后设备供应服务的恢复的费用将全部由用户承担。

在供应中断期间,年度确定费用继续全部算作用户拖欠款,只有比例费用可按实际情况延期缴付。另外,对特许经营方的欠款将按银行基本利率提高利息(提高 2.5 个百分点),特许经营方可根据已加利息的欠款以及因服务的中断和设备的恢复使用所引起的费用来决定恢复供应。

第 69 条　用户向工会缴纳费用

关于能源供应项目,(工会)按照对特许经营方欠款的同样条件要求用户缴纳管理费用。

第六章　计数生产和审核合同

第 70 条　特许经营权的控制

根据 C. G. C. T 第 L1411-3 条款,特许经营方每年 6 月 1 日前向特许权让与方提交一份报告,报告须包括以下内容:

· 属于公共服务部门委托执行的操作的总量;

· 对所提供的服务的质量的分析;

· 对所提供服务的实行情况的分析;

· 对设备运行给健康和环境造成的影响的分析;

该报告应由特许经营方执笔以向特许权让与方提供信息(需要)且可引起特许权让与方对因公共服务任务的执行可能产生的各种后果的注意。

工会有权控制特许经营方提供资料里的所有信息。

第 71 条　技术和财政条款运行的核实

为了能对本合同的财政和技术条款的运行进行核实和控制,特许经营方每年在规定实行期后 6 个月期限内向工会提交一份报告,包括本合同第 72 条、73 条的技术汇报和财政汇报。

在该报告里,特许经营方须用这些资料且在必要时根据第 75 条规定的经营账目阐明一个或多个对特许经营权的财政条件及其审核已完成。

特许经营方还须按本合同第 74 条每三个月（一季度）提交一份技术和财政汇报。

若没有写年度或季度技术和财政报告，将构成一个合同性过错，该过错将按特许经营权合同第 81B 条受到罚款处罚。

第 72 条 技术的环境报告

技术报告应至少包括以下内容：

关于新工程：
- 已实施的首次确立的工程；
- 已实施的更新和重大维修工程；
- 联接和工程的特别扩展；
- 对于全部新工程的实际花费，发票款项和估算。

关于经营：
- 燃料及热能数量（所购买的、生产的、分配的、出售的以及储存条件）；
- 便于计算收益的材料；
- 用户的数量及其变动；
- 用户清单及各个用户所签供应能力；
- 服务员工及代理人资格；
- 工资群体；
- 工程总体变动；
- 重大修理工事；
- 故障及干扰日志；
- 用户所提要求的日志；
- 正当控制机构的合法来访视察报告。

工会可要求（提供）证明材料、交付单、计量器清单。

特许经营方须按本合同第 32 条规定向特许权让与方提交一份年度环境报告，该报告必须包括：
- 与分类设备有关的全部法律检查结果；
- 为执行关于分类设备的法律、法规而采取的措施；
- 遵守排放物、烟尘和垃圾的排放标准；

- 污染警报的数量及其期限；
- 沿河(水域)居民所提交的诉状数量；
- 在污染上支付的附加税的总额。

第 73 条　财政报告

除了总结、最后结果账目和已完成操作的附件，在审计员签署账目的书面证明后，特许经营方须提供一份财政报告，财政报告应概括会计及货币信息，并补充一些具体信息以表明这些会计和货币信息如何以及为什么发生变化。该财政报告还应估计或论证服务成本与服务效率的关系。

该财政报告至少应包括如下几部分：

1. 计数生产

- 收入(进款)
——按费率数据分别估计的经营收入
——出售电热同产所生产的电
——财政收益
- 操作费用
——员工
——能量的购买(燃料、电能)
——水的购买
——各种供应
——标明内部组织企业的加工
——税费—其他花费(保险等)
——驻地费用
——投资费用，概括的和详尽的(分期偿还，更新等)
——财政费用(固定资产、流动资金等)
——合同性参与活动(捐赠基金、特许权使用费、按年缴付给特许权让与方的借款金额)

2. 已完成的操作的更新和重大维修的协议性账目状况
3. 现行操作的预先经营账目
4. 员工，人力工作时间的分布(干部除外)

——通过分派职务（占领导职务的 1/4，维护者）

——获得专业资格

5. 记录的损失·维修成本·保险赔偿

6. 供应商合同·供应商达成的合同的复印件（年度总额越过 600 000 欧元，免税）

第 74 条 季度报告（技术和财政）

特许经营方每季度都应向特许权让与方提交一份技术和财政报告。不遵守此项义务将导致对"迟延"处以罚款。

关于技术报告，特许经营方将提供技术和物理指数已使特许权让与方明确所提供的服务的质量，并显示本合同所预估的与实际进展中的差距。

特许权让与方可要求证明材料、发票、交付单、计量器清单以及所有有用的文件字据。

财政报告应明确指出：

·在开支方面，为了证明前面所需的技术报告，按财会计划的条文分别估计的开支细目及相对于前段期间的变化；

·在收入方面，按规定价格的数据及其相对于前段期间的变化分别估计经营收入的细目。

第 75 条 经营账目

在按照本合同第 77 条审核热能生产和制冷费用之前，特许经营方将对审核前每个操作建立特许让与服务范围内的经营账目。

这些账目将包括：

·在贷方（经费来源上），属于特许经营方的服务收入，包括出口热冷源的收入；

·在借方（欠账上），特许经营方本身的开支。

账目差额代表经营纯利润或经营纯亏损，特许经营方的费用折扣效果还需进一步阐明。

以上所说的经营支出，绝对是和本特许经营权有关的支出。若特许经营方从事分配能源之外的其他经营活动或经营了其他网络，将需由各自的分析账目分别估计与各种活动有关的支出，同时尤应考虑到各个业务的数据。

第76条　工会的监控

工会将有权控制年度报告和以上所说的经营账目上的信息,为此,工会委托的代理人可以现场核实。代理人可以现场进行必需的核定以确保服务是按照本合同建立和经营的。

特许经营方除了安排物质和人力手段,还需布置特许权让与方或其外部顾问能利用的信息手段及工具(G. M. A. O.——计算机辅助维护管理)以提供能满足对委派公共服务经营的估量的需要的所有信息及指示。

特许经营方须遵守由特许权让与方或其自由委派顾问安排的程序,以监督(是否)遵守了质量和数量条文规定(条款),这些有关托付公共服务筹资、工程和经营状况的条文将被写入合同。

特许经营方须向工会或其外部顾问提供所有资料及必要物质帮助以使其能就地完成对文件字据的监控任务。

第77条　制热、热冷能源费率结构的审核

为了顾及经济技术条件的变化且确保指数计算公式很好地反映真实价格,按本合同第75条,特许经营方的费率水平,根据以下情况,应遵循特许经营方对必要证明材料尤其是经营账目生产的重新审查。

1. 8年,13年和18年后;

2. 统一价格R2通过指数计算的连续运作,与本合同或先前审核确定的价格相比,变化幅度超过75%;

3. 如果托付给特许经营方的工程或其发展在数量和质量上做了更改以重新审查本合同财政平衡而没打乱它;

4. 若网络被分级且必须连接,而在先前的协商中没有被预料到;

5. 若第8条确定的(经营)范围被更改以便重审本合同的财政平衡而没打乱它;

6. 若能源的变化很明显地更改了本合同财政平衡而没打乱它;

7. 若与本合同生效后现行供应能力相比,所签署的供应能力或出售给用户的能源数量变化幅度超过30%;

8. 若特许经营方承担的税费总额有重大改变;

9. 若为了应对因协调能源而进行的经营而采取了新的具体措施。

第 78 条　审核程序

费率和变化公式的审核程序不会导致变化公式正常运行的中断。变化公式将继续使用直到程序的终结。若从双方中的一方提出审核要求那一天起三个月内未达成协议，那么该审核将由一个三人委员会进行，三人中一人将由工会指派，一人由特许经营方指派。而第三人则由前两人指派。若前两人在 15 天期限内未达成协议，第三人将由行政法庭庭长依据第 85 条指派。对于前两人的指派，若双方在上述三个月期满后在同样 15 天期限内没有完成，则同样由行政法庭庭长指派。

第 79 条　税

由国家、地方行政单位确定的税费，其中包括与服务建筑相关的税，由特许经营方负责。

第 65 条规定的基本价格视为相当于来源于特许经营权或实行第 77 条建立的基本新费率的现行税费。

第七章　处罚、诉讼

第 80 条　不可抗力和类似情况

根据本合同条款的规定，所谓不可抗力或其类似情况是指：

——所有被法律原则确认的使特许经营方不可能实现全部或部分承诺或不能阻止造成损失的不可预见的或不能避免的或不可克服的（困难）情况。比如：战争、动乱、群众运动、游行、洪水以及燃料供应的重大困难。

——所有特许经营方实际不可能阻止的第三方或特许权让与方的干涉。

——所有因工会不履行其义务而导致的特许经营权工程违约的情况。

在以上列举的情况下，双方应尽快约定召集会议以对当时情况采取应对措施。不管怎样，特许经营方将尽最大努力用其掌握的工具提供最低标准服务。

不可抗力的情况一旦结束,双方将在对事故回顾分析和特许经营方提供的辩护书的基础上停止共同协议。如有必要,关于特许权经济平衡的财政事故将导致上述第78条规定的实施。

第81条 经济处罚:罚款

除了以上确定的不可抗力情况之外,如果特许经营方不履行本合同为其规定的义务,将按以下详细情况对其实施罚款而不涉及第三方的损害和利益。罚款是为了工会利益而实施。

1. 首次工程确立时工程的延期

当首次工程确立设备的投入使用的延期涉及关于该设备用户的供应义务时,将实行针对延期的罚款。

对设备的投入使用每延期一天,罚款确定为10 000欧元(免税)。

2. 工程的经营

(1)供应冷热。若在以下具体情况下出现供应中断或不足,将对特许经营方实施下列罚款。

• 若没有特许权让与方的事先准许而中断变电站冷热供应2小时或以上,特许经营方将受到相当于按供应上述变电站总时数及相当于所签署的供应能力时消耗量计算的比例费用总额的罚款。

• 若供应中断或不足且少于2个小时,罚款数额将相当于上述数额的一半。在签署的供应能力限度内,用户若不能得到满足其需要的必要供应视为供应不足。

(2)合同资料的提供

若没有提供第六章规定的资料,在催促后30天内没有回复,将实施相应罚款。每耽搁一天罚款1 000欧元(免税)。

(3)若出现严重错误(放弃工程计划、使用生产发电站、能量产量不足、危害公共安全、部分实施或全部中断公共服务),则根据错误的严重程度实行经济处罚,强制处罚(临时由官方执行)或解除特许权处罚(收回特许经营权)。

第82条 强制处罚:由官方临时执行

若特许经营方犯下严重错误,尤其是如果放弃首次工程确立的工程或冷热能源供应数量或特性有错,或危害到公共安全,或是只实施了部分服务,工会将采取一切必要措施,且由特许经营方承担费用和风险。

在官方实施临时处罚前应先催告(其改正),特殊情况除外。

若特许经营方在不少于15天的期限内不能履行义务,工会可强制要求执行服务运行的必要工程并由特许经营方承担费用及风险。

自特许经营方收到挂号信及其回执的通知起,官方临时执行的处罚即生效。

特许经营方重新完全履行其义务,该执行即停止。

若工会连续经营12个月后特许经营方就不能履行义务了,工会将宣布解除其特许经营权。

第83条 解除特许权处罚:收回特许经营权

若特许经营方严重违约,尤其是它没有完成预定工程或没有按本合同规定分配能源,或工会连续经营12个月后且特许经营方没有被免除官方临时处罚,工会将单方面宣布解除特许经营者的特许权,除非存在免除特许经营方责任的情况,如不可抗力。

(工会)催告后一个月期限内没有回复,则采取该措施。

自特许经营方收到挂号信及其回执的通知起,解除特许权的措施开始生效。

如果宣布解除特许权的时候,按第68条规定还在盘点中的特许经营权工程根据下列条件立即由工会收回。

1. 对于属于外部的财产,工会直接向贷款金融机构或租借购买人承诺接收由特许经营方在特许权解除前向其签署的押条。

工会可以指定新特许经营方承受此义务,条件是需得到贷款金融机构或租借购买人的预先同意。该种承受如果被金融机构接受的话,将在最初筹资的合同里开始起作用以防止出现公共服务的中断。

2. 对于由特许经营方自己筹资的财产,工会将相当于这些财产重新估计后的一笔款额一次性付给特许经营方。

3. 流体及拆卸零件的储存以及特许经营方自己的财产,将由工会按本合同第85条规定接收。

第84条 选定住所

特许经营方选定(履行契约的)住所:——courbevoie(拉德芳斯

区) Alen,con92400 街 2 号。

第 85 条　合同争议的裁决

特许经营方和工会对本合同的争议,将由对特许权让与方即工会有管辖权的行政法庭裁决。

第八章　特许经营权的终止

第 86 条　特许经营权的让与

源出 ENERPART、VATECH – ELIN – SOPPIANAJ 几个公司的临时组织,ENERTHERM 公司是一个专门为了履行本合同而成立的公司,其主要股东为 ENERPART 公司。

特许经营权的所有部分或全部让与,以及对受托公司社会资本组成所有的更改在没有得到工会明确的预先批准前不得进行。

本合同对接替工会的其他权利组织同样有效。

第 87 条　特许经营权终止时服务的继续

在不会导致特许经营方提出赔偿的条件下,工会可以在特许经营权的最后一年采取所有能确保生产和分配继续进行的措施,同时应尽可能减少由此给特许经营方带来的麻烦。

一般说来,工会可以采取一切必要措施以便利特许经营权逐渐让渡到新的经营体制或新的特许经营者。

特许经营权终止时,工会或新的经营者将代替特许经营方行使权利。

第 88 条　因公共利益而解除特许经营权

工会享有因公共利益而单方面解除本合同的特许经营权。

必须按规定在最少 12 个月的期限内以挂号信及其回执预先通知特许经营后才能解除特许经营权。作为此解决的补偿,特许经营方为弥补其所遭受的损失有权要求工会支付补偿金。

因此,工会尤其应该:

1. 向特许经营方累积支付以下金额款项

——在特许经营权到期前的每一年要支付一笔相当于解除特许经营权前最后五年纳税前的年平均经营收入的赔偿金;

——一笔相当于对特许经营权中已建或更新的工程和财产重新估价后的一次性付清的款项；

——一笔相当于中断与供应商或领取补助者合同的赔偿金；

——一笔相当于为保证经营运行而购买储备物和原材料的款项；

这些款项须在解除特许经营权后6个月内付清，特许经营方自己筹资的工程的财产转让在付清全部款项当天开始进行。

2. 因提前终止以上筹资合同，向贷款金融机构或租借购买人累积支付以下款项：

——相当于解除特许经营权生效后关于特许经营权签署筹资的所欠资金的一笔款项，由分期偿还表确定的欠款（所欠资金）将附录到筹资合同里并在接收首次工程确立的工程后转给工会；

——预先偿还贷款金融机构或租借购买人的一笔赔偿金。

这些款项将为不中断特许经营方签署的筹资合同而支付。

工会可以直接接收特许经营方签署的筹资，条件是需得到贷款金融机构或租借购买人的预先同意以及有附录在三方协议的示例规定中。

在此情况下，关于筹资合同的所要求偿还的款项将为了不中断特许经营方签署的筹资合同而支付。

3. 同样：工会须取代特许经营方执行现行预订政策以及能源合同和其他所作承诺，以保证经营的正常运行。根据第90条之规定，工会能够接收不属于特许经营权的财产。

工会同样继续执行专门用来实施特许经营权服务的员工的劳动合同，或若有必要，要求继任者继续执行劳动合同以及所有关于员工的合同。

第89条 设备的交付

1. 特许经营权到期后，特许经营方须将特许经营权以完好维护状态交付给特许权让与方，交付时所有财产和设备须符合以上第8条规定的盘点清单，无论其作用是否得到发挥，均无需赔偿，但下面"2."节条文规定的除外。

在特许经营权终止前一年或者为了公共利益而预先解除特许经营权，双方将停止且估算。如有必要在按前面第77、78条限制性规定进行鉴定后，估算对状况不良的让与工程实施新工程。特许经营方应在特许经营权到期前实施相应工程。

这些工程的花费总额将记入前面第63条确定的《更新和重大维修账目》上去。

若工程的花费总额超过上述账目余额,特许经营方独自承担必要的所差的费用。

2. 在特许经营权最后15年内由特许经营方筹资的属于特许经营权的设备,若没有技术上的损耗,将通过支付赔偿金的方式交付给工会,这笔赔偿金相当于首次工程确立的费用,且按使用年数减少相应次方,交付(设备)后3个月期限内须支付该赔偿金。若推迟缴纳欠款,将按欧洲中央银行的折扣利息率计算滞约利息。

合同到期前一年,双方确定赔偿金数额及其支付方式。

第90条　收回财产

只要有赔偿金,工会可收回为经营所必需的由特许经营方全部或部分筹资的但不属于特许经营权的财产。

工会可以再购买动产且有义务再购买为正常经营所需的原材料。这些财产的价值将以和解方式或专家意见确定且须在工会收回后3个月内交付给特许经营方。赔偿金将根据技术损耗并考虑到为恢复其状况可能需要的费用估算。若推迟缴纳欠款,将按欧洲中央银行的折扣利息率计算滞约利息。

第91条　特许经营权的回购

从第15年起工会保留特许经营权的权利以准备回购特许经营权,此时,特许经营权的回购方式将由本合同第88条确定。

第92条　特许经营方的员工

在解除特许经营权或合同到期后,工会和特许经营方商定集中检查有关员工的情况的事宜。

第93条　用户文件及工程计划的交付

用户文件:

在本合同终止前,特许经营方须将用户文件无偿交付给工会。

工会可要求文件只能通过符合市场现行标准的信息介质转交或同时通过这种介质和纸张转交。

特许经营方若没有交付用户的文件或交付不能使用的或已过时的文件,那么创建新文件或对新文件的更改所需必要费用都由特许经营方负担或从保证金总额中扣取。

工程计划:

所有由特许经营方掌握的关于委托服务的工程和设备的计划都须在本合同到期前至少一年交付给工会,特许经营方如果希望的话,可自出费用保留一份复印件。

若特许经营方将工程和设备的全部或部分计划存在一个数字化地图绘制的数据银行里,工会可选择以信息数据的复合件形式或传统形式(纸张)接受这些计划(书)。

若需专家从受托人在工会或新经营者确立的系统的数字银行的介质来实现信息数据的交付。特许经营方应为专家接触所有与委托服务有关的数据提供便利并承担数据交付费用的 50%。

第九章 其他条款

第94条 合同附录材料

以下材料附录在本合同内:

1. 拉德芳斯区城市供暖混合工会(SICUDEF)在 2001 年 11 月 16 日和 12 月 10 日所作的决议;
2. 首次工程确立的工程总计划;
3. 首次工程确立的工程事先完工日程表;
4. 需签署的保险担保总纲;
5. 服务规章条例;
6. 用户预定合同示例;
7. 特许经营权范围规划;
8. 工会为取得 Noël Pons 的地皮所签署的备用合同;
9. 三方协议示例。

委托方签名处:　　　　受托方签名处:

2001 年 12 月 21 日

行政合同之三：
关于高流量通信网络管理的
公共服务委托协议

工程(2003年7月9日)

波城的网络宽带覆盖工程

关于高流量通信网络管理的
公共服务委托协议(位于城区)

(封面)

工程(2003年7月9日)

波城的网络宽带覆盖工程
关于高流量通信网络管理的公共服务委托协议(位于城区)

比利牛斯山脉的波城

法国政府 - 2 bis Place Royal - BP 547 - 64010 PAU CEDEX

代表人：安德鲁·拉巴威瑞,根据集体委员会在某年某月某日的审议,签约

后面均称为委托人

甲方

企业

(形式,社会资本,RCS注册编号,公司所在地)

代表人：

后面均称为受托人

乙方

签名者合称为双方(les parties),单数形式(Partie)指签名者中的任何一方。

序　言

在 2002 年 12 月 26 日的会议中,集体委员会在它的权限范围内(即涉及信息新技术、通讯新技术方面的运作)(NTIC)通过了决议,认定该工程属于公共事业,并在该次会议上形成了指导性的纲领性文件。该文件的内容涉及信息和通讯技术。

另外,在 2001 年底进行的一次公众调查进一步知晓了高信息流量网络的潜在用户的需求。在此基础上,2002 年 12 月 13 日,集体委员会把兴建高信息流量网络归为公共事业。

为了方便公众进入 NTIC,实现 PBC 计划,集体委员会在 2002 年 4 月 12 日和 2003 年 3 月 12 日经过两次磋商后,作出了如何建设该项地面设施的决议。该工程建设将通过安装轴套滚筒,把黑色纤维拉成丝进行。为了推进该工程的进展,使波城城市范围内的网络中已投入使用的地面设施和还未投入使用的部分都达到最佳状态。2002 年 12 月 11 日,比利牛斯山脉的波城共同体与西南电视图像传播集团签订了一份协议。该协议涉及这些基础设施的使用权。

2003 年 3 月 12 日,集体委员会就该项工程的授权及管理原则进行了磋商。

该造福于市民的工程计划将实现如下目标:

(1) 将一系列的本地环路接到 GIGABIT ETHERNET,并接入长途线路网。

(2) 提供高质量、高流量的信息服务,尤其是 IP 电话服务、视听节目、高附加值服务(如声音、数据、图像等)。

(3) 尽可能地方便普通居民和广告商享用该服务。

PBC 计划可同时促进高信息流量的地面设施建设。这些服务本身也要求高信息流量。从这种角度看,提议围绕以下 4 个方面进行建设:

(1) 建设一个本地传媒系统,围绕互动式免费服务、培训展开;

(2) 运用电子管理模式；

(3) 实现一套或几套高信息流量的 IP 服务(声音、数据、图像的传输)；

(4) 建设一个面向大众的数字空间网络。

通过 PBC 计划，委托人得以完成这些工程的建设，同时使其中一些必要设备到位。这些设备对于建立一套传输高信息流量数据的基础设施非常重要，这样，后者就可以传输不同种类的数据。

该基础设施运用 GIGABIT ETHERNET 技术，将在第一时间内拥有长达 50 km 的线型光纤，通到几千米之外的地方。我们的目标是拥有至少 55 000 最终用户(企业、机关或个人)。

现行的法律制度，禁止委托人成为电信的操作人。因此，他们只能通过该协议，将该基础设施的管理予以授权。受托人的工作包括负责基础设施各部分的维护和保养、安装设备，以保证用户的需求得到满足，并使上述付费用户完全享用整套服务。

受托人的确定程序遵循了地方行政机构基本法典 L.1411-1 条。受托人也接受了本协议赋予的义务。

目　　录

第一章　基本原则

1. 定义
2. 目标
3. 排他性

第二章　装置与设备的建设

4. 期限
5. 装置和设备的交付
6. 投资的义务问题

第三章　地面设施的开发

7. 与客户的关系
8. 人事结构
9. 受托方承担的操作性维护义务
10. 在波城宽带计划中,受托方在研发上的关联

第四章　财政结构

11. 收费标准
12. 受托方的收益
13. 受托方应付的特许权使用费
14. 受托方应付的租金
15. 受托方向委托方支付的部分收益
16. 税费

第五章　公共条文

17. 受托方的责任
18. 受托方所签合同的移交
19. 保险
20. 委托方实施的控制
21. 不可预见、不可抗拒及专制因素

22. 调节程序
23. 强制措施
24. 经济处罚
25. 由于受托方的过错,协议的撤销
26. 为了总体收益,协议的撤销
27. 协议的让与
28. 协议的修改和重新协商
29. 可分性

第六章　协议的结尾部分
30. 重新分配归委托方支配的财产
31. 购买属于受托方的财产
32. 对公共服务委托候选人的信息提供
33. 服务向新开发商的转移
34. 诉讼规则
35. 通告
36. 附件

第一章 基本原则

1. 定义

1.1 除了明确标明的相反条款,术语和词组的运用均参照下列定义。

附件:参见本协议的附件。这些附件是本公共服务授权协议的内在组成部分。它们的内容与本合同正文的条款具有同样的效力。但若出现附件内容与合同正文的条款相抵触的情形,以合同正文的条款为准。

条款:参见本协议的条款。

CGCT:地方行政机构基本法典的缩写。

顾客:为了使用高信息流量网络,与受托人签署或想签署服务合同的人。在承租未正式投入使用的光纤时,这些顾客可成为该网络的操作人或唯一的最终用户。

服务合同:受托人与顾客签署的合同。该合同主要是关于受托人向顾客提供服务的内容。

合同:即该公共服务委托合同,附件同样为合同的内在组成部分。

最后一米:指位于私人领域的电缆总体,因为它的安装只有得到必要的许可后方可进行。

接入设备:使顾客可以进入网络的设备。

地面设施:包括所有的安装和设备(尤其是光缆、轴套、连接场所、拉丝室、铰接室)。这些设施由委托方向受托方添置,或者在协议执行过程中由委托方提供,供受托方使用,以完成他的工作。

连接场所:安放设备的场所,这些设备使地面设施与外部网络相连接,尤其是与长途网的连接。

有效维护:由受托方对地面设施进行的所有维护,包括预防性的和修护性的维护,以保证向顾客提供优质服务,满足在顾客和受托人签订的服务合同中所明确的服务要求。

职责:通过协议向受托方委托的所有任务。

接线柱：通过 ETHERNET 转换器的一组光纤，最终用户可以通过接入设备享受到指定服务(参照附录 17 的草图)。

长途网：传输数据的高信息流量网络，在地面设施之外。不管是公共的，还是私人的，都通过 PALOISE 地区。特别需要指出的是该网络隶属于 GIP RENATE，由 AQUITAINE 地区和 Les Pyrenenes-Atlantiques 省开发。

服务：由受托方向顾客提供所有服务，包括所有在服务合同中明确的项目，尤其包括指定服务。

指定服务：在附录 5 已详细说明的条件下，向最终用户提供名义上的 10 兆的宽带服务。

最终用户：通过指定服务，享受电信和声像服务的自然人或法人。

1.2 为了计算合同中提到的不同期限，明确规定月份采取天对天的计算。即，时间由公告后的第一天的 0 时开始计算，1 个月后的同一天的晚上 12 时结束。比如说，一个公告是 1 月 10 日开始执行的，就从 1 月 11 日 0 时开始计算，到 2 月 11 日晚 12 时结束。

但是，如果到期日是星期六、星期日或其他节假日，到期日应推至下一个工作日的晚 12 时。

2. 目标

2.1 该合同是为了保证地面设施的维护、保养和开发。

2.2 受托方的职责包括：

地面设施与长途网的连接；

地面设施的有效维护；

与地面设施相关的设备的采购、安装、启用、维护；

面向顾客的地面设施的启用；

向顾客提供指定服务和相关发票；

连接场所的管理和开发；

最终用户的连接。

受托方有责任构思出一个与其职责相符的结构书、一个技术策划书和一个商业策划书。

2.3 在履行职责过程中，尤其是在服务合同的签订过程中，受托方应始终坚持客观、公开、公正的原则。

2.4 在合同过程中遇到的意外,受托方自担费用、风险与责任,但以下情况除外:不可抗拒的天灾,不可预料的事件,或者因命令行为导致的损失,具体参看条款21。委托方向受托方提供的研究资料中的意外种类若不全面,或是对有些事件的性质判断错误,受托方不得利用该等缺陷而免除自己的责任。

2.5 受托方可以执行一些与合同相关的附加行为,但必须遵守现行法律、法规,尤其是与竞争法相关的规定,并且是在不影响正常履行其职责的范围内。但不得以任何方式,用以其职责为名义得到的收入或津贴来资助该等附加行为。

3. 排他性

若操作者提出要在自己的地域范围内建造他们自己的电信地面设施,委托方不得反对。

相反,委托方不得直接或间接参与任何与地面设施相竞争的设备、装置的兴建,不能以某种方式鼓动其他机构兴建同一具有竞争性的地面设施。总的来说,就是委托方不能采取任何有可能阻碍受托方行为的措施。

第二章 装置与设备的建设

4. 期限

该协议期限为15年。生效日从委托方向受托方公告之日起开始计算,实施 CGCT 的 L.1411-9 条款。

5. 装置和设备的交付

5.1 委托方向受托方提供

(1) 用于传输数据的装置和设备,在附录1中有所描述。

(2) 装置和设备的分布状况,在附录2中有所描述。包括在公共区域及连接到私人区域的限制。

(3) 连接场所,在附录3中有所描述。

(4) 受托方为了履行其职责而必需的场所,根据条款13中明确的限制性规定,尤其应使受托方的技术人员和商业人员有居住地方,并且有专门地方接待顾客。

5.2 关于条款5.1提到的装置和设备,委托方必须保证它们运转良好。委托方要让受托方了解自己制定的有关装置和设备的计划。

包含附录4中规定的信息,以及有关装置和设备的清单,在委托方向受托方交付装置和设备的过程中逐步理出。在协议的履行过程中,若委托方需向受托方提供补充装置和设备,同样需按照前面提到的附录4的要求,拟订一份相同形式的清单。

关于装置和设备的交付日期,是下一节提到的最初清单的完成并双方签字的当天。

5.3 委托方提供的一部分地面设施位于分配网络上,有声像传输服务光缆(以下称为有线网连接),它由西南声像通讯公司(以下称为"SVSO")所有,同时也由其开发。根据2002年12月11日的协议,委托方有权在2020年11月1日前使用该有线网。该协议的复印件在附录16上。上述使用权包括:

(1) 委托方可以利用轴套通过一条直径最长18毫米,长度至少有有线网传输部分线性长度95%的光缆,可以通过一条直径最长15毫米,长度至少有位于公共区域的有线网分配部分线性长度80%的光缆。

(2) 委托方可以使用位于SVSO的有线网的轴套上的单一模式的黑色光纤,但这段是SVSO不能用于分配的部分。

委托方负责在轴套上安装光缆,就是(1)中提到的SVSO同意的部分。委托方将光缆的开发工作交给受托方,就是在条款5.1中提到的。

关于(2)中提到的黑色光缆,委托方免费把使用权转给受托方。这也在上面提到的2002年12月11日的协议中注明。

6. 投资的义务问题

6.1 委托方的义务

——所有位于公共区域的土木工程项目。

——所有位于公共区域的光缆和轴套的替换和修复。

——对设备的大型修理。所谓大型修理,即无税单位成本(去除劳动力费用)超过1 000欧元,均为大型修理。

6.2 受托方负责安装必要的设备和进行相应的操作,使指定服务能够在以下方面实现:

(1) 根据条款5.2中预见的设置提供状况,至少在四个月内覆盖1 000个接线柱;

(2) 根据设置提供状况,在明年至少覆盖12 000个柱;

(3) 在(2)实现后一年时间内,至少覆盖12 000个柱;

(4) 在(3)实现后一年时间内,至少覆盖12 000个柱;

在实现了覆盖37 000个接线柱后,双方将计划实施一个有关实现补充连接的项目。该项目要持续到协议结束为止,在委托方认为有实际需要的情况下,每年要安装至少5 000个补充接线柱。

为了早日实现向公众提供指定服务,加快开发进程,以实现最大效益,受托方将继续着手进行附录15中提到的设备的获取和安装。这些设备预计总价值为16 500 000欧元。

目的:

——方便大家享用该项服务,避免收入的不平等和地方歧视。

——相应地达到委托方要求的价格。

委托方要向受托方提供5 000 000欧元的设备上的资助,帮助它实现这项投资,这个资助不是隶属于TVA,而是公共服务的要求。

资助根据以下规定实行:

——在协议公布日起,3个月后提前支付30%。

——在受托方出示了至少5 000 000欧元价值设备的条件下,剩余部分于2004年12月31日前支付。

另外,各方达成以下协议,委托方向受托方提供一笔零利率贷款,总额为2 000 000欧元。该项贷款在2004年1月1日支付,受托方分3次偿还,每次偿还666 667欧元。三次时间分别是2004年12月1日、2005年12月1日、2006年12月1日。这项贷款是为了受托方加速项目的进行。受托方将最迟在2004年1月1日出示相关设备,证明至少投资了2 000 000欧元。

6.3 受托方负责操作上的维护,如条款9中写的,以及以后购进的设备的维护。

6.4 为了满足顾客的需求,受托方可以负责"最后一米"和相应的接口设备的安装。受托方可以根据自己的利益自由决定,或者由自己,或者让别人负责设备和安装。或者购买,或者租用现成的设备。

6.5 在条款6.2和条款6.4执行过程中,受托方购得的设备,在协议期限内归受托方所有。

设备的所有权在协议到期时转移到委托方:

——若设备的价值高于委托方所提供的资助,委托方应支付超出部分。需特别提出的是,支付金额应为设备总价值减去受托方得到的用于购买和安装设备的费用;

——委托方享有所有其他设备的所有权。

6.6 受托方应负责其所购进设备的更新。

6.7 为了满足顾客的需求,在协议期间,进行的所有工程,实现的补充设备和安装,以扩大地面设施或加固设施。这些工作全权由委托方负责,除了一些为了实现"最后一米"的必要工程。具体要求如下:

(1) 在协议执行的头三年,受托方向委托方传达顾客提出的要求。在委托方逐渐了解顾客需求的过程中,进行地面设施的扩大或改进。

自委托方和受托方共同发表的声明生效起,委托方对相应的投资负责。该声明是有关将要满足的需求和必需的措施。

(2) 从协议执行的第四年起,受托方每年于最迟10月1日向委托方提供一份计划书,即下一年安装新设备的计划,以满足预计的顾客需要。

自该计划书生效日起,委托方将通过受托方,在来年实现该计划。

在紧急情况下,受托方可以在委托方授权下,自己出资,在公共区域进行土木工程建设。在此基础上形成的不动产,从其形成之日起,归委托方所有。

6.8 由于受托方的职责要求,它每年要向委托方汇报纤维的含量。当一段电缆中纤维含量达到80%,受托方将告知委托方中负责研究重新调整电缆的人员,并且按条款6.8进行工作。

第三章 地面设施的开发

7. 与客户的关系

7.1 在服务合同签署后,受托方将让顾客使用建成的地面设施,使他们享受到服务。服务合同的总体条文在附录6和附录8中进行了描述。

提供服务的种类,可以根据顾客的不同需求而改变。这些都在服务合同的备注条文中作出了说明,并且告知了委托方。

7.2 受托方对顾客要求的回应,及受托方对顾客的义务,在附录7的开发规则中有详细说明。经受托方提议,在得到委托方批准后,开发规则可以有所修改。若委托方得到受托方修改建议2个月后,仍保持沉默,则认为委托方同意修改建议。

7.3 受托方负责通过地面设施向顾客提供服务质量,达到服务合同条文中的要求。因此,受托方将建立一个接待中心,24小时接收顾客的电话/传真和电子邮件。

7.4 为了地面设施的周边地区都能享受到服务,受托方要与一企业签订一个服务合同,该企业应拥有在电信传输方面的必要许可证。这样,受托方可以保证所有顾客接受到宽带服务,并且向最终用户提供通信和声像服务。受托方应使服务合同在整个合同期间有效。若委托方要求查看,受托方应出示合同,以证明自己守约。

在上段提到的企业签订的服务合同中,受托方应保证服务的提供在客观、透明、公平的条件下进行,使客户能有效向最终用户提供指定服务。受托方应禁止该企业直接向最终用户提供电信和声像服务。受托方将要求该企业定期地向它提供宽带在电信、声像服务上使用水平的高低,并且告知委托方。

7.5 在受托方与条款7.4中提到的企业签约一个月内,受托方必须向委托方汇报。同时,在向商业注册机构呈报后,受托方要告知委托方该企业的章程。

7.6 受托方免费为委托方保留168单位的光缆,每单位一法寸,在双方都同意的情况下,根据适合双方的情况,分布在2个连接场所。

8. 人事结构

8.1 所有人事组织结构取决于受托方。根据现行法律,受托方自行负责人事的招聘、调动或辞退。

8.2 最迟在合同到期一年前,受托方应委托方的要求,以无记名形式,向其告知员工信息。这些员工均为在地面设施建设过程中的全日制工作人员。

——年龄;

——专业技术水平;

——承担的任务;

——集体风俗或适用的章程;

——下一民用年的所有报酬(杂费包括在内);

——在合同或章程中,存在某一条款的可能性,得以阻止把本开发商利益转移到另一开发商手中。

有关工作人员的信息只能在另一次公共服务授权过程中,以不记名形式,由委托方大体告知候选受托人。

8.3 在以下情况,委托方无义务向受托方提供任何津贴:

——由于没有被新的开发商选中,受托方不得不结束某些机构的劳动合同或是修改劳动合同;

——为了执行某些法律条款或规则,受托方不得不将服务合同义务进行全部或部分转移。

9. 受托方承担的操作性维护义务

受托方承担的操作性维护,包括预防性的维护和修理性的维护。

需明确的是,对于位于 SVSO 开发的有线网上的部分地面设施,只有在以下情况下,操作性维护才可进行,即符合委托方与 SVSO 在 2002 年 12 月 11 日签署的使用权协议的条款。特别需指出的是,属于 SVSO 的黑色光纤(F. O. N.)的维护状况,和由委托方转移到受托方的使用权,在以上提到的 2002 年 12 月 11 日的协议附录 3 有所说明("SVSO 地面设施黑色光纤使用权的特别规定")。

受托方以数字化形式提供一份地面设施的计划方案,并与委托方持有的信息系统结构相容。

9.1 预防性维护

预防性维护包括所有未经顾客要求,而自发进行的操作。尤其包括:

(1) 对地面设施的阶段性检查;

(2) 有助于时时检测服务质量的测试;

(3) 在需要的情况下,进行的不同于大修的修理,以保证服务的高质量;

(4) 记录每日维护状况,特别是在维护过程中所采取的措施和得到的观察结果。

所有的预防性维护,在遵循所有条款的情况下,由受托人或其代理人进行,以保证向顾客提供的服务不会受到影响。若维护活动有可能影响到顾客,受托方应按照服务合同中的规定,在必要的时间内提前通知顾客,以便如期进行维护,把对顾客的影响减到最低。

预防性维护在工作时间进行。也就是说在星期一到星期五的8:00—18:00,节假日除外。

9.2 修复性维护

若收到顾客或委托方的要求维护的请求,受托方应指定一人负责。由该人提供包括维护、修理在内的所有服务。

受托方进行的所有操作均记录在一本称为"工作日志"的小册子上。对于要求知晓地面设施状况的顾客,受托方每年将向其提供一次上一年的相关情况。

若出现服务中断的情况,受托方应采取一切措施,减少服务中断的时间,并且应遵循服务合同中提及的让顾客自由享用服务的承诺。

服务恢复正常前的时限,从受托方接待中心收到顾客要求之时起开始计算。

除服务合同中提到的特殊情况外,一般情况下,受托方修理的最长时限为从顾客在接待中心签署服务事故书开始算起2小时。

如果受托方发现服务的维护或者设施的修护属委托方的义务,如条款6.1提到的,若该项维护费用低于事先双方达成的需商量的数额,受托方则在告知委托方后,主动完成上述维护或修护。其他情况下,受托方在进行所有操作前,应征得委托方同意。受托方在进行维护中所花的费用,在出示相关证据的前提下,由委托方承担。

服务恢复后,受托方要正式通知相关顾客和委托方。

受托方向委托方提供一份月报告,该报告包括在上一月进行的所有修复性维护,以便更好的说明服务中断原因。

10. 在波城宽带计划中,受托方在研发上的关联

受托方应保证,尽全力在比利牛斯山脉的波城居民区驻扎一队研发人员,研究高流量通信技术的发展,使该地成为通讯技术的窗口和完美的技术中心。

第四章 财 政 结 构

11. 收费标准

11.1 在服务合同中受托方向顾客收取的收费标准应遵循透明、客观、无歧视的原则。收费标准的制定应考虑到受托方付出的所有劳动,给予受托方相应的劳动报酬,以及它所承担的风险和费用。最后向最终用户提供声像服务的价格应具有竞争力。

11.2 收费的各个等级,在附录14上有详细说明。这是经委托方同意后确定的。

11.3 考虑到经济条件和技术条件的变化,收费的各个等级可向上或向下调整。调整应在委托方同意后,并且在受托方出示必需的相关证据的前提下,方可进行。

委托方自收到关于调整价格的相关文件两个月内,可以提出新的收费建议。若两个月后,委托方无答复,则认为同意受托方提交的新的收费标准,该标准可以立即由受托方执行。

在调整收费的提议遭到委托方拒绝的情况下,如果受托方认为这样本质上不利于它长远履行义务,双方可参酌条款22的调解程序进行和解。双方应保证在调解期间,受托方现行的收费标准不能改变。

12. 受托方的收益

12.1 受托方的年度结算净值应从一个会计年度的营业额中扣除一个会计年度的相应费用得到,具体如下:

一个会计年度的营业额即受托方的所有进款。

受托方负担的直接费用包括:

(1) 开发费用,财务费用及特殊费用;由受托方出资的设备的折旧费用;受托方承担的间接费用,特别是为总店建立支出的一部分资金,或者是为了它所属的团体而负担的费用,不属于直接费用的范围。

(2) 所有与地面设施开发相联系的税费,特许权使用费,尤其是条款 13 中明确的受托方应付给委托方的特许权使用费。

12.2 受托方的收益应等于年度结算净值。

13. 受托方应付的特许权使用费

13.1 受托方应付给委托方的特许权使用费。根据条款 5 中(1)、(2)、(3)的规定,在使用这些设备的同时,分期偿还委托方建设地面设施所花的费用。

13.2 投入使用的全新设备将从受托方的使用之日起进行分期偿还,而通过双方在财产清单上签字进行具体实施。

13.3 以一个会计年度为名的特许权使用费将每年支付一次,最晚应在上个会计年度结束 12 个月后的最后一个工作日付清。

计算公式和预计的特许权使用费用在附录 9 有明确描述。

双方商定,如果实际特许权使用费超过附录 9 中预计费用的 15%,双方则按条款 22 中规定的程序操作。

13.4 与连接场所开发相关的设备运转需花的费用(如油,能量……)将由受托方承担,不能算入特许权使用费中。在与上述场所开发相关的其他协议中,该条款同样适用。

13.5 特别需要强调的是:关于计算特许权使用费的基础,即分期偿还的期限,双方约定如下:

——对于土木工程项目,轴套、电缆、连接场所,期限为 30 年。

——对于设备,期限为 7 年。

该费用将通过 INSEE 建筑指数进行计算,并于 2005 年 1 月 1 日进入实施阶段。

14. 受托方应付的租金

在协议期间,委托方把位于波城的利那斯街道上的皮耶罗建筑给予受托方使用,以便他们安排居住技术队伍和商业队伍,以及接待顾客。关于该居住地点的详细描述见附录12。

关于租用该处的具体条约在双方签订的租约协议中有明确规定。根据工业契约,从今以后,受托方在使用的前6年不支付委托方任何租金。6年后,租金按以下方式计算:

——3年内,每平方米每年40欧元;

——以后各年,每平方米每年76欧元。

除了双方达成的以上租金标准以外,其他承租人负责的费用由受托方直接承担。

应明确的是,以上提到的金额应随着INSEE建筑指数的变化而变化。

15. 受托方向委托方支付的部分收益

每年在营业报告出示2个月后,根据上个会计年度的经营结果,受托方将向委托方支付一部分金额。根据本条款规定,即支付本企业税前会计结算结果的10%。

该部分应付金额独立于条款13中的特许权使用费。

16. 税费

16.1 在协议执行期间,所有由国家、地方、组织、公共机构征收,包括与住房相联系的税费,均由受托方支付,与地面设施相关的土地税除外。在条款11.2中确定的税费标准,确认考虑了自协议签字之日起的所有现行收税标准。

16.2 委托方应在受托方公司创立后的前两年减免其职业税。

16.3 根据税法附录2第216条乙到第216条丁,委托方向受托方转移降低增值税的权利,这将加重委托方资助地面设施建设的负担。作为所有者的委托方,应向受托方提供一个证明。证明中,一方面要明确对受托方利用的全部财产或是一部分财产征税的基本原则,另一方面要明确总金额和相应的税率。关于证明的范本,见附件13。

受托方可以在各种生产活动中利用这个可以减少应付增值税的证明,享受其他的增值税减免。并且,可以在更短的时间内,根据1972年2月4日的72—102号法令,向税务部门要求报销未记录的差额。

受托方必须在3个月内,向委托方支付增值税,由于转移的减免权,根据以上提到的法令,受托方可以享受减免或者是得到补偿,若金额在一个月内未付清,则按法国银行的预付款的比率为基础,再加上一个百分点计算利率。

16.4 在协议公告后,若出现修改税收条款或社会规则的情况,并在本质上将大幅度提高受托方的税费,双方可以参看条款28进行协商修改。

16.5 若在协议到期时,受托方需向公共财富交纳一部分增值税。而该部分增值税由委托方以地面设施名义收回,则委托方应在3个月内向受托方交付相应费用。时间从收到证明之日算起。证明中应明确涉及的每项固定资产的完工时间、委托方收回的增值税总额和该税的支付时间。

若3个月内未偿付,应付帐款应以比法定比率高出3个百分点的利率来进行计算。

第五章 公 共 条 文

17. 受托方的责任

自委托方按条款5.2的规定将设备提供到位后,受托方将根据协议的规定,负责设备的良好运转,以及物质损失或非物质损失可能带来的后果。

地面设施的开发建设应遵循技术要求,特别是要保证对地面设施的保护,对其他人权利的维护,对环境的保护。

关于2002年12月11日委托方与SVSO签订的,有关有线网使用权的协议,受托方若在执行该协议中有关条款和履行职责时发生过失,受托方不对此负责。

18. 受托方所签合同的移交

受托方在进行其工作时与第三方签订的合同,应系统地向委托方汇报,包括有可能产生的合同附加条款。委托方应保证对资料的保密性,并将其按受托方提供的原状保存。

关于合同中提供服务的事项,受托方对此应承担所有责任。

合同的移交并不意味着受托方在合同中不负责任。

19. 保险

受托方应根据附录确定的时间,同意接纳附录11列出的保险项目,并在协议存续的整个期间维持该保险。受托方还应根据附录11规定的时间和频率,定期向委托方汇报签订的保单。

20. 委托方实施的控制

20.1 为了保证工程验收和对工程进展的财政状况和技术状况的控制,受托方将根据CGCT中的L.1411-3条款,在每年6月1日前制定出一份技术报告和与技术报告相联系的财政报告。

(1) 在技术报告中,受托方应提供以下信息:

- 现有材料和设备的清单,以及它们的大体状况。
- 一份完整的工作日志表,其中包括① 所有已签服务合同一览表。② 顾客的数量,他们的要求,以及有关他们要求的总结表。③ 要求定期了解设备状况的最终用户数目以及他们的分布状况。④ 有关受托方工作的描述,以上工作应建立在系列合理指数的基础上,并且这些指数是事先与委托方商定的结果。⑤ 人工操作和采用的机械化操作的描述。⑥ 有可能产生的服务组织的变化。
- 在一个会计年度中对地面设施的维护工作。
- 以光纤使用数量为形式的有关地面设施使用的报告。

(2) 在财政报告中,受托方应提供以下信息:

- 一份与合同执行相关的所有操作的账户,使人了解开发当年的经济状况。账户的余额为经营盈利额,或者为经营亏损额。
- 一份有关所有预计支出和预计收入的预计账户。
- 根据条款15规定的应付账款。
- 与条款7.4中提到的企业的财政关系报告。

行政合同之三：关于高流量通信网络管理的公共服务委托协议

20.2 为了确保对受托方提供的服务质量的监督，受托方应在每个会计年度结束后 3 个月内，向委托方提供一份报告。该报告包括所有使用人对服务满意的必要信息，以及与上一个会计年度相比得到的改进。

20.3 为了保证在委托公共服务过程中，进行最好的监督，关于与条款 7.4 中提到的企业的账户，受托方应保证在他们同意后 2 个月内向委托方汇报。

20.4 委托方保留有在必要的情况下，对受托方工作进行审计的权利。审计内容包括根据协议委托给受托人的工作，尤其是有关协议的技术条款、会计条款和财政条款的审计。

受托方应保证委托方机构和委托方的委任组织在进行相关核实过程中，对必要信息的知情权。

在 10 天工作日内，一旦委托方确定了检查范围，就可在协议规定的范围内着手进行，无论是在实物方面，还是在信息或受托方提交的资料方面，均可进行审计。

通过另外组织花费的审计费用应由委托方独自承担。

20.5 委托方应知晓受托方资金分布状况的变化。

21. 不可预见、不可抗拒及专制因素

21.1 对于直接或间接由于不可预见因素或者如法庭规定的不可抗拒因素引起的损失、丢失、延误，双方均不负任何责任。

若发生因不可抗拒因素或不可预料因素引起的情况，一方应立即以书面形式告诉另一方，双方均应尽自己所能，把损失降到最低程度。

21.2 若损失的发生源自委托方在其权利范围内的规定（命令行为），则由委托方向受托方赔偿所有损失。

22. 调节程序

22.1 若发生一事件，将在本质上长远影响协议的执行，双方应根据下面规定的程序，商讨解决办法，审查修改协议条款的必要性，或采取与当前形势相适应的措施，保证公共服务的继续提供。

22.2 若受托方认为某事件将在本质上长远影响他进行工作，则可通告出来，并通过电报或挂号信寄到委托方处，要求在适当的期限内进行调解,受托方保留回执。

在要求调解的一个月后,在进行任何司法程序前,受托方向委托方寄送一份文件,当中明确引证事件发生的原因、对协议的后果。若有必要,附上受托方专家的结论,用以支持自己的观点。这些费用将由受托方支付。这份要求,还应附有一份受托方提出的关于处理这件事情的建议。在必要的情况下,该建议应明确编上序号,而且无论在什么情况下,都应阐明理由。

收到受托方寄来的文件后,委托方应在收到文件之日起2个星期内召开会议。

在召开以上提到的会议和后续会议时,双方应共同参加,以进行对受托方提出的要求的审查。双方应真诚致力于在事件真实情况及产生原因上达成一致。若得到证实,对于受托方提交的建议,委托方应根据情况采取措施减轻对受托方的影响,或者赔偿对受托方造成的后果。

在关于调解的会议结束后,委托方应在最后一个调解会议结束2周内,向受托方寄出一份书面回应,并说明理由,在必要的情况下,附上所有与此相关专家的报告支持自己的观点。

22.3 若双方坚持各自的观点达不成一致,或者最终受托方对协议的继续执行的问题向法庭提起上诉,则协议可由委托方提议撤销,或是应受托方的要求,通过司法渠道进行解决。

23. 强制措施

除条款24规定的处罚外,若受托方在执行协议时未完全履行某项职责,除了如上定义的不可预见或不可抗拒因素阻碍其进行工作外,若委托方催促受托方履行其职责,在规定的期限内没有答复,委托方可以自己或者委托他人履行受托方未履行的职责,费用由受托方承担。

催促受托方履行职责的期限,根据职责的性质而定,期限从受托方收到催促的日期时开始。但是,无论在什么情况下,期限不得超过一个月。

24. 经济处罚

若受托方在执行协议时未完全履行某项职责,除了如上定义的不可预见或不可抗拒因素阻碍其进行工作外,委托方可以要求受托方支付一笔罚款。罚款的金额根据未履行职责的严重程度而定。

处罚与罚款金额现规定如下：

——受托方通过地面设施，或者在其工作职责之外，或条款5.2规定的附加行为之外提供其他服务：罚一会计年度税后营业额的1％，营业额如条款12.1规定的。若在当月实施了以上行为，则当月罚以上规定的数额。

——没有根据附录11明确的条件，提供条款19规定的保险证明：罚一会计年度的税后营业额的0.5％，营业额如条款12.1规定的。按月计算，每月支付一次，支付时间从受托方收到催交的单子到受托方提供应交证明为止。

——开出的服务发票的价目与协议规定不符，罚款金额为：协议不符的发票金额与实施协议预计价目应开出的发票金额的差额的5倍。

——延误向委托方提供技术报告、财政报告或者年报，以上分别参看条款20.1(a)，20.1(b)，和20.2或者未提供完整信息，前提是委托方要在催促中明显指出遗漏的信息或明确指出受托方未提供的与条款7.4提及企业签订的有关协议和附加条款，罚款金额为：一会计年度的税后营业额的0.5％，营业额如条款12.1的规定，按月计算，每月支付一次，支付时间从受托方收到催交的单子到受托方提供或补足所缺资料为止。

——有关修复性维护行为超过2个小时：罚一会计年度的税后营业额的0.5％，如条款12.1的规定。每加班一个小时，罚一会计年度的营业额的1％，营业额如条款12.1规定。

——服务的中断：

——影响到所有顾客：中断时间超过6个小时，罚一会计年度的税后营业额的1％，营业额如条款12.1的规定。小段中断时间加起来超过6个小时，罚一会计年度的营业额的1％，营业额如条款12.1的规定。

——影响到一部分顾客：罚款金额计算方法与上述相同，但是作为计算基础的税后营业额只是与受影响那部分顾客相关的营业额。

除受托方向委托方支付罚款外,在必要情况下,可根据服务合同的规定,受托方同样向顾客支付罚款。

对于以上未预计到的过失,委托方只有在催促受托方改正过失后,才能要求其支付罚款。在催促信中,委托方应拟订一个期限,在此期限内,受托方应根据协议,履行相应职责。该期限是根据过失的性质而定,从受托方收到催促信之日算起。不管在什么情况下,期限均不得超过一个月。

本条款规定的处罚是与条款 12.2 规定的对受托方的奖励相对应的。

不管什么情况,受托方每一会计年度受的处罚金总额不得超过一会计年度税后营业额的 10%。

25. 由于受托方的过错,协议的撤销

在受托方执行协议过程中,若出现严重过失和重复过失的情况,除了如上定义的不可预见或不可抗拒因素阻碍其履行职责外,委托方有权因为受托方的过失和对受托方的不满而撤销协议。

若委托方认为撤销的条件具备时,委托方应向受托方寄出一封催促信,要求其按协议的规定的职责行事,并要求受托方在两个月内解决上述过失。

如果自收到催促信之日起两个月后,受托方仍未遵循协议的规定,委托方可以宣布撤销协议。委托方采取所有他认为有效的措施,在最佳条件下保证继续提供公众服务。该项费用、风险及损失,均由受托方承担。

26. 为了总体收益,协议的撤销

26.1 为了总体收益,委托方可以单方面宣布提前撤销协议。委托方通过挂号信,提前 6 个月通知受托方,自己则保留回执。

委托方的该项行为将向受托方提供全面补偿。补偿包括受托方为了协议需要而发生的支出以及受托方收益损失的合理贴现。补偿由 3 部分构成:

(1)受托方支付的所有非固定资产支出(学习、投资、商业化费用……),在协议撤销之日,登记上分年偿还余额。需明确的是,只考虑协议上预先提到的,由受托方资助的投资项目和经委托方同意或授权的投资项目,并且受托方为了投资项目的到位,收到的补助有所减少的情况。

(2) 由于协议的提前终止,受托方的所有意外支出。

(3) 在协议正常到期前,每年向受托方支付一定的费用。费用的计算方法:在撤销日前5年记录在案的受托方收入中最高的3个收入的平均值。受托方的收入按条款12.2规定计算。利率按照协议撤销日最新的国债利率加上2个百分点计算。若协议撤销发生在开始执行的5年内,每年支付的费用则是预计的第5年的营业额的50%,也就是在双方签署协议之前,受托方在交给委托方投标书中计算出的金额。

26.2 受托方应在撤销日一个月前,告知委托方他们认为对方应支付的赔偿金额。

27. 协议的让与

无论是协议的部分或全部让与,无论以什么形式或名义,都要在事先,以专门的书面形式告知委托方。

若未征得委托方事先同意而执行了协议让与,由此引起的协议撤销由受托方承担所有责任。

28. 协议的修改和重新协商

28.1 修改

受托方可以向委托方建议对协议进行修改。

委托方为了总体利益,可以单方面修改协议。

无论是受托方提出委托方接受的修改,或者委托方为了总体利益而单方面进行的修改,从而使协议产生了附加条款,但这种附加条款都不能影响协议的整体协调。若有必要,该附加条款应规定有可能实行的措施,特别是费率方面,以保证受托方顺利进行工作。

28.2 重新协商

在权利分配过程中和协议协商过程中,为了照顾双方平衡,在一方提议下,协议可以在以下方面进行重新协商:坚固程度的修改,地面设施的总体技术特征,开发条件,或者是执行协议的经济和技术条件。

重新协商是为了维持协议双方整体的平衡和保证基本预想的实

现。正是在此基础之上,双方达成一致。重新协商是为了随时掌握协议执行过程中的经济和技术条件变化情况,以及协议范围外发生的事件。虽然发生在协议范围外,但从本质上有可能改变协议执行条件。

该程序尤其是在以下情况应贯彻实施:

——经济环境的变化,严重影响受托方的支出和收入。

——立法或规章的变化,而对协议执行产生的影响,例如:

• 由于规章制度或法律制度的变化,对税收、租金产生新的限制,新的安全准则,新的环境保护规定等。

• 地方集体可以成为电信操作人的主体。

• 与协议签署的基础相关的环境的规定的重大改变。

若一方提出重新协商的要求,对方自收到该要求后,双方有3个月的时间就事件对经济平衡和协议执行条件的影响达成一致。

双方应保证双方达成的意见与现行法律和现行规章制度一致,尤其是与CGCT有关公共服务的委托改变的条款一致。

在此之后决定的或接受的修改内容,应加入为该协议的补充条款。

29. 可分性

29.1 若协议中的一条或几个条款出现不合法,而无法律效力或无对抗力的情况时,对协议中其他条款的合法性、有效性、抗辩性不得抵触。

29.2 若协议中的一条或几条条款被司法部门决定取消,或者无法实施,双方应本着尊重协议初期的平衡精神,继续实施其他条款。

29.3 若出现条款29.1和29.2的情况,并且协议的总体和谐遭到破坏,双方可进入条款22中的调解程序。

第六章 协议的结尾部分

30. 重新分配归委托方支配的财产

30.1 总体分配

由委托方提供的设备,遇有下列情况的,协议期末时归委托方:

——由委托方提供的设备,在归还给委托方时应保证状况良好,并能正常运转。在协议期末时,委托方和受托方应最晚在本协议到期一年前,商定相关财产的应有状况。如有必要,拟订一份清单,关于在本协议到期至少2个月前,受托方应进行的维护工作。

——在归还设备的时候,受托方应保证进行了清洁工作,并且清理了所有不能使用的东西。如果没有进行以上工作,则在受托方承担费用的前提下,由委托方进行。

即使在提前结束协议的情况下,由委托方提供的归受托方使用的财产也应无偿归还委托方,或者归受托方所有。

30.2 信息、网络相关图纸和已安装的接线柱的总数,在协议期末,受托方无偿提供:

• 所有与设备、安装相关的图纸、文件。包括:无论是委托方向受托方提供的,还是受托方在工程开发过程中以文件形式自己制作的,与网络整体相关的且与委托方的信息系统相容的资料。

• 所有已安装的接线柱的数据库资料,包括已使用的和未使用的;还包括各接线柱的准确地址,以方便日后到具体地方进行检查。

31. 购买属于受托方的财产

在条款6.5没有带来损失的情况下,协议到期时,委托方或者新的开发商有权购买动产、半成品、备用零件与各种不同的原材料。总体来说,就是所有用于管理该项工作的归受托方所有的财产,受托方不得拒绝出售。

购买的价格以双方友好协商的方式,以受托方提供的年报中的评估为基础,或者根据专家鉴定,自移交财产之日起3个月之内付清。若出现延误付款,受托方可根据货币金融法规中的条款L.313-2,按照比法定利率再高出3个百分点的利率标准收取利息。

32. 对公共服务委托候选人的信息提供

若出现需要将公共服务重新委托给其他人开发的情况,委托方可以组织一次或几次对设备装置的参观,以使所有竞争者获取足够的相关信息,保证公正对待每一位竞争者。在这种情况下,在委托方确定的日子,受托方应准许人们参观所有与此相关的场所和设备。

同时,委托方应确保尽最大可能减少对受托人的影响。

33. 服务向新开发商的转移

委托方召集受托方代表,如有必要,可同时召集新开发商的代表,大家共同商讨服务的转移事项,特别是由受托方讲述原则性的要求,以及工程、设备能够继续工作的操作模式。

另外,如果委托方未向受托方提供补助,在协议到期前6个月,委托方有义务采取一切有效措施,保证地面设施的持续正常工作,尽最大可能减少对受托方的影响。

总的说来,委托方应采取一切必需的措施,使工程逐步转移到新的开发项目中。

协议到期时,在受托人的权利和义务方面,除了受托方开出的发票和顾客对管理提出的要求这两方面,委托方或者新的开发商以代理者的身份进行其他工作。

34. 诉讼规则

双方间的诉讼应围绕对协议的解释和执行展开,如果双方之间不能通过友好协商解决,应提交波城的行政法庭。

35. 通告

35.1 执行协议过程中的所有信息和通告应寄往以下地址:

——对于委托方:2 bis place royal,BP 547;64010 PAU Cédex

——对于受托方:(有待补充)

35.2 除另有规定外,通告应有效地以电子邮件方式寄出,收到邮件后,收信人的电子邮件系统将发送一份回执到寄信人的电子邮件系统,回执上注明收到通告的日期、时间。

拟订于波城 …… 样本

日期……

委托方签名处: 受托方签名处:

附 录

关于法国行政合同的讨论
——中法行政合同研讨会记录*

中法行政合同研讨会探讨两国都共同存在的一个现象——行政合同,该探讨议题可谓意义非凡。这对两国在行政合同的法律制度方面的研讨、相互借鉴及各自的发展都多有裨益。有关法国行政合同的基本问题:一是法国行政合同的概念,二是法国行政合同的相关法律制度,可作如下介绍。

一、关于行政合同的概念

在行政合同的概念方面,须明确的内涵有三点:① 行政合同与私法合同一样都是合同;② 受公法约束,与私法合同存在区别;③ 并不是在所有领域都可以签订行政合同。

(一) 行政合同与私法合同的共同之处

行政合同与私法合同同样具有以下特点,即:双方意思表示;对双

---

* 该部分内容是编者根据在中国国家行政学院举办的中法行政合同研讨会(2003年10月16日)上的记录整理而成。

方都有义务;违约应受制裁。在双方意志的体现上,行政合同有一个特点,即双方的地位不一样。行政合同一方是国家,合同是国家与地方、公法人或私人之间签署的。合同就是法,因而必须有法上的义务,相应地,违法就要受到惩罚,否则就不能称之为合同(无违约的受制裁)。签约双方必须受约束,相应地,必须要有法官来进行裁判,使违约得到判断和惩处。

最近几年来,合同化的趋势明显,都希望通过签合同约定双方的义务,即使知道国家违约不会受到惩罚,也签合同。举例来说,建有轨车道,国家后来没有给地方提供资助,国家并没有因此而受到惩罚。今天,我们所介绍的合同是真正的行政合同,并不是指这种可能得不到遵循的合同。

(二) 行政合同与私法合同的区分标准

行政合同与私法合同的区分,过去主要是依据判例标准,今天则主要由法律予以规定。区分标准的主要内容包括。

(1) 主体性标准。签署一方是公法人,即国家、地方政府或公益公共机构。如在一般情况下,两个私人之间签署的合同就不是行政合同。

(2) 可选择性标准。合同必须是履行公共职能或者包含有超越普通法规则的条款。单方废止合同必须是基于公共职能。若私法人是为了公共利益而缔结的合同,也可以视为行政合同。此即判例标准。因此,公共工程特许、委托经营合同都属于行政合同。比如,在特许经营、公共服务等领域,都是由私人在从事,如供水服务就是由私人承担。从现在法国的情况来看,行政合同的确认由议会通过的法律来确定。如公共工程合同法典、公产占用的法律规定(1938年)、2001年的法律规定所有涉及公共采购的合同都属于行政合同。

从另一角度来说,如果由一合同而产生的案件由行政法官管辖,则可以反推该合同是行政合同。最近还有一种合同为混合合同,其包罗的内容在性质上涉及现行公私法,是一种公与私混合的合同,议会即将通过法律来明确规定。

（三）关于签订行政合同的限制

从整体上来说，有些是不能签署合同的，如关于身体、身份等方面的事项。如人们可以献血却不可以卖血。在行政领域也存在不可以签署合同的情形。国家赋予地方政府的权力，就不能通过签合同进行让渡，因为权力不能转让。如市政当局发放驾驶执照，就不能通过签合同的方式由一个企业来发放执照。警察的执法活动，也不能签合同。如，地方政府不能签合同将维护社会治安的任务委托给别人，而只能由政府自己来做。又如，对学校食堂，学校可将伙食委托给企业，但不能将看管孩子的事情委托给私人或企业去做，因为看孩子是警察性（监管性）的事务。又如，军队可以委托别人做一些事，但不能出售或转让其保卫、国防职能。军队可以委托企业生产武器，但在战场上由军队作战。哪些是自己的职责、哪些可以交由别人做的事情，往往难以区分。在这方面，争论仍然存在。国家要考虑将哪些事项只能交给军队去做。还有一个引起争论的是监狱的管理。右派政府认为，除了看管犯人外，其他管理均可交由私人来做。如果法国走得远的话，将犯人交给私人管，那就要面对一个宪法修改的问题。因为宪法规定有关主权范围的事项不得交给私人做。

二、关于行政合同的法律制度问题

（一）关于行政合同的法律渊源

过去，行政合同的法律渊源主要表现为行政法院的判例。现在这种情况已经几乎不存在了。现在的趋势是，判例法逐渐下降，成文法逐步增多。任何一种行政合同，都有相应的各种各样的成文法律对之作出规定。宪法的原则适用于行政合同，这是非常新的现象。从2002—2003年开始，宪法的原则可以直接适用于行政合同。欧盟法，主要涉及条约、欧盟理事会的规则与指令、由条约产生的基本原则如透明度原则也可适用于行政合同。宪法原则、欧盟法、法律，数量多，有时它们相互之间是矛盾的。因为有这么多层次的法律渊源，给其法律体系带来了不稳定性。一些地方,尤其是一些小市,市长们的思维无法跟进法律的变化发展。对这种法律的变化发展,与会者本人(法国波城大学公法教授菲利浦·岱尔纳尔先生)对其了解都很吃力,此种现象不是太好。但不论怎么说还是有一些基本原则指导行政合同的。

(二) 关于行政合同的原则

(1) 契约即法律。当事人双方应根据合同条款执行合同,且是善意的执行,任何一方违约都应担责。

(2) 合同只约束其当事方。此是一般的原则,但对于行政合同特别是公共工程的委托来说情况就有些特殊,会涉及第三人(如广大的消费者)。

(3) 合同只能由签约方来执行。不过,行政合同有例外。如2001年的法律规定,在公共采购合同中、公共工程特许合同中可以将合同转让一部分出去,但禁止全部转让给第三方。

(4) 将合同部分转让给第三方,必须得到行政机关的同意。

(5) 任何一个行政合同都必须有一个期限而不能无期限,必须确定期限。之所以如此,就是要使竞争者能够参与合同。

这些原则很多与私法合同的原则一样,但却给了行政机关有超越普通法条款的权力。给予行政机关的这种特权,大体上是一种理论上的权力,即这种特权更多地只是停留在理论层面。在原理上甚至法条上,行政机关实际上很少甚至就不行使此种权力,在与会者本人从事15年的行政合同的起草中,就没有见到过①。

这些特权,理论上是指对当事人的监督权、对违约者予以惩处权、单方面修改合同权,但如造成损害就应予赔偿。作为另一方当事人,不能单方面终止合同的执行。行政机关可以为了公共利益单方面废止合同。当外部不可预见的情况给经济平衡带来破坏时,当事人有权要求获得补偿,但不能单方面终止合同。

---

① 可以说,行政机关在行政合同的缔结和履行过程中,99.9%都没有行使其超越普通法条款的权力。

（三）有关行政合同的诉讼

在行政合同的整个阶段，包括合同签署前阶段和合同的执行阶段，法官都可以监督。当事人及与合同有关的人可以向行政法官提起紧急诉讼，要求终止这一合同过程。起诉的理由有：违反透明度原则、违反公开公布原则、违反竞争原则。对"与合同相分离"的行为，可以要求撤销，也可以要求提起紧急诉讼。此是针对合同签署阶段。对造成损害的，可提起赔偿诉讼。因政府违法而使自己没有成为当事人的，还涉及可预期利益的赔偿问题。针对行政合同的履行，不能要求提起撤销诉讼，只能得到赔偿。这一诉讼特点历史悠久，这是法国行政法院太保守的原因，他们从来不听教授们的建议。

三、关于公共合同

根据相关法律、法规的规定，公共合同涉及公共采购合同、公共工程特许合同、合作伙伴合同（即公法人与私法人之间的合作关系相密切的合同）。

最近几年来，在相关合同的制定和修改方面作了很大努力。这些努力表现在：① 将这些合同加以区分，从法律上分别加以定义、界定并予以相应的法律规制。② 加强国内法与国际法的协调。在一些有WTO规定和欧盟法的规定中，有些反映了国际法规则，对此，法国法如何将它们协调统一，统一转化并制定于法国法之中。基于此种考虑，就应加强相应的立法。③ 有关公共合同的法变化发展太快，给公共安全带来威胁，故需要通过法律予以确定和明示。

比较重要的公共合同，如采购合同分为不同的等级，中央政府的采购、地方政府的采购、某些组织的采购，受欧盟法的制约，欧盟的指令到法国就需要通过政令来执行①。还有一种公益经济机构，是工业经济

---

① 欧盟的指令不同于规则，规则直接作于当事人，而指令则只是提供大的方向，还需要具体化。

的公共企业，直接受欧盟法制约。如邮局，是国有企业向公众提供服务。还有一类是私有企业，但却在国家严格的监督之下，对它们的约束是通过法律（而不是政令）来实施的，对它们的制约，是基于1991年、1992年的两个法令。上述三类情形受政令调整，其他组织的合同则受欧盟法的规范。由于政府不断修改政令，这种政令体系就处于一种不稳定之中。2001年制定了公共采购法典。之所以制定公共采购法典，主要基于以下几种考虑：① 厘清和列举现行的法律规定；② 由于公共采购十分复杂，一旦出现借债，就可能构成违法犯罪，并因此承担刑事处分责任；③ 为避免受贿和黑金政治等现象，就需最大限度地制定详尽的规则。

（一）公共合同与公共采购法

公共采购法的调整范围：通过合同来实现的交易，必须是双方的行为，而不是单方的资助；金钱上的交易；不提供金钱但提供经济上好处也属于交易，如不给金钱却让做广告从而也可获得利益，此也属于之。如由一个公法人与私人签订或者两个公法人之间签订，即使两个公法人签订也须遵循公开、竞争的原则。如公路的养护是国家的事，但一个市镇提出这一段公路的养护由其做，也必须公开、竞争而不能说不经过这些原则就直接签订。又如招标，公法人与私人一块去投标，公法人提供的产品可能不一样，故竞标的价格就可能比别人低。故在2001年法典的制定就引起了争论，政府和私人都有反对意见，政府不愿与私人去竞争，而私人担心与政府竞争处于劣势。那么，什么样的合同要受到该法的约束呢？大体上可以说，超过了一定数额的合同都要受其约束，包括国防部签署的合同也要遵循该法。尽管该法有一定的灵活性，但其采购同样应遵循该法的规定。有些合同则不适用，如，国家的借款合同；国家与另一个受其完全或严格控制的企业或组织签订的合同，也不受该法典的约束；国家专门指定的企业或者说国家设立该企业的目的就在于专门做好这件事，但这种例子实际非常罕见。这三种情形在实践中是很少见的。因而，可以说，此类公共采购类的合同几乎完全不受公共采购法典的约束。

(二) 公共合同的基本原则与程序

最重要与最新原则就是透明度原则,这一原则已成为所有有关经济合同的共同原则而并非只针对公共采购合同。

该原则的内涵包括:首先是非歧视原则。公共(采购)合同应公布其项目,从而在客观上产生一种竞争。透明度原则是2001年法典首要的原则,宪法委员会已作出裁决而使其成为一种宪法性原则,故所有合同皆应遵守。其次,透明度原则在公共采购合同中也体现了平等原则,即各方都有权平等地参与竞争。

在程序上,对招标的每一阶段法律都作了严格而明晰的规定。这些法律规定非常具体详细,以至于中标似乎成了一个机械的过程,谁可以中标是很自然的事情。采购先要有公告,买什么、条件、标准等都很清楚。故实际上等于行政机关都起草好了,对方没有、也没有必要讨价还价。如果因这种合同引起的纠纷起诉到了行政法院,行政法官会审查这些基本条件是否达到、程序的时间上的要求是否得到了遵守、中标人是否确实符合相关标准。什么情况下给出什么标准,还是少制定标准从而对每类合同都可适用,在起草合同时我们都经过了讨论。如市政府买汽车,可制定出达到什么条件才能买的环保标准;残疾人的招聘等应否规定在合同中,等等。

通过谈判而达成的采购合同,是另一种合同。中标后再谈判,来协商具体条件。这种采购谈判的做法,法国人特别不习惯,通过谈判可能会背离预先的初衷,在谈判方面政府确实不如大型企业。在谈判中,双方可能都心存疑虑。欧盟法明确了达到一定数额的公共采购合同须适用公开招标,在此数额以下的公共采购则不适用。因而,我们比较疑虑,哪些合同不适用。目前,等着欧盟指令修改后再办。2001年公共采购法典是左派政府制定的,现在是右派政府要求修改。法令制定起来容易,修改起来也勤。

与公共采购合同相近的合同,是公共服务特许合同。在这方面,1993年就有规定,但直到2001年的法中才有明确定义,其目的在于使之不与其他合同相混淆。其购买服务的费用不是来自国家而是来自用户,如提供用水服务。这种合同的特点,期限较长,执行中有严格的监督程序,这类合同的签订可以与国家谈判。2002年又出现了另外一种合同,公产占用合同,将公产交给私人建设,项目完成后国家再承租。如政府借用私人资金来建造警察局、司法、监狱等。为安全考虑,在国防、安全、司法等领域过去是绝对不允许的,现在则是买过来或者租过来。为什么存在这种做法?首先考虑的是最大限度地利用私人资金。该类合同同样要遵循公开、竞争的原则及相关程序。但为了公共安全的目标,对其进行了严格的限制与监督。根据最新的规定(2003年7月),只有关于公私合作伙伴关系合同的规定。目的在于,有些服务以前应是行政部门做的,现在交由私人做,私人做得比国家好,还可以节省开支。如飞行部队的飞机给养,提供给养可以交给私人去做,需要时就由其提供,以后如再需要还可找另外的私人。又如,建医院,管理可以交私人,但医生的职能就不能交给私人,因其费用不是由服务对象支付金钱而是由国家提供,这样双方的关系都很密切,故称之为公私合作合同。在这种合同中,对双方都要设限制严格的条件,以保证今后双方都不至于受到损失。这类合同同样也应遵循透明度原则。

宪法委员会已重新将这些原则予以了确认:透明度原则、平等原则和竞争原则。

问与答

1. 关于准契约或假合同问题

在法国也存在准契约或假合同的现象,如建警察局后来却没有配备警察,是没有任何法律后果的合同;国家与大区间的合同(每五年签订一次),是一种政治上的合同,不是一种严格法律意义上的合同。

2. 关于行政机关的违约问题

造成损害的可以赔偿,目前法院可否强制执行行政机关的合同义务问题还没有解决,尚不明确。

3. 关于合同期限问题

不同的合同,法律规定了不同的期限。如公共采购,使之存在永远的竞争;占用公地进行经营,期限要长一些,也要考虑到一定折价率。

不注明期限的合同为非法合同,对于再续的默示性条款如果不予以明示也是违法的。

4. 法国行政法(包括行政合同)中的制定法倾向为什么如此明显?

这主要有来自两方面的原因:一是法国法的重要渊源之一是欧盟法,欧盟法是成文法,要将之转化就很自然地要制定成文法;二是判例法存在一定的负面影响,如公私合作合同,在过去已被法官判例所否决,现在又出现了,人们就不敢引用相关的合同判例。该如何对待公私合作合同,无疑就需要成文法予以明确的定位与规定。

5. 行政合同的审查标准和裁判方式问题

签订合同与执行合同的主要原则是公开、竞争和平等原则(以下例子并非对平等原则的阐释),如公共采购合同是否符合公共采购法典的要求,如招标公布后应允许有一段时间,允许多投标者有时间准备,从而进行充分竞争。根据《公共采购法》的规定,招标的最低期限要求是36天,如果在40天内即公布谁中标,即属于违法;又如招标合同,标书最后中标所发布与当初论证有很大不同的,也属于违法;如果招标书中的要求是最快、最便宜、环保,最后却将顺序颠倒为环保、最便宜、最快,也属于违法或无效合同。任何与合同有关的人皆可以起诉,可以要求终止;合同已经签署或实行了一年或两年的,可以要求赔偿。

6. 合同当事人若不履行合同义务,行政机关应如何对待?

一是在合同中明确规定各种惩罚办法。如超期未履行合同的,降低支付、不支付任何款项、废止合同以及支付另外寻找缔约人的负担。如建筑已开始施工,行政机关可利用其现有的设备投资继续进行;如果事先写在合同中,行政机关完全可以采取这些措施。如果已经采取这些措施,这实际上就在实施惩罚,不能再要求法官采取惩罚措施。不能既已由行政机关施加惩罚又要法官对其实施惩罚,这一原则是一个非常老的判例确定的。在2003年,又出现了新的倾向,如公共服务合同,要求行政机关向法官起诉,由法官作出判决,这样可能更有威慑力。

二是因行政合同可向行政法院起诉。在执行阶段,很少自己采取措施而是向法官起诉,由法官解决。那么,在强制执行问题上,是行政机关自身强制执行还是法官强制执行?即使在合同中约定可以强制执行,对方也可以反对,当对方反对时行政机关就处于被动状态。这样就会出现行政机关单方面行使权力的情况在实际中极为少见的情形,因此还不如完全交由法官处理,等法官判决后,由法官命令其执行而不是行政机关强制执行。

三是不到法院起诉,由双方协商解决。

7. 合同化的趋势问题

合同化的趋势越来越明显,但有六个领域的事项不能交给私人:外交、军队、司法、监狱、警察、公共卫生,其他事项一般都没有被国家垄断。供电、电讯、机场等领域的经营越来越多地受欧盟法调整,越来越自由化。所有的经济活动都要取消垄断,目前个人供电仍由国家管理,但到2007年也要全部取消。邮局只管100克以下的邮件,其他业务都是放开的。总之,所有的国家经济活动将逐步地全面放开。国家垄断正逐步取消,但赋予了地方对公物的控制权,如博物院、废弃物、殡葬事宜等,或者国家自己或者授予给私人,但要进行严格监控。

8. 对于法律未规定的行政合同,如何处理?

法律还没有规定的行政合同,仍需要通过判例来解决,通过判例可起到拾遗补缺的作用。

9. 行政机关在行政合同中有无特权?

行政机关可以行使特权,但必须有严格限制:必须基于公务服务的不间断性,但若行使特权,实际上是构成违约的,仍然要承担赔偿责任。

10. 对行政合同的审查与对行政行为的审查有何区别?

对行政行为的审查,遵循违法性审查原则,审查主要考虑:主体上是否为无权的行政机关;程序上是否违法、是否无理由作出决定;是否直接违反法律规定(国际法、欧共体法、法国法);是否以权谋私等。行政合同方面的违法审查则很简单,即依是否按合同的规定就可判断是否违法。或者行政机关没有履行合同条款,或者签订时不违法但后来却发现履约时违法。如建筑许可,当事人没有按其承诺的要求建设,此时行政机关可以作为原告向行政法院提起诉讼。

11. 在行政合同方面,有无特殊的诉讼制度?

有关行政合同的特殊诉讼制度,如紧急审理程序就是专门针对行政合同而设置的。

12. 关于行政合同损害的可预期利益的赔偿,有无法定标准?

关于行政合同损害的可预期利益的赔偿,没有法定标准。那么,在签订合同时就将计算标准规定在条款之中。行政部门应予赔偿的,绝对不多支付一分钱,也不少支付一分钱。法方与会者本人还从来没有碰到一个行政合同被行政机关撕毁的情形,否则其赔偿数额是巨大的。如果在签订合同时没有将计算标准规定在条款之中,一般会采用市场上一个通行的明确标准。

13. 关于合同中的定价问题,可否对不同的人收不同的价格?

如支付电价,同类人应支付同样的价格,价格只能是一个。所有的个人用电,都应是同样的价格。对于所有的公共服务,其基本原则是,让所有的人都享受得起,因而价格应是一个合理的价格。对于少数交不起的人,则可以免交。如电视收费,对于生活贫困的人可免交。对于一个企业来说,如果区分价格等级,那么它就会找国家要,因为它不是福利机构或慈善机构,它需要盈利,因而免交的费用应由国家财政负担。即使由国家来管理,如自来水由市政府来管理,作为用户同样也不少交一分钱。如城市公共交通,对不同的人收不同的价格,如学生、残疾人,则由国家给予补贴。这已被规定在法典中。

14. 关于行政合同的主体问题

国家是一个整体,不能再分成单个的法人;地方是一个区域体,实质上也是一个整体。如,国民教育部不是一个独立的法人,而学校则是一个独立的法人,因为学校可以作为单个的主体而存在。如果将政府机关作为一个独立的法人,它就会通过各种办法找寻和扩充自己的财产,实际上则会依靠国家,弊大于利。如果承认这种法人,让它自己满足需要是不可能做到的,实际上它会求利于民或者求利于国家。

15. 在民营化过程中,如何防范国家公产隐性地被购买者侵占(如几千万的资产只被当作几百万被卖掉了)?

在法国,私有化欢迎私人股份进入,对国有企业的估价是一个十分复杂的过程。对其评估由一个独立的委员会进行,没有经得其同意,不得出售,委员须正派、正直,并与企业没有利害关系。1986年宪法委员会明确指出对公产的保护与对私产的保护同等重要。如工业部长想以一个明显低的价格卖掉国有企业,就是违法的。

16. 如国土整治方面、水资源的调度等工程是否需要成立特别的管理机构？这种管理机构如何运作、地位如何定位？

国土整治方面、水资源的调度等工程是委托给私人,但另一方面,某些特大型的工程项目需要成立管理局。这类管理局若属于国家的机构,而其独立委员会根据章程规定是独立的,故这类管理局既是国家的机构又是独立的法人,这属于不正常现象。2004年1月,法国要成立一个财经、证券市场委员会,赋予其独立的法人资格,行使行政权力,其性质类似于美国的独立管制机构。

行政法纠纷中调解的出现：
英国、法国和德国的经验*

目前，德国、法国和英国处理行政法案件的法院都在考虑采用调解作为解决法律纠纷的替代方式，这看起来不仅仅是个巧合。案件数量在持续增长，人们希望尽可能以最高的效率来处理这些案件，调解的理念即来源于此。同时，法律程序过于苛责，公众对此表达的不满日益增多，调解也是针对这种不满情绪而采取的应对措施。

乍看之下，人们会认为行政法纠纷不应该用调解的方法来解决。公法律师们会提出反对，正被审查的争议事项不可能通过调解方式得到满意的解决：人们很难想象就合法性问题进行公开的讨价还价；通过牺牲权利和自由或者对自由裁量权行使的妥协而达成一纸调解协议。

并且，更为传统的理论拥护者会争辩，中央政府或地方政府所做的决策要么合法要么不合法，非此即彼，除此之外，没有多余的回旋或谈判的空间。由此，在公法争议范围内，人们是否应该寻助于调解，很多人持有怀疑的态度。所以，在上述提及的三个国家内对这一动向正在进行的调研就令人感到意外。对上述三国情况的比较分析或许可以总结出一些重要的经验教训。

从一般意义上研究调解和具体到对调解实践进行比较时，都会遇到的一个棘手的问题，即如何对这个概念的定义进行选择。在这一层面上，对调解进行描述性的定义是较为恰当的，尽管这样一来定义会比较简单，但是它避免了将一些对每个国家来说含义都不尽相同的"潜在

---

* 由于该文涉及法国行政法纠纷中的调解，与行政合同的制度及实务具有一定的相关性，现征得译者同意，一并收录于此。本文原载英国《Public Law》2006年夏季刊，第320—343页。作者 Sophie Boyron 系英国伯明翰大学法国法和公法高级讲师，译者系赵艳花、耿宝建。为便于读者查对原始资料和出处，所有注释皆未译成中文。

含义"植入该定义中。

"调解是解决纠纷的过程,在这个过程中,当事人得到第三方即调解员的协助;调解员协助当事人努力解决他们的分歧并达成协议。"

为了更为精确地展现这三种调解经验,我们将从四个方面进行讨论。首先,将要讨论的是每个国家调解的有关特征;其次,要重点讨论的是每个国家重视调解运动的根本原因;再次,要分析的是每个国家有关调解的经验;最后,通过比较,总结经验教训。

三个大相径庭的法律体系

不同的法律体系使得从事比较工作的律师的任务变得更为复杂。每种体系在规则、行政机构、法院结构、法律文化等方面都极为不同的环境中运转。这些因素很可能会影响调解将采取何种结构和规范,所以需要厘清这些问题。

法院的案件数量

德国、法国和英国行政法院(庭)在工作量方面的差距是相当惊人的。德国的案件数量最多,每年平均达到20万件,并且这一数字看起来还在不断增长。法国2004年的案件数接近17万件,这一数字增长很快,尤其是在最近5年内。一审案件数量增长之快,已成为极为严肃的话题,足以警醒行政法官们了。很可能不久,法国行政法院受理的案件数量就要追上德国法院了。然而,值得注意的是这种相似性却不存在于人员数量上:相对而言,德国行政法院的人数比较充足,全国有将近2 400名行政法官;法国行政法院要处理数量不断增长的类似的案件数量,法官人数却只有800名左右。在开展调解时,这一现实将起重大影响,因为德国行政法官承担的压力要比他们的法国同行们小。

因为法院结构的不同,要评估英国的行政法案件数量是一件很困难的任务。宪政事务部公布的一个推断数字表明普通法院的案件数为每年平均6 000件左右。但是,这个数字不能直接和德、法的案件数做比较,因为它并不包括行政裁判所(ADMINISTRATIVE TRIBUNALS)受理的大量案件。而且,在英国,大量的司法纠纷审查纠纷在到达法院之前或之后不久就已经解决了。这种趋势表明替代性纠纷解决措施有其存在的空间。它可以简化并且加速法院淡出的过程。

程序性选择

一个国家的法官在司法程序中扮演的角色很大程度上取决于该程序的性质是审问制抑或是对抗制。这会影响法院接受和适用调解的方式。比如,对于在审问制框架内工作的德国或法国法官来说,直接负责帮助当事人解决纠纷,就比较符合逻辑。而且,他们的参与能保证行政法庭程序中一些特有的价值理念能被移植到调解程序中。所以,在法国和德国,有些法官同时也充当了调解员的角色。

英国采取的是对抗制程序,因此它采用了相反的方式。法官可以强制进行调解,但他们自己本身并不充当调解员的角色。英国尽管有大量的法院附属的调解案例,但它们是由专业的调解人员操作的。事实上,英国有一个相当大的职业调解员团体存在,其利益得到很好的组织和维护。相比之下,法国和德国这一职业的发展水平就要低得多。

法、德两国行政法院审问制的性质也和其审理程序经由书面规定这一特点紧密相连。这里需要提起注意的一点是:如果一个程序主要是由成文法书面进行规定的,那么法院附属的调解很可能会遇到适应性的问题。任何一种形式的调解要想取得成功,司法人员都需要在很大程度上改变他们的思维方式。这也许可以部分解释下文将要重点讨论到的法国遇到的一些问题。但是,德国的例子说明这些问题是可以被解决的。

行政架构与替代纠纷解决方式(ADR)

三个体系行政部门的组织方式大不相同。并且,每个体系在不同程度上使用 ADR。

与它的邻居们相比,德国在采用 ADR 机制方面落后了一大截。德国并没有议会监察专员,尽管根据德国宪法设立的联邦议院上诉委员会履行类似的职能。德国宪法还为武装部队设置了一个类似的议会专员。在行政部门本身,公民如果想反对某些具体的决定,可以通过内部审查的程序进行:可以要求原来作出该决定的肇事者或要求其主管人员对该项决定进行审查。实际上,法律通常要求在向法院提出诉讼前,这样的审查应先予进行。这种内部审查体制发挥了很好的作用,对原决定的再审得以系统、审慎地进行。毋须质疑,许多主张通过这种方式得到有效地解决。就调解而言,在行政系统内部,目前尚未使用调解的方式来解决纠纷。但是,各种迹象显示这一机制正被考虑用于社会服务部门,同时,人们感觉到它也能有助于就业和教育。

法国和德国一样,类似的内部审查制度允许公民要求行政部门重新考虑其决定。法律通常要求原告在启动司法程序前先诉诸这样的程序。然而,和德国不同的是,这样的制度从来没有恰当地执行过。很多部门没有严肃地对待审查,不仅不审查甚至不回复。四个月之后,就视同行政部门拒绝审查,当事人即可以提起法律诉讼。

这项制度的失败意味着决定一经作出,除非到了法庭,否则一个行政行为或决定就不太可能会被重新审视。这或许可以解释为什么在过去的10年里,政府为了改善公民和行政机关之间的关系和沟通,一直在尝试ADR。除了1973年成功设立并发挥作用的监察专员外,最近政府部门和其他公共团体出现了一批调解员。1998年,在教育行政部门设立了一个调解员网络,由教育部的调解员领衔,处理公共服务的用户和专职人员提出的投诉。同样,2002年成立了一个调解委员会,为医疗事故提供赔偿,到目前为止,非常成功。最后,这项运动延伸到一些上市公司,如法国电力。总的来说,这些举措广受欢迎,创新了行政方式。并且,很需要强调的一点是,在大多数案件中,行政法官必须参加这样的委员会。虽然这些额外的任务极可能加重他们的工作负担,但它为许多法官提供了有用的调解经验。

不仅行政结构不再那么单一,ADR也长时间被成功地纳入政府机关、地方当局和公共机构中。投诉机制(比如,警察投诉局)、内部审查、巡视员(比如,地方政府的受刑人服务巡视员)构成了公共管理的多元体制。结果,人们也许会感到吃惊,直到目前,议会巡视员制度由于缺乏社会认知度,它所取得的成功很有限。

再则,前御前大臣Irvine勋爵于2001年3月宣布了一项政府承诺,政府各部门和机构将在任何可能的情况下,致力于使用ADR来解决纠纷。就调解而言,一项对中央政府履行这项政府承诺的调查很能说明问题。为数众多的公务员经培训成为调解员,并且这种培训还在继续。宪法事务部的一项最新报告显示,2003年,政府各部门共提出617项调解要求,27%的案件接受了调解。调解程序看起来很成功,因为89%的调解案件甚至没有经过听证就解决了。但是,还不清楚哪类案件是通过这种方式解决的,涉及的当事人是哪些人,遵循了什么样的调解程序。同时,也不清楚是否所有的中央部门都以同样成功的方式履行了这项政府承诺。

无论如何,ADR在英国已经繁荣,最近对成比例纠纷解决机制(PDR)的推动是这种发展趋势的延续。很矛盾的是,这会使引进独立的法院附设调解变得更加困难;因为在这种背景下,它会被视为一种多余之举。

调解的背景

调解在每个体系中都处于发展的先期阶段,这使得对他们之间进行的比较看起来可行也相当有趣。

理由:非常大的相似性

表面上看,这三个体系中,人们提出来为什么要进行调解的理由都非常相似。大体上,就是人们在关于调解的一般文字介绍中所提及的缘由。但是,在以上突显的结构差异的基础上,一个比较法方面的律师能找到更多实质性的差别。

在德国,不论官方文件或是评论家都一致同意调解是一个更快的过程;调解的解决方式能反映衡平的要求;调解决定是保密的,并得到当事人的大力支持。而且,它允许已接受长期法律关系约束的当事人继续履行他们的约定。尽管评论家也认识到这些程序可以降低成本,有助于对案件数量进行更好的管理,但这并不是人们主要关注的对象。人们进行调解,目的是为原告带来更好的体验,满足其愿望,即以更好的途径获得公正。

在英国,ADR也有很多优点。人们考虑使用ADR来解决案件数量问题。正如Woolf勋爵在Cowl案中解释的那样,ADR可以事实上抵消不断增长的诉累。而且,对一些法官来说,它就类似于一种案件管理措施:从最好的情况看,调解可以避免法官参与,最差呢,至少事实可以得到确认,诉讼原由可以得到梳理和澄清——两种情况都可以节省诉讼时间,减少诉讼成本。实际上,减少诉讼成本是为什么要采用ADR方式的一个重要理由。在司法决定和官方文件上,这个理由都是作为主要因素出现。

如果上述理由对当事人没有直接的益处,那么其他的理由有:第一,ADR方法,比如调解,它给当事人带来的紧张压力要远远小于常规的庭审程序。第二,调解引进一些弹性,帮助当事人听取对方的意见时更有耐心;鼓励对抗的英国民事诉讼程序的敌对性得以在一定程度上消减。第三,对于当事人来说,可选择的解决方式更为广泛,因此,他们的需要更有可能得到满足。第四,通过调解使问题得以解决,当事人会更加满意。

法国的行政法院热衷于审前调解有三个主要原因。首先,如前文所述,案件数量以令人震惊的速度在增长;很多行政法官的工作量似乎达到了警戒线,成为亟待解决的矛盾。到目前为止,解决的方法一直是成立更多的法院,在每个法院中设立更多的审判庭,并招录更多的司法人员。然而,人们感觉到不能永远采取这种解决办法。最终,法官们不得不考虑用其他方法来解决行政诉讼纠纷。

其次,法国的行政诉讼程序非常严格,几乎是完全建立在一种书面规定的程序上。事实上,即便是一审程序也不是为当事人提供一个真正的平台,让他们解释他们的问题或是提出他们的要求而设置的。因此,这样的结果就不令人感到奇怪了,当事人要么对行政法院的程序表示不理解,这还算是好的,最糟糕的是,他们会对行政法院的程序表达严重的不满。看起来,调解可以作为克服许多当事人都体验过的这种疏离感的一种方法。

最后,在法国司法审查的体系中,行政法院可以采取的救济范围很有限:通常,一个不合法的行政决定或行为只能被撤销。因此,能使问题真正得到解决的弹性措施少之又少。当事人的要求不能得到满足,他们只能再一次感到失望或不解。行政法官们都很清楚,这样的庭审程序对很多案子来说是不妥当的。在某些情况下,调解看起来是更好的解决方式。

上述三个司法体系中列出的各种理由,看起来本质上是可以互换的。这本身也会构成一个问题。调解好像是万能药:它节省成本,减轻案件数量负担,使司法体系更易于被当事人接近和接受。人们很难相信在三种司法体系中,所有这些目标都能同时以同样的程度达到。这样高的期望在实践中会严重影响调解的发展,特别是,现实中,三种司法体系对调解有着极为不同的需求。比如说,德国的行政法院相对来说人员充足,高效地解决着案件数量的问题,不太需要关切成本上的节约和效率上的收益,法院参与调解的首要目的是为了改善当事人对司法程序的体验。在法国,调解不太可能为当事人或者行政司法部门节省费用起多大作用,它主要被认为可以用来控制一审行政法院的案件数量。最后,在英国,调解在很大程度上被认为是节约成本的举措,不仅对当事人有利,对整个司法体系也有利。强调这些不同之处不应该觉得奇怪,三种司法体系结构上和程序上的不同导致了这些不同点。

运动的开端:一些分歧

研究在确立调解作为一项合法的司法审查替代救济措施的过程中,法律和政策所各自扮演的角色是很有趣的一件事。

德国:强大的司法推动

德国没有特别的立法或法律规定允许或鼓励的行政法院使用调解。因此,评论家们对德国行政法典上的一个笼统的法律规定进行了解释,为这项新的发展说明理由。行政法典的第87条授予法官们在当事人之间寻求协议的权力。这个权力被解读为包含了一个全面的调解权力。

实践中,一些人致力于在德国行政法院开展调解,成为这个运动背后的推手。将来的发展很可能仍取决于行政法官们的努力和信念。这可以部分解释为什么试行的调解活动没有被所有行政法院一致接受。然而,这些人的专业素养已经对这项新的进程成功适应德国的土壤产生了重要的影响。

法国:错过了一些机会?

过去,人们做过多次努力,要把审前调解程序纳入到法国的行政法院中。1986年1月6日的法律在规范法国行政法院的法典中第三条第二款增加了一项规定,这项规定认可了行政法庭扮演的调解角色。并且,国家行政法院的一些首倡者指出最高法院本身也是支持替代性纠纷解决方案的。人们采取了一些步骤在行政法院推广调解这一解决方式并且消除了一些阻碍其发展的障碍。首先,国家行政法院1989年在VERITER决定中暗示,该第三条第二款之规定不需要进一步解释,它已经说得很清楚了,可以直接适用。一审行政法院可以使用调解如果他们想要这么做。然而,在 VERITER 案中,国家行政法院也同时声称,即使当事人一方明确提出要进行调解,法院也有全权决定它是接受或是拒绝开展调解,并且根据其性质,这个决定在上诉时不得被重新审查。

尽管这项案例法为调解的发展消除了一个严重的障碍,它本身也带来了一些问题。没有正式的解释就意味着很多程序上和组织上的问题永远无法解决。也没有人做什么努力来培训调解员。最终,只是零星地组织了一些调解。实践中,法院与法院之间、法官与法官之间的差别非常大。

1993年,国家行政法院起草了一个特别报告,题名为"以不同的方式解决纠纷:行政法中的调和、调解与仲裁,试图以此推动替代纠纷解决方式的多样化。谈及调解时,这份报告试图明确并解决一些基本的程序性问题:由法官决定是否进行调解、需要遵循的步骤程序、调解的时间、在法院成员中认定调解员、调解协议的法律效力等等。

最后,国家行政法院于 1998 年成立了一个工作组,讨论法院附属调解实践中遇到的问题。工作组直接向国家行政法院诉讼部门的首长进行汇报。工作组的任务是起草指导性意见,为行政审判过程中间如何采用调解提供建议。工作组将其结论写成备忘录,并将此备忘录正式提交给诉讼部门的首长及所有一审法院的首长,然后送给了所有行政法官。这份备忘录回答了实践中引起关注的问题、程序上的问题和与伦理有关的问题。这样做的目的是希望它所提供的更为翔实的资料有助于消除一些法官对于调解所抱有的抵触情绪。如下文将论及的,它带来的结果是复杂的。必要的文化转变没有成型。

英国:全面推进

英国进行了民法程序改革,以使诉讼当事人能以更便捷的方式获得公正,国家也可以节约更多的成本。这样的热望不可避免地使 ADR 机制在民事诉讼中得到更好的认知和采纳。就 ADR 而言,Woolf 的改革为民事诉讼的这一重要发展搭起了舞台,司法审查也不例外。不管可能还是不可能,法官都必须敦促当事人使用 ADR。结果,ADR 问题在是否许可诉讼的听证的阶段变得越来越重要。再进一步,2001 年,IRVINE 勋爵作了"政府承诺"的公告后,这些改革被给予了更多的分量。除了为政府的各个部门设置的义务,它着重强调了政府致力于ADR的决心。

"政府承诺"给ADR在公法案件里带来的推动也反映在案例法里。Woolf勋爵发表了一系列司法声明,强烈推广ADR在公法案件中的使用。在Cowl案件和Anufrijeva案件中,Woolf勋爵明确指出民事诉讼规则中的新规定同样适用于司法审查。事实上,在Cowl案件中,Woolf勋爵为同类案件如何操作ADR(在那个特定案件中,即调解)给出了比较详细的建议。案例法关于ADR使用的概念开始成型:首先,在有可能成功的情况下,法官必须将ADR机制的使用介绍给当事人;其次,如果一方当事人拒绝了另一方提出的ADR邀约,法官可以对其进行惩罚——即便该当事人是公共机构;如果没有合理的拒绝理由,即使赢了案子,拒绝方也可能收不回它的费用。

以上论及的发展状况显示了英国全面推进ADR的态势:立法、案例法及政府政策,共同为ADR创造了一个良好的发展环境。当涉及公法纠纷时,人们可以强烈地感觉到它的影响。

三种调解的经验

调解过程有四个方面需要进行深入研究:选择纠纷的标准,ADR与法庭程序的整合,对调解程序的评估和调解协议的效果。

选择纠纷:清晰的共同点

当涉及行政法案件时,对案子的选择是非常重要的。正如一开始就谈到的,似乎不能设想大量的案子都使用调解。因此,选择什么样的案子进行调解,要非常慎重。正如预期的那样,调查中的三个司法体系对此有一个非常清楚的共同点。

德国法院在一些情况下会强烈推荐使用调解。行政机关或公共机构使用的权利类型是第一个考虑的因素:如果是自由裁量权,那么就可以考虑调解,因为这中间有商量的余地。案件的事实是第二个要考察的因素:案件如果很复杂,那么调解就可以为厘清和认定事实提供合适的平台。第三个因素在于考察决策过程本身:如果公共机构的决策过程本身是复杂的或多方参与的,调解就常常被视为一种有效的纠纷解决机制:其弹性方式允许多个利害关系人参加到调解中来(调解也同样适用于第三人的利益需要保护的情况)。第四个需要考虑的因素是人们期望的调解结果的类型:如果纠纷牵涉到一定数量的金钱(比如福利、补偿等)需要认定和支付,那么调解就是更好的解决方式。金钱上的谈判,调解比司法审判更合适。最后,建议进行调解时,这个决定的后续影响是第五个要被考虑的因素:如果当事人之间存在的是持续的法律关系,法院审判就可能会危及它的连续性。在这些情况下,调解是被强力推荐的。反之,如果案件牵涉对一个法律规定的解释或是合法性问题,调解就不适用。

在英国,不论是就ADR总体而言,还是调解这一具体的方式而言,它们是不适合用于解决有关法律问题的纠纷、决定权利或公民言论、行动自由等问题,也不宜用于解决公共权力的滥用或处理与公共利益有关的问题。另一方面,人们又建议使用调解来澄清复杂的、有关事实的争议,解决某些争议,而这些争议如果严格适用法律将不能得到满意的解决,或是通过采取特别的方法来解决某个实际的需要。

关于什么样的案子能用调解的方式来解决,法国的评论家也做过类似的说明。他们把诉讼分为两大类:第一类有关自由裁量权的使用和必须履行的义务的执行——它们是法国传统的行政活动的工具;对这类诉讼,由司法审查来控制合法性确实是唯一可能的选择。法国政府部门或地方当局使用这些权力时既不能协商也不能调解。而第二类诉讼就更适合于ADR:它是有关行政部门进行合同谈判或处理非合同义务(译注:通常指民事侵权)问题时的活动。因此,ADR适用在:① 需要进行谈判并根据合同或非合同责任进行赔偿的案件;② 审查公共机构与服务提供商之间存在着的持续法律关系案件,这种法律关系可能因法庭干预而招致无法挽救的破坏;③ 通过法律解决而结果不能公正的案件。

最后,处理重复性案件时,调解特别有用也特别有效:比如公民受大型公共工程(比如说新建电车轨道等)影响提出抗议的案件的处理;牵涉大量的当事人并且有重大社会和政治影响的案件的处理等。众所周知,一般来讲,法庭的司法审查无法高效地解决这些案件。并且,以一种调解方式来一揽子解决问题能使这些案子受益:它能促进有类似诉求的当事人中间的平衡公正,同样,不可否认的,能节省所有人的时间。

这样看起来,三个国家选择调解的案件具有类似的特点。但一个明显的区别在于行使自由裁量权的行为是应当包括还是排除在调解中:在法国行政法体系下,对自由裁量权的行使进行协商是不可能的;而德国行政法院却认为这个领域对调解来说有很大的发展空间。这凸显了对行政法的传统方式理解和更为现代的观点之间的可能冲突。

调解和法院

法国和德国开展的基于法院进行的调解,取得了不同程度的成功。在英国,尽管在法院的建议下已经组织了一些调解,但是基于法院或由法院附属的调解的制度化尚不存在。

选择采用基于法院的调解时,调解何时进行,有着重要的影响。这是调解中或事关调解本身的一个重要问题。调解何时进行决定调解的成败与否:如果太早,当事人可能感觉不到必要的紧迫程度来真心诚意展开协商;如果太晚,当事人的立场可能太过坚定而无法妥协。再者,在三国司法体系中,司法审查程序都有很短的时间限制:如果不遵守这些时间限制,诉讼就会被驳回。因为程序上的原因,审前调解对原告来说可能是危险的选择。基于法院开展的调解有这个优点,可以避免时间限制上的问题,因为一旦法院接受了案子,遵守时间限制的这项义务就解除了。法院可以自行决定等调解结束后再展开其他诉讼程序。

在德国,过去的四年里,一些行政法院(主要是一审法院)逐渐采用了一种试验性方案。它把调解架构直接纳入法院本身。也就是说,不仅调解是立足于法院的,调解员本身也是由法院的普通法官充当的。在这种方案被采用前,许多法官被选择接受了正式的调解员培训。调解在一方当事人的要求或法院的建议下组织开展。在任何情况下,任何一方当事人都没有义务必须接受调解,如果调解的建议被拒绝,也不会有什么惩罚。对当事人而言,法官调解员是中立的;他的主要作用是为当事人创造一个能进行对话的平台。法官调解员也确保双方当事人,不管他们各自的立场怎样,他们是平等地进行协商的。法官调解员会帮助当事人找到一个共同的起点来展开协商,然后消除双方立场上的差距,最后达成一个双方一致接受的协议。如果调解失败,案子会被转给其他法官。这点很重要,因为,在德国行政法院,规定哪个法官专门从事调解是很罕见的。对大部分法官——调解员来说,他们仅有10%~25%的工作量是用于调解,其他时间还是用于常规的案件工作上。

　　法国的一审行政法院也可以建议或同意开展调解解决某个具体的纠纷。同样,这个基于法院的调解通常也有一个相关行政法院的法官参与。实践中,建议和开展调解的决定看起来主要在于当事人自己本身和几个致力于这项工作的法官。并且,尽管当事人可以要求组织调解,但实际上法院有全权决定是否同意或拒绝这种要求,而且,过去就曾经有这样的要求被拒绝过。实践中,人们发现,一旦纠纷到了法院,行政相对人或公共主管当局鲜有主动地去考虑调解。结果,区分两种不同类型的调解就成为可能:一种是一次性的、通常是关于个别诉讼人对公共机构所作的决定、行为或拒绝不服而提起的个案,一种是重复性案件,将针对同一个公共机构的类似纠纷进行重组,然后在一次大的调解中一起解决。实践中,看起来,一次性的调解个案少之又少,大部分基于法院的调解都是关于重复案件的。总的来说,这些案件主要处理市民因大型公共工程给自己带来损害而提出赔偿救济的要求。这些调解应公共主管当局的要求提出,目的为了避免引发诉讼浪潮。实践中,会成立一个调解委员会,并指定一个行政法官负责调解委员会并主持其工作。法官的参与是各方要求的。它为调解程序带来了必要的可信性和合法性。不仅每个市民会觉得他们的利益能得到保护,相关的公共主管当局也需要法官参与,这样如果协议达成并得到执行,它可以借此应对批评(或者甚至是法律诉讼)。像这样的协议,有重要的社会和财政影响的,会有很大的争议,不管是公共主管当局还是政治家,都希望保护自身,避免冒政治和法律上的风险。行政法官的参与提供了全面的保护,所有的当事人可以不受约束,诚恳地参加到调解中去。

　　对司法审查的案件来说,英国现在还没有系统的实践也没有一个基于法庭的方案。然而,我们可以从一些已在审前阶段使用 ADR 的公法案件中提取一些有用的信息。从 Cowl 诉普利茅斯市议会的案子中，可以得到第一个结论是：公法案件不应该被排除在 ADR 的发展潮流中。Woolf 勋爵非常清楚地指出在解决个人和公共主管当局的纠纷中，ADR 可以扮演一个角色，从而避免法庭的参与，《民事诉讼规则》中包含的新权力应被理解为适用于司法审查案件。从而，英国法官可以建议使用调解，并且有的时候可以强制使用调解。但是，法官不参加或执行调解。这个角色由专业的调解员充当。这并不意味着法官在调解过程中不提供意见。法官可以列出在调解中需要解决的问题清单，并为调解的程序和组织结构提出建议。实际上，Cowl 案件为司法审查设立调解模式提供了一个样本。Cowl 先生和其他一些人被安置在一个叫 Granby Way 的养老院。普利茅斯市政委员会意欲削减其社会服务预算，打算关闭养老院。养老院里的住户寻求对市政委员会的这个决定进行司法审查，他们辩称：首先，部分住户先前得到的承诺给他们造成了一个合法的预期，即养老院会成为他们的终身居所；其次，这一决定违反了《欧洲人权公约》(ECHR) 第 2、3、8 条的规定。司法审查程序开始，Scott Baker 法官于 2001 年 9 月 14 日作出判决。他判决没有足够的证据证明存在"终身居所"的承诺，并且，如果市政委员会遵守了它在制定法和普通法上的义务，就不存在与《欧洲人权公约》的矛盾。当这个案子在上诉聆讯时，法院首先认定这个案子没有法律原则的争议，于是建议组织一次调解来解决这个持续的纠纷。法院起草了调解的指导方针，并得到当事人的同意。在这份协议中，实践、程序和实体上的问题都得到了解决：三名成员组成的调解小组将主持调解；市政委员会有义务为调解小组提供场所、行政支持和独立的法律咨询，为原告住户们提供合适的代表和交通便利；调解小组的工作有清楚的参考条款和基本的程序规则限定；最后，养老院的住户得到保证，在协议规定的决策过程结束前，没有人会被搬出养老院。对这个协议的简单介绍可以看出它的规定是如何细致。很明显，法院希望将整个程序很详细地描画出来，以确保原告的权利得到充分保护。尽管没有法官要参加到调解中去，法院尽量预见任何困难，事先防止任何错误的发生。

调解努力的评估

德国的试验方案已经运作了四年,目的是为了德国的行政法创立一个真正的调解文化。目前,不是所有的一审法院都采用了试验方案,实证研究也不完整。但是,从现有的一些少量的数字仍然能看出大致的概况,即便它们只能说明某种趋势。评论家们看起来一致同意行政法院的调解相当成功。三个法院有准确的数字分析:柏林行政法院60%,弗赖堡行政法院70%,汉诺威行政法院82%。很有趣的是,评论家们同样提醒说,或因案由或因当事人的态度,只有少数案件适合调解。德国行政法院处理的所有案件中,只有10%~25%的案件具备进行调解的条件。而且,人们注意到实践中的一个小问题需要进行调整,以免对调解造成更多破坏。如前所述,德国行政程序法允许行政法官促成当事人之间的协议。看起来为了达到这个目的,法官通常会以会见当事人,讨论他们各自争辩的实质性问题,表明他自己如何看待这个案件等来开始常规的法庭程序。一旦这样的信息被披露,实际上就不太可能组织调解了。选择调解与否应该在这个阶段之前就进行研究是非常必要的。

尽管当前对英国司法审查案件法院附加的调解进行任何确定的总结不太可能,但是对为数不多的一些案件的分析也许有助于突出几个问题。首先,经过反思,人们会疑问,Cowl 案件是否为调解建立了一个适当的模式。尽管普利茅斯市政委员会尽量通融,愿意讨论,多次建议尝试调解,也看起来愿意接受原告对法律的解读,人们禁不住还是要疑问原告本身恰当与否。在公法案件中,一个严重的不平衡通常存在于当事人之间,特别是,如在 Cowl 案件中,私人个体挑战一个公共主管当局的时候。并且,这个案例法的发展与另一个案件发展的背景正好相反,在那个案件中,一方当事人拒绝 ADR 被认为是不合理的而被施于惩罚。这可能会给处于弱势的当事人施加不适当的压力,使他们因为担心对其不利的成本而不得不接受调解,即便他们的案子本身并不符合进行调解的条件。事实上,养老院的住户通常被认为是一个特别弱势的群体,在那种情况下,对调解这件事要特别警惕。在任何情况下,调解的组织和进行都要非常谨慎。其次,住户们提出的法律问题实际上是通常人们认为不适于调解的类型。住户们坚持有一个合法预期的存在,声称《欧洲人权公约》第 2、3、8 条的规定被违反,并要求对有关制定法的法律条文进行解读来确定时间对所有影响进行评估。在这种法律背景下,没几个人会建议住户们使用调解,因为这样的协商会导致原告住户们丧失他们的权利。实际上,尽管高级法院的 Scott Baker 法官不支持所有三个理由,调解协议中却强调:首先,有关"终身居住"的承诺需要进一步调查,在这个问题上,调解小组并不受限于 Scott Baker 法官的发现,第二,市议会必须遵守《人权法》,尤其是《欧洲人权公约》第 2、3、8 条的规定。对于这类案件,在法律、事实和调解之间进行清楚地表述可能会被证明是困难的。人们不难发现法庭审理和调解最后还是要常常结合的。现在的处理方式并不能快速结案也不能节省费用:上诉法院促成的协议规定市政委员会要为原告住户们提供合适的代表名额和交通便利,为调解小组提供场所、独立的法律咨询和行政支持。这些要求如果全部或部分要求原告承担,调解的成本就会造成调解本身的不可行。事实上,为了这个一次性的调解方案,普利茅斯市政委员会最终在时间、人力和金钱上一定都付出了很高的代价。有一点很清楚,这样一个由法院强加的调解在金钱上和组织上对双方当事人都有很大影响。对于司法审查的案件,如果高级法院就调解方案事先采取了试验方案,一些这样的缺点就能被克服。调解就会是立足于法院的,调解场地和调解员就能得到无偿提供。如果顺利的话,试验方案还能帮助明确案情以及明确在何种情况下调解能有助于这种纠纷。

在法国,尽管还没有出版任何实证研究报告,但是它的结果并不令人满意。看起来人们很少使用调解。对大多数一审行政法院来说,这个数字是每年一到三件。这种相对的失败很好解释:缺乏适当的培训,没有详细的指导方针和清楚的原则,根本无法和法官的既定思维抗衡。一审中,行政法官们既没有经过培训也没有经验来有效地处理调解。结果,尽管 1998 年的工作小组做了努力,仍然没有取得什么进展。如果调解从一开始能够系统地被介绍进来,行政法官们或许能学会信任这种新的纠纷解决方式。然而,不断重复的、不温不火的尝试使调解将来发展的前景也很不令人看好。

并且，如前面所提及的，很多一审行政法院工作繁重，压力巨大，如果系统地安排法官去从事调解，看起来会是资源浪费。所以，一点都不奇怪，人们对重复性案件中的调解给予了更多关注，特别是当人们认为它们非常成功的时候。实践中，如果调解达成了协议，不仅极个别孤立的案子会再到法院，协议本身也很少遭到质疑。对所有有关的人来说，这代表了有效地解决和防止纠纷的方法。与之形成鲜明对比的是，组织一次性的调解，在资源分配上显得代价太高，特别如果是调解失败的话。行政法院的程序由书面制定、系统化的特性等本身就是为了节省时间和人力。有这种制度存在，一次性调解不能达到法院的主要目的——即减少工作量——因此，对法国行政法院来说，它们没有什么价值。

协议的生效

一般地说，调解一旦达成协议，那么让这个协议得到执行是非常重要的。如果人们没有考虑或甚少考虑到协议的法律地位及协议的执行，调解就可能遭到严重的损害。实践中，调解协议的成功执行与否由有关行政主管部门和公共官员的支持程度决定。如果，像在某些案件中，根本不可能要求有关决策者参加到调解过程中来，那么，人们应该记住，公共机构代表的官职、地位和权力大小常常决定着调解的可信度和成败程度。至少，最终的协议要提交给有关当局和决策者，由他们来批准协议。

德国的法官调解员看起来有相当大的裁量权来保证并支持一个衡平的解决方案，这个方案还有一个额外的好处即它不需要公开。结果是，如果当事人达成协议，法院可以核准支持，为其赋予与司法决定同等的法律效力。这个非常简单明了的方式避免了针对调解协议法律效力的许多困难问题。

在英国，评论家们非常强调由调解过程带来的富有弹性的、公平的和保密的解决方案。事实上，人们普遍认为正是因为这些特性，它们有助于促成调解协议。根据英国法律，协议和合同具有同样的效力。如果协议一方拒绝执行协议，只有法院能解决这个问题。如果涉及公法纠纷，这可能没有效果。如果法院认同以此种方式达成的协议，并赋予其与司法决定同等的法律效力,这就非常有用。事实上,人们建议,如果调解部分成功,那么法院可以接受成功的那部分协议,只需去解决仍有争议的剩余部分。

在法国,关于(协议的法律)效力这点有很多问题,需要小心论及。首先,行政法院本身就可能会破坏调解协议,因为在2个月的时限里,对任何调解协议有意见,都可以在法院提出。其次,尽管有可能让法院正式认可一项协议从而提高它的法律效力,但是在这个过程中,法院要审查协议的合法性,如果协议中存在忽视公共秩序原则的情况,法院就有义务推翻它。这样的前景使得当事人不愿意采用调解。最后,所有调解协议都要符合严格的审计规则。比如,在法国公法里,除了其严格的法律义务之外,不可能让国家在经济上负责对其他事项的支付。在对调解协议进行协商时,对这个旨在保护公共资产的规定需要加以考虑。如果某个协议约定需要支付一笔钱,政府部门的会计会对这个数额进行审查,如果他或她对这个数额的合法性存有疑问,就可以拒绝支付。很明显的,有很多实践者在试图使调解和法国公法的一些方面一致起来,但结果导致调解的效率最后可能要打折扣。

得到的比较经验

要去学习比较经验,看起来有点自相矛盾:因为就公法而言,不少人仍然学习比较法上的经验。对许多人来说,目前已经提出的比较分析自身已能说明问题,但它不能以"强加的相互借鉴"的方式成为今后改革的动力。虽然如此,更进一步的探索会对目前的研究大有益处:在比较分析而不是法律移植的环境下对改革提出建议是可能的。比如说,通过分析不仅能帮助对每个体系提出建议,也可以帮助认清更主要的关注对象和影响更深远的问题。当人们要理解三个法律体系中行政法发生的重要变化时,这些比较数据可以提供另一层解释。当评论家们不断努力去说明这些变化时,比较法或许可以提供一个合适的调查工具。

一些个别的经验教训

调解在法国行政法院不很成功的理由我们已经给出。一个可行的对策是纠正这些错误:比如说为法官们组织培训项目并设计一整套指导方针。但是,这还不能解决主要问题:一审法院的超负荷工作。如果调解要在这些法院盛行,建议操作上做一些改变。法国行政法院可以借用专业的调解员。这个灵感不一定就是从国外输入的:法国民事法院也借助专业的调解员,需要的时候,法院可以依仗它们的专业技能。没有理由为什么这个模式不能在行政法院采用:专业的调解员可以安排在不那么重要的、一次性(译注:即针对个案)的调解中,而行政法官们仍然处理大规模、复杂、重复性案件。这可以为一审法院的法官们减轻负担,从而促进调解的实施。

在英国,尽管公法案件中,法院附加调解实施的还不多,但是读到现有的一些资料,还是会让人感到不安。评论家们很清楚在公法领域中存在的困难,但是,一个最重要的方面几乎还没有仔细讨论:即行政法决策过程中的严谨。德国和法国的司法体系都把调解置于法院结构的核心部分并要求法官充当调解员的原因是大家都基于这么一个普遍认识,即只有拥有原则、政策、决策程序等方面专业知识的人才能成功进行调解。比如,如果调解协议要求有关公共机构采取一个合适的步骤,专业的调解员不仅要清楚决策过程的各个阶段和要求,他或她从一开始就要对调解有整体构思,才能对这个要求有所考虑。有趣的是,Cowl 案件中设计的调解模式是保证最终的决定应根据地方当局的决策过程作出,由住房委员会对决定提出建议然后由市政委员会全体投票。在一些案件中,多次召开会议或时间拖延很长会导致调解过程变得漫长和循环反复。这个过程可能变成沉重的负担,在极端的案子中,它甚至会损害整个程序的合法性。

在德国,采用试验方案的地方看起来大体上是成功的。但是,因为司法系统的个别成员才是试验方案背后的推动者,一审案件调解实践的普遍化和系统化前景尚未可见。人们希望法院运用调解的经验能鼓励其他法官效仿,帮助调解实践的推广。这个想法不仅不现实,而且它只看重调解在实践上的好处,削弱了对政策和理论问题的反思。比如说,还没有人对业已存在着的内部审查的广泛程序可能建立的链接展开调查研究。

一些更广泛的影响

调解在行政法纠纷解决中的出现意味着在行政领域,调解与法院的冲突比其他 ADR 机制(监察专员、内部审查程序、独立裁判所等)要小。最终,那些优秀的行政主管部门很快会有意向,采取更加全面的观点,保证所有这些机制与一个连贯的政策合拍。对所有纠纷解决机制的详细评估有助于认清每一种机制的强项和弱点,并为它们分别找到合适的用武之地。特别是在像法国和英国这样的国家,各种 ADR 模式都很盛行,对它们进行深入的分析和研究有助于形成连贯的政策和明确的纠纷解决框架。

而且,调解或许能使人们重新思考行政决定的作出的方式。调解过程中发现体制上的运转不灵或违法实践会引发改革的呼声,除此以外,调解也有更深层次的影响。如果实践中越来越多使用 ADR 的情况出现了,人们或许会感觉到整个决策过程也要重新设计使之能与人们选择的纠纷解决方式相适应。比如说,调解成功的条件部分取决于当事人对对方的态度,他们展开对话的意愿。决策过程如果能促进双方及早交换观点并鼓励大家采取灵活的态度,那么它将为调解提供理想的背景。事实上,这可能对防止纠纷也会有所助益。

结论:司法变革的实验室?

当人们要理解三个法律体系中行政法领域发生的根本改变时,这些比较数据可能还有另一层含义。法国、德国和英国的评论家们都注意到行政组织、结构和决策过程都在经历着快速的变化过程。律师们带着越来越多的警觉列举着对传统行政结构的经常性背离,对行政工具发生的转变(译注:此处指英国的行政职能合同化趋向)和责任承担标准体系的放弃表示关切。并且,对很多人来说,公法与私法的界线不只是简单的重新划分,而是完全变得模糊不清。这些现象并不一定都根植于同样的发展趋势中,但它们都是与行政法的"传统方式"分道扬镳的例子。结果就是,旨在塑造、促进和控制行政管理活动的行政法,需要努力去适应这些新的发展。谈到危机,(传统)行政法的不稳定(destabilisation)或可能的消亡(annihilation),开始为人们所听闻。另一方面,人们又可能经常性地目睹不断涌现的新样式,它们急需适应并理论化。

人们近年来对行政法领域使用 ADR 特别是调解的热忱可以用来

帮助理解这些紧张状况。传统模式认为行政管理当局的活动必须限制在法律的尺度内，违法行为由法院来纠正。然而，使用调解不符合这种传统模式，因为在调解当中，纠纷不是由合法性的概念来定义或限制的。并且，调解是作为传统和专业法院的替代方式出现，它的存在对法院的作用和垄断地位提出了质疑。结果，对调解的推广似乎就被融入上面描绘的发展趋势中去。

因此，对调解如何与三国司法体系的传统方面相协调的方式进行的微观比较分析调查，将有可能产生有趣的结果。它能提供一个"法律实验室"，在这里，不同的范例可以被鉴别，它们各自的优点可以被评估，它们的相互影响可以被细查。当评论家们越来越努力地去解释围绕行政法的变化，这些调查结果可能是理解这些变化的关键。

图书在版编目(CIP)数据

法国行政合同 / 杨解君编．—上海：复旦大学出版社，
2009.1
 (法学专题系列)
 ISBN 978-7-309-06427-8

Ⅰ.法… Ⅱ.杨… Ⅲ.合同—研究—法国 Ⅳ.D956.53

中国版本图书馆 CIP 数据核字(2008)第 201090 号

法国行政合同
杨解君　编

出版发行	复旦大学出版社　上海市国权路 579 号　邮编:200433
	86-21-65642857(门市零售)
	86-21-65100562(团体订购)　86-21-65109143(外埠邮购)
	fupnet@fudanpress.com　http://www.fudanpress.com
责任编辑	张　烁
出品人	贺圣遂
印　刷	句容市排印厂
开　本	787×960　1/16
印　张	19
字　数	273 千
版　次	2009 年 1 月第一版第一次印刷
印　数	1—4100
书　号	ISBN 978 - 7 - 309 - 06427 - 8 / D · 402
定　价	35.00 元

如有印装质量问题，请向复旦大学出版社发行部调换。
版权所有　　侵权必究